세상이 변해도
배움의 즐거움은
변함없도록

시대는 빠르게 변해도
배움의 즐거움은
변함없어야 하기에

어제의 비상은
남다른 교재부터
결이 다른 콘텐츠
전에 없던 교육 플랫폼까지

변함없는 혁신으로
교육 문화 환경의 새로운 전형을
실현해왔습니다.

비상은 오늘, 다시 한번
새로운 교육 문화 환경을 실현하기 위한
또 하나의 혁신을 시작합니다.

오늘의 내가 어제의 나를 초월하고
오늘의 교육이 어제의 교육을 초월하여
배움의 즐거움을 지속하는 혁신,

바로, 메타인지 기반 완전 학습을.

상상을 실현하는 교육 문화 기업 비상

메타인지 기반 완전 학습

초월을 뜻하는 meta와 생각을 뜻하는 인지가 결합한 메타인지는
자신이 알고 모르는 것을 스스로 구분하고 학습계획을 세우도록 하는
궁극의 학습 능력입니다. 비상의 메타인지 기반 완전 학습 시스템은
잠들어 있는 메타인지를 깨워 공부를 100% 내 것으로 만들도록 합니다.

Level 9

READER'S BANK
CHALLENGE

Plant the Seeds of Love for English!

저는 독해집의 사명이 흥미로운 지문을 통해서 독해력을 향상시키는 것이라고 생각합니다. 그리고 독해력 향상 못지않게 중요한 것이 바로 독자들의 가슴에 영어에 대한 사랑의 씨앗을 심어주는 것이라고 굳게 믿고 있습니다. 이런 이유로 저희 영어연구소에서는 독자들에게 영어에 대한 흥미와 호기심을 불어넣을 수 있는 지문을 찾기 위해 많은 노력을 했습니다.

저희들이 심은 사랑의 씨앗들이 독자들의 가슴에서 무럭무럭 자라나서 아름다운 영어 사랑의 꽃을 피우면 얼마나 좋을까요! 먼 훗날 독자들로부터 리더스뱅크 덕분에 영어를 좋아하게 되었다는 말을 들을 수 있다면 저희들은 무한히 기쁠 것입니다.

이 책을 만들기 위해 지난 2년간 애쓰신 분들이 많습니다. 흥미와 감동을 주는 글감을 만드느라 함께 노력한 저희 영어연구소 개발자들, 완성도 높은 지문을 위해 수많은 시간 동안 저와 머리를 맞대고 작업한 Quinn(집에 상주하는 원어민 작가), 지속적으로 교정과 편집을 해주신 Richard Pak(숙명여대 교수), 채영인 님(재미 교포 편집장) 등 모두에게 깊은 감사를 드리며, 지난 30년간 지속적으로 이 책의 클래스룸 테스팅에서 마지막 교정까지 열정적으로 도와주신 김인수 선생님께도 고맙다는 말씀 전하고 싶습니다.

리더스뱅크 저자

이 장 돌 올림

About Reader's Bank

지난 35년 동안 대한민국 1,400만 명이 넘는 학생들이 Reader's Bank 시리즈로 영어 독해를 공부하였습니다. '영어 독해서의 바이블' Reader's Bank는 학생들의 영어학습을 효율적으로 이끌 수 있도록 끊임없이 양질의 컨텐츠를 개발할 것입니다.

1 10단계 맞춤형 독해 시스템!

Reader's Bank는 초등 수준에서 중고등 수준까지의 다양한 독자층을 대상으로 만든 독해 시리즈입니다. Level 1 ~ Level 10 중에서 자신의 실력에 맞는 책을 골라 차근차근 체계적으로 단계를 밟아 올라가면 자신도 모르는 사이에 점차적으로 독해 실력이 크게 향상될 것입니다.

2 최신 경향의 수능 주제로 된 지문으로 수능 유형 연습

이 책은 수능을 미리 경험해보길 원하는 학생들을 위해 만든 책입니다. 수능 경향에 잘 맞는 아카데믹한 주제와 문제 유형을 다루었으며, 매 짝수 Unit의 끝에는 수능 및 모의고사 기출 문제도 수록하여 실제 수능과 자신의 실력이 어느 정도 차이가 나는지를 실감할 수 있게 했습니다. 수능 참고서들에서 흔히 볼 수 있는 지루하고 딱딱한 지문은 가급적 피하고, 학생들의 눈높이에 맞는 흥미로운 내용의 지문을 수록하였습니다.

3 어휘 및 쓰기 실력을 키워주는 다양한 연습 문제와 QR 코드

독해 지문에 나온 주요 어휘들을 Review Test로 정리하고 어휘와 핵심 문장들을 Workbook을 통해 복습할 수 있도록 구성하였습니다. 그리고 원어민이 읽어주는 지문 MP3 파일을 QR 코드 스캔 한 번으로 청취할 수 있습니다.

How to Study

20

Psychology
★★☆
185 words

Which airport has fewer accidents: an "easy" one that is flat, with good visibility and weather conditions, or a "dangerous" one with hills, strong wind, and difficult entry points?

(A) The same principle about safety applies to street traffic. The Dutch government once made an ⓐunusual traffic experiment. They made the streets seem more dangerous. They got rid of all traffic safety features: no more traffic lights, stop signs, pedestrian crossings, or special bike paths.

(B) Ironically, the answer is the dangerous one. Why? Because when pilots have to fly into dangerous airports, they are more ⓑalert and focused. Pilots report that the clear, smooth conditions make them feel like they don't have to take extra ⓒcaution.

(C) Instead, they added roundabouts and made the streets narrower. Their idea seemed ⓓreasonable, but the traffic experiment turned out to be very successful. Drivers became extra careful due to the lack of traffic safety measures. Thanks to this, the number of accidents ⓔdecreased significantly compared to before. Since the experiment was such a big success, other cities like London and Berlin started to apply the same method to their streets.

Did You Know?

펠츠만 효과 (Peltzman Effect)
미국의 경제학자 샘 펠츠만(Sam Peltzman)의 연구에 따르면 운전자가 안전벨트, 에어백과 같은 새로운 안전 장치를 가지게 되면, 이 장치를 믿고 더 난폭하게 운전을 하게 되는데, 이것은 운전자의 '비용(사고 위험을 방지하는 데 드는 노력)'이 줄어들면서 '편익(고속 주행)을 늘리려는 경제적 행위라고 한다. 미국 풋볼 리그에서도 비슷한 사례가 있다. 헬멧이 등장한 후로 선수들의 치아, 턱, 코뼈 등 부상이 줄었지만 목 골절 탈골, 사지 마비 등의 대형 사고는 증가했다. 이는 코치들이 헬멧을 공격 도구로 써서 공격을 최대화하려고 했기 때문이었다. 이와 같은 사례들은 안전 규제나 새로운 개념이 의도와 다른 결과를 가져올 수 있음을 시사한다.

058 | LEVEL 9

Pattern Drill

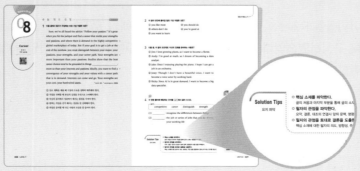

수능 기출 문제와 Solution Tips

Review Test

주요 어휘 문제를 통한 Unit 마무리

정답과 해설 p.34

1 주어진 글 다음에 이어질 글의 순서로 가장 적절한 것은?

① (A) – (C) – (B)　　　② (B) – (A) – (C)
③ (B) – (C) – (A)　　　④ (C) – (A) – (B)
⑤ (C) – (B) – (A)

2 이 글의 내용을 한 문장으로 요약하고자 한다. 빈칸 (A), (B)에 들어갈 말로 가장 적절한 것은?

> The feeling of ＿＿＿(A)＿＿＿ can lead to an increase in ＿＿＿(B)＿＿＿ behavior.

　(A)　　　　(B)　　　　　　(A)　　　　(B)
① safety ····· risky　　　② crisis ····· risky
③ safety ····· careful　　④ crisis ····· careless
⑤ safety ····· thoughtful

3 이 글의 밑줄 친 ⓐ~ⓔ 중 문맥상 낱말의 쓰임이 적절하지 <u>않은</u> 것은?

① ⓐ　　② ⓑ　　③ ⓒ　　④ ⓓ　　⑤ ⓔ

(서술형)

4 밑줄 친 the same method가 가리키는 내용을 우리말로 쓰시오.

Words

flat (땅이) 평평한, 납작한
visibility 가시성, 시야
weather condition 날씨, 기상 상태
entry point 진입점
principle 원리, 원칙
safety 안전, 안전성
apply A to B A를 B에 적용하다
street traffic 도로 교통
unusual 특이한, 독특한
get rid of 제거하다
safety feature 안전 장치
cf. feature 특성, 주요 부분
traffic light 신호등
stop sign 정지 표시
pedestrian crossing 횡단보도
cf. pedestrian 보행자의
bike path 자전거 도로
ironically 우습게도, 예상과는 반대로
alert (~에) 방심하지 않는, 민첩한
clear 분명한, 알아보기 쉬운
smooth (길 등이) 평탄한; 순조로운
extra 추가의 추가로, 더
caution 주의, 조심, 경고
roundabout 원형 교차로, 로터리
narrow 좁은
reasonable 합리적인, 타당한
turn out ~으로 밝혀지다
due to ~때문에
lack 부족, 결핍
measure 조치, 정책
decrease 줄다, 감소하다
significantly 상당히, 크게
compared to ~와 비교하여
[풀] 2. crisis 위기
　risky 무모한, 위험한
　careless 부주의한
　thoughtful 사려 깊은

핵심을 찌르는 다양한 문제

● **지문 이해에 꼭 필요한 다양한 유형의 문제들로 구성**

● **수능 준비를 위한 최적의 문제**
최신 수능 경향을 반영한 문제들을 통해 본격적인 수능 준비에 앞서 미리 학습을 할 수 있도록 구성

● **서술형 내신 문제** (서술형)
주관식, 도식화, 서술형 등 다양한 유형의 문제로 독해 학습

● **어휘 및 문법 문제**
핵심 어휘와 주요 어법을 다루는 문제 제공

● **Words**
지문 속 주요 단어 정리

책 속의 책

정답과 해설

┃ 친절한 해설, 지문 끊어 읽기, 구문 풀이

Workbook

┃ 단어 정리와 해석 연습

단어장

지문별 주요 단어 정리 및 우리말 발음 제시

Contents

Contents

"Luck is what happens when preparation meets opportunities."

행운은 **준비**가 **기회**를 만났을 때 생기는 것이다.

Trend

★ ☆ ☆
144 words

Today's young people belong to the so-called "app generation" that depends on apps for almost everything. If they want to find a place, they use Google Maps. If they want to find a friend, they go 3 on Instagram or Facebook.

However, young people's increasing dependency on apps is causing many problems. First of all, the excessive use of apps 6 _____. Being accustomed to using apps that give them prompt results, they expect every aspect of life to be quick and readily available. And that's not all. When they are faced with 9 problems, they don't bother to come up with new ideas, either. Why? For them, it's easier to just use Google to look them up.

Educators are worried that young people's addiction to app 12 technology may limit their potential, turning them into zombie-like individuals who can't think for themselves.

1 이 글의 주제로 가장 적절한 것은?

① benefits of using mobile app technology

② the impact of app technology on daily life

③ the reason why young people rely on apps

④ characteristics and problems of the app generation

⑤ how the younger generation can develop their potential

2 이 글의 빈칸에 들어갈 말로 가장 적절한 것은?

① prevents them from working efficiently

② makes them more and more impatient

③ leads to severe physical health problems

④ makes them too optimistic about everything

⑤ discourages them from focusing on their studies

3 app generation에 대한 이 글의 내용과 일치하면 T, 일치하지 <u>않으면</u> F를 쓰시오.

(1) _____ To connect with their friends, they log in to social network services.

(2) _____ They prefer to be given solutions by apps rather than think of new ideas.

(3) _____ They have developed their potential through app technology.

4 다음 문장의 빈칸에 들어갈 단어를 본문에서 찾아 쓰시오.

- Online chatting is a main cause of Internet _____.
- There is a growing problem of drug _____ in our cities.

Words

app generation 앱 세대
cf. app 앱, 응용 프로그램
(= application)
excessive 과도한 *v.* exceed
be accustomed to ~에 익숙하다
cf. accustom 익히다, 익숙하게 하다
prompt 즉각적인, 신속한
aspect 측면, 양상
readily 손쉽게, 순조롭게
available 이용할 수 있는
be faced with ~에 직면하다
bother 신경 쓰다, 애를 쓰다; 괴롭
히다 *cf.* don't bother to 애써 ~
하지는 않는다
look up (컴퓨터 등에서) 정보를 찾
아보다
addiction 중독 *v.* addict
potential 가능성, 잠재력
囿 1. **benefit** 혜택, 이득
　　impact of A on B
　　B에 끼치는 A의 영향력
　　characteristic 특징, 특성
囿 2. **impatient** 성급한, 참을성
　　없는 (↔ patient)
　　severe 심각한, 극심한
　　optimistic 낙관적인
　　(= positive)

Medicine

★★★
234words

Why do we develop cancer? According to Andrea Moritz, a German medical expert, cancer is caused by unhealthy lifestyle such as eating acidic or junk food too much and not exercising regularly. (ⓐ) If we continue with this kind of lifestyle, toxic materials will build up in the body tissues, and eventually block the blood flow in the body. (ⓑ) In this case, some tissues in the body will not be able to receive oxygen and nutrients. What happens if oxygen is not supplied? (ⓒ) The affected parts will start to rot because normal body cells cannot survive without oxygen. (ⓓ) As a defense mechanism, our normal body cells will transform themselves in order to adapt to living without oxygen. (ⓔ) These new cells are none other than cancer cells.

Then, what do cancer cells do? They use the toxic materials to create the energy needed to keep the body tissues from rotting. This way, the cells protect our damaged body parts where oxygen and nutrients are not available. So, contrary to our common beliefs, cancer is like a first-aider who comes to rescue us in an emergency.

If we start to consume healthier food and exercise more often, our body tissues will be free of toxic materials. This will provide a better blood flow and proper supply of oxygen and nutrients. Then, cancer cells will no longer need to exist.

▲ cancer cells

3
6
9
12
15
18

Did You Know?

산성 식품은 몸에 나쁘고 알칼리성 식품은 몸에 좋다?

현대인의 식단이 산성 식품에 치우쳐 있다 보니 알칼리성 식품을 섭취해야 할 필요성이 강조되고 있지만, 적당한 산성 식품 섭취는 건강을 위해 매우 중요하다. 이 두 식품군은 몸에서 서로 다른 역할을 한다. 산성 식품은 필요한 에너지를 공급해 주고, 알칼리성 식품은 면역 물질을 만들어 신진대사가 원활히 이루어지도록 돕는다. 영양학자들에 따르면, 산성 식품과 알칼리성 식품은 1:4의 비율로 섭취하는 것이 가장 이상적이다.

• 산성 식품: 고기류, 생선류, 알류 등의 동물성 식품, 쌀 등의 곡류   • 알칼리성 식품: 주로 채소, 과일

1 이 글의 제목으로 가장 적절한 것은?

① How Cancer Is Treated

② Why Do Normal Cells Die?

③ Cancer: Our Rescuer, Not a Killer

④ The Steps of Cancer Development

⑤ How Cells Survive Without Oxygen

2 이 글의 흐름으로 보아, 다음 문장이 들어가기에 가장 적절한 곳은?

> This is where cancer comes to our rescue.

① ⓐ   ② ⓑ   ③ ⓒ   ④ ⓓ   ⑤ ⓔ

3 암에 관한 설명 중, 이 글의 내용과 일치하지 <u>않는</u> 것은?

① 과도한 산성 식품 섭취가 발생 원인이 될 수 있다.

② 혈액의 흐름이 막혀 산소와 영양분 공급이 차단되면 생겨난다.

③ 산소가 없는 환경에 적응하기 위한 몸의 방어기제이다.

④ 증식하기 위한 에너지를 얻기 위해 독성 물질을 사용한다.

⑤ 몸 안에 쌓인 독성 물질이 없어지면 암세포도 사라질 것이다.

(서술형)

4 다음은 암의 발생 과정을 정리한 것이다. 각 빈칸에 알맞은 말을 본문에서 찾아 쓰시오.

> Because of your unhealthy lifestyle, (A) _____
> substances build up in your body tissues.

⬇

> The tissues cannot receive oxygen and nutrients, and start
> to (B) _____ .

⬇

> Cancer cells appear in order to (C) _____ the
> damaged body parts.

Words

develop (질병을) 발생시키다, 키우다
acidic 산성의 *n.* acid
junk food 정크 푸드(칼로리는 높으나 영양가가 낮은 인스턴트식품)
regularly 정기적으로, 규칙적으로
toxic 독성의, 유독한
material 물질 (= substance)
tissue (세포들로 이뤄진) 조직
block (지나가지 못하게) 차단하다
oxygen 산소
nutrient 영양소
supply 공급하다; 공급
rot 썩다, 부패하다
rescue 구조 (작업); 구조하다
defense mechanism 방어기제
transform 변형시키다
adapt to ～에 적응하다
none other than 다름 아닌 바로
～인
contrary to ～에 반해서
first-aider 응급처치 요원
in an emergency 다급한 경우에
cf. emergency 비상 (사태)
proper 적절한, 제대로 된
문 1. **treat** 치료하다

Throughout world history, rulers always had great philosophers by their side to give them advice. But they sometimes persecuted or even executed these advisors when they didn't agree with their ruling policies. ₃

In Europe, for instance, the Roman Emperor Nero was taught by philosopher Seneca. Nero was a cruel tyrant and forced Seneca ₆ (A) to commit / committing suicide when his teachings became an obstacle to his rule. King Henry VIII of England was often given advice by philosopher Sir Thomas More. But when More refused to ₉ approve Henry VIII's divorce and remarriage, he was executed by the king's order. In China, there was a great philosopher (B) naming / named Confucius. He spent his whole life developing and ₁₂ (C) taught / teaching the proper way to govern a state. Chinese rulers would often seek advice from him. However, Confucius never found a ruler who would accept him as an advisor and put his ₁₅ teaching into practice. This frustrated him very much.

Considering what happened to European philosophers, however, Confucius was _____ .

▲ Seneca

▲ Thomas More

▲ Confucius

Did You Know?

세네카(Lucius Annaeus Seneca: BC 4~AD 65)

고대 로마 시대를 대표하는 철학자이자 연설가로, 그의 사상과 연설은 사람들을 움직이는 막강한 힘을 갖고 있었기 때문에 그 당시의 황제들은 그를 매우 위협적인 존재로 인식했다. 수차례의 죽을 고비와 유배 생활 끝에 세네카는 네로 황제(AD 37~68)의 스승이 되었다. 네로는 처음에는 스승의 가르침 대로, 매관매직을 금하고 세금을 감면해 주며 노예 보호법을 만드는 등 선정을 베풀었다. 하지만 네로의 어머니가 정치적 라이벌이 된 후, 그는 폭군이 되어 갔고, 스승의 충고가 거슬리기 시작했다. 세네카는 '관용이 로마 황제의 자질'이라는 내용의 편지를 남기고 떠났지만, 세네카의 정적들의 꾐에 넘어간 네로는 황제 암살 음모 죄를 들어 스승에게 자결하라는 명령을 내렸고 세네카는 그 명령을 받아들이고 스스로 죽음을 선택했다.

1 이 글의 빈칸에 들어갈 말로 가장 적절한 것은?

① more loyal to the rulers

② more influential to the rulers

③ more interested in philosophy

④ unfortunate not to be appreciated by the rulers

⑤ lucky for not having been persecuted by any rulers

2 이 글의 내용과 일치하지 <u>않는</u> 것은?

① 통치자들은 그들에게 조언해 줄 철학자들을 곁에 두었다.

② 네로 황제는 자신의 스승을 스스로 자결하도록 했다.

③ 토머스 모어는 헨리 8세의 통치 방식을 반대했다.

④ 헨리 8세는 자신의 스승을 처형하도록 명령했다.

⑤ 공자는 자신의 가르침이 실행되지 않는 것에 좌절감을 느꼈다.

3 (A), (B), (C)의 각 네모 안에서 어법에 맞는 것으로 가장 적절한 것은?

	(A)	(B)	(C)
①	to commit	naming	taught
②	committing	naming	teaching
③	to commit	named	teaching
④	committing	named	teaching
⑤	to commit	named	taught

Ⓦ

4 각 영영 풀이에 해당하는 단어를 보기 에서 골라 쓰시오.

> 보기
>
> govern   frustrate   persecute   approve

(1) _____ : treat someone badly, especially because of their race, religion, or political beliefs

(2) _____ : make someone feel annoyed and impatient by preventing them from doing something

Words

philosopher 철학자
cf. philosophy 철학
persecute 박해하다, 못살게 굴다
execute 처형하다
ruling policy 통치 정책
cruel 잔혹한, 잔인한
tyrant 폭군, 독재자
commit suicide 자살하다
obstacle 장애(물)
approve 찬성하다, 승인하다
n. approval
divorce 이혼
order 명령; 순서
proper 적절한
govern 통치하다, 다스리다
cf. government 정부
state 국가, 나라; 진술하다
put A into practice A를 실행에 옮기다
frustrate 좌절감을 주다
considering ~을 고려하면
문 1. loyal 충실한, 충성스러운
influential 영향력 있는
appreciate 인정하다, 진가를 알아보다

Did you know that about 2,000 graduates of Eton College, an elite British school, were killed in the service of their country in World War II? Or that 142 sons of high-ranking American officials joined the Korean War, and about one-fourth of them lost their lives or got injured? Their sacrificial behavior was a great example of "noblesse oblige." 3

Noblesse oblige has its roots in feudal Europe, where it referred to a sense of obligation that the nobility had toward the workers. The working class did not own land in its own name. Workers had to 9 hand most of their crops over to the nobility. The nobility, in return, was expected to provide them with land to farm. The nobility was also responsible for protecting their workers from thieves and 12 invaders. The members of the nobility even gave workers occasional celebrations such as spring and harvest festivals. These expectations were understood rather than stated outright in the documents. 15

These _____ became known as "noblesse oblige." Today, we express this idea by stating that "to whom much is 18 given, much is expected."

Did You Know?

obligation vs. duty

'의무'를 의미하는 obligation과 duty는 보통 서로 바꿔 쓸 수 있지만, 둘 사이에는 약간의 뉘앙스 차이가 있다. 우선, obligation은 법률, 규칙 및 규정, 계약과 같은 체계를 통해 개인에게 부과되는 것으로, 강제성을 가진다. 반면에 duty는 개인의 도덕적 감각에서 비롯된 것으로 자발적인 선택과 결정을 통해 스스로 도리와 책임을 다하는 것이다.
- obligation의 예: 한 기업과 계약을 맺은 직원이 계약서에 약속된 대로 자신의 업무를 수행하는 것
- duty의 예: 노인 세대가 행복한 노년을 보내도록 젊은 세대들이 돌봄의 의무와 책임을 나누어지는 것

1 이 글의 빈칸에 들어갈 말로 가장 적절한 것은?

① celebrations for the nobility

② poor people's duties toward rich people

③ moral obligations of the rich toward the poor

④ social protections and educational opportunities for the poor

⑤ harmonious relationships between the rich and the poor

2 중세 유럽에 관한 이 글의 내용과 일치하지 <u>않는</u> 것은?

① 노동자들은 자신들의 땅을 소유할 수 없었다.

② 노동자들은 귀족들에게 수확한 작물 대부분을 넘겼다.

③ 귀족들은 침입자들로부터 노동자들을 보호해 주었다.

④ 귀족들은 특정 시기에 노동자들을 위한 축제를 열었다.

⑤ 노동자들에 대한 귀족들의 의무는 문서에 명시되었다.

3 다음 중, noblesse oblige의 사례로 적절하지 <u>않은</u> 것은?

① The master paid off all of his poor servant's debt.

② A famous actor volunteered to save earthquake victims.

③ The owner of a big farm was willing to set his slaves free.

④ A billionaire donated $10 billion for poor people around the world.

⑤ A researcher has discovered a new drug for people with a fatal illness.

(서술형)

4 다음 문장의 빈칸에 공통으로 들어갈 단어를 본문에서 찾아 쓰시오.

> • I felt a big sense of _____ towards my brother.
> • Whoever did the damage is under _____ to pay for it.

Words

graduate (대학) 졸업생; 졸업하다
elite 엘리트의, 정예의 군 복무
service 군 복무
sacrificial 희생적인, 헌신적인
n. sacrifice
noblesse oblige 노블레스 오블리주 ('귀족의 의무'를 뜻하는 프랑스어)
feudal 봉건 시대의
refer to ~을 나타내다
sense of obligation 의무감
cf. obligation 의무 (= duty)
the nobility (집합적으로) 귀족
working class 노동자 계급[계층]
cf. middle class 중산층 upper class 상류층
hand A over to B A를 B에게 넘기다
in return 답례로, 보답으로
provide A with B A에게 B를 제공하다
invader 침입자, 침략자 *v.* invade
occasional 이따금의, 때때로의
celebration 기념[축하](행사)
v. celebrate
harvest festival 추수 감사제
state 진술하다, 서술하다; 국가
outright 명백히, 드러내놓고
moral 도덕과 관련된, 도덕상의
문 3. **volunteer** 자원하다, 자진하다
victim 희생자
fatal 치명적인

정답과 해설 p.08

1 짝지어진 단어의 관계가 나머지와 다른 하나는?

① exceed – excessive
② addict – addiction
③ approve – approval
④ celebrate – celebration

[2-3] 다음 영영풀이에 해당하는 단어를 고르시오.

2

done quickly or immediately

① toxic
② severe
③ prompt
④ occasional

3

save someone when they are in danger

① invade
② block
③ rescue
④ appreciate

4 밑줄 친 부분과 바꾸어 쓸 수 있는 것은?

The view of many experts is underlined{optimistic} about the country's economic future.

① impatient
② positive
③ influential
④ proper

5 밑줄 친 부분의 우리말 풀이가 틀린 것은?

① put our plan into practice: 실행에 옮기다
② feel a sense of obligation: 의무감
③ adapt to a new environment: ~에 적응하다
④ none other than the singer: ~를 제외하고

6 빈칸에 공통으로 들어갈 알맞은 단어는?

• The _____ is planning to provide free education.
• You should _____ clearly how many tickets you need.

① govern
② state
③ return
④ graduate

7 빈칸에 들어갈 말이 바르게 짝지어진 것은?

• The people handed the criminal _____ to the police.
• Our company is faced _____ severe problems now.
• This study shows the impact of technology _____ our learning.

① from – for – to
② on – by – with
③ over – with – on
④ by – with – for

UNIT

2

Medicine

★ ☆ ☆
139 words

Many physicians automatically prescribe aspirin or a similar painkiller to patients suffering from a cold or flu. According to *Darwinian medicine, such a therapy may have an effect ⓐ opposite to the effect intended. In addition to easing a patient's ⓑ discomfort, aspirin also lowers fever. However, scientists have discovered that a moderate fever is one of the most impressive defense mechanisms of the body. According to their findings, a ⓒ higher temperature stimulates white blood cells to race to the site of an infection more rapidly and kill the virus. A fever also stops the growth of harmful bacteria, which, unlike white blood cells, become ⓓ active when exposed to heat.

The bottom line is to allow the body's defense mechanism to carry out its mission instead of taking medicine to ⓔ reduce a fever. It may be the most effective treatment.

*Darwinian medicine 진화 의학(질병을 진화론의 관점에서 이해하고, 약 대신 신체의 방어기제에 의존하여 치료함.)

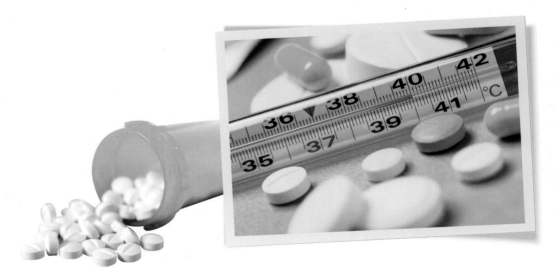

Did You Know?

체온 1도 올리기

우리의 몸은 체온을 항상 36.5~37도로 유지하기 위해 많은 대사 작용을 한다. 하지만 현대인의 나쁜 식습관은 몸에 독소를 쌓이게 하여 저체온을 유발하고, 이는 치명적인 질병에 걸릴 위험을 높인다. 실제로 체온이 1도 정도 낮은 암 환자들의 경우, 몸의 온도를 1도 올림으로써 기초 대사량이 13% 증가하고, 면역력도 30% 증가했음이 밝혀졌다. 특히 추운 날씨에는 원활한 혈액 순환으로 백혈구의 움직임과 간의 해독 작용이 왕성해질 수 있도록 꾸준한 운동과 따뜻한 음식 섭취가 중요하다.

1 이 글의 제목으로 가장 적절한 것은?

① Side Effects of Aspirin and Other Painkillers

② The Importance of the Proper Use of Medicine

③ Having a High Temperature: A Dangerous Sign

④ Let Natural Defense Mechanisms Play Their Role

⑤ White Blood Cells Are the Key Part of the Immune System

2 이 글의 밑줄 친 ⓐ~ⓔ 중, 문맥상 낱말의 쓰임이 적절하지 <u>않은</u> 것은?

① ⓐ   ② ⓑ   ③ ⓒ   ④ ⓓ   ⑤ ⓔ

(서술형)

3 이 글에서 언급한 열(fever)의 역할 두 가지를 우리말로 쓰시오.

4 이 글의 내용과 일치하면 T, 일치하지 <u>않으면</u> F를 쓰시오.

(1) _____ 의사들은 자동적으로 독감 환자들에게 아스피린을 처방한다.

(2) _____ 진통제는 몸에서 열이 나게 하여 면역력을 높인다.

(3) _____ 백혈구는 열에 노출되면 움직임이 둔화된다.

Words

physician 내과 의사
cf. surgeon 외과 의사
automatically 자동적으로, 무의식적으로
prescribe 처방하다
n. prescription 처방전
painkiller 진통제
suffer (고통을) 겪다, 당하다
flu 독감(= influenza)
therapy 치료, 요법
opposite 정반대의
intended 의도된, 계획된
ease (고통을) 덜어주다
discomfort 불편, 불쾌
moderate 적당한, 적정한
defense mechanism 방어기제
finding (연구의) 결과
stimulate 자극하다, 활발하게 하다
race 급히 가다, 질주하다
infection 감염, 염증
expose 노출시키다
mission 임무
bottom line 요지, 핵심
treatment 치료, 처치

Stress has long been fingered as a killer, but the fact is that most stress, including constant worry, is not fatal in itself. The real *villain is chronic anger. A person who finds himself constantly screaming at the people who irritate and annoy him is the one who is at risk for heart trouble. Dr. Redford Williams, a Duke University professor specializing in stress, said, "The rushing-around workaholic is not at risk as long as stress is not a stimulus for anger." He noted that more than 15 percent of the 25-year-old doctors and lawyers who scored high on hostility tests were dead by 50.

The message to all you <u>hot-tempered types</u> is simply this: If you want to live to a ripe old age, _____.

* **villain** 악당, 악인

Did You Know?

마음 챙김(mindfulness)

끝없는 잡념과 고민으로 피로가 쌓이면 우리의 뇌는 짜증, 분노, 주의 산만, 무기력 등의 신호를 보낸다. 이럴 때 외부의 스트레스에서 해방될 수 있는 한 가지 방법은 '마음 챙김(mindfulness)'이다. 애플(Apple)의 CEO였던 스티브 잡스의 휴식법으로 유명한 '마음 챙김'의 핵심 개념은 '지금 여기에' 집중하는 것이다. 이 분야의 선구자인 카밧진(Kabat-Zinn)은 마음 챙김을 '주변 상황에 지나치게 반응하거나 압도되지는 않되, 있는 그대로 인정하고 수용하면서 현재를 또렷하게 인지하는 것'이라고 설명했다.

1 이 글의 제목으로 가장 적절한 것은?

① Anger: The Silent Killer

② Stress is Death's Real Friend

③ Overwork Damages Your Health

④ The Difference Between Stress and Anger

⑤ How to Calm Down Fast When You're Angry

2 이 글의 빈칸에 들어갈 말로 가장 적절한 것은?

① reduce your work

② cool your anger

③ avoid constant worry

④ get a good night's sleep

⑤ keep away from hostile persons

3 다음 중, 밑줄 친 hot-tempered types에 해당하는 사람은?

① 마감 시간에 쫓겨 밤새 보고서를 쓰는 사람

② 계획은 크게 세우고 실행은 거의 못하는 사람

③ 다른 사람의 부탁을 거절하지 못해 초조한 사람

④ 업무 배분에 대한 불만으로 짜증이 가득 찬 사람

⑤ 연구 프로젝트를 위해 관련 논문을 꼼꼼히 읽는 사람

W

4 각 영영 풀이에 해당하는 단어를 보기 에서 골라 쓰시오.

┌─ 보기 ──────────────────────────────┐
│ stimulus   hostility   irritate   chronic │
└──────────────────────────────────────┘

(1) _____ : make someone impatient and angry

(2) _____ : unfriendly or aggressive feelings or behavior

Words

finger (~라고) 지적하다; 손가락
constant 끊임없는
ad. constantly
fatal 치명적인
in itself 그 자체로는, 본질적으로
chronic 만성적인(↔ acute 급성의)
scream 소리치다, 악을 쓰다
irritate 짜증나게 하다
be at risk 위험에 처하다
specialize in ~을 전문으로 하다
rushing-around 분주하게 돌아다니는
workaholic 일 중독자, 일벌레
as long as ~하는 한
stimulus 자극(제) *v.* stimulate
note (중요한 것을) 언급하다; ~에 주목하다; 메모
hostility 적대감, 적개심
a. hostile 적대적인
hot-tempered 화를 잘 내는, 욱하는 성미가 있는
ripe 원숙한; 익은; 숙성한
(= mature)

07

Agriculture

★★★
222 words

Throughout history, farmers have always set some seeds aside from their crops so that they can plant them the following year. Until recently, there was no problem with this method of saving seeds. 3

Now, giant seed companies such as Monsanto, DuPont, and Syngenta have (A) halted / enhanced this practice. They have 6 created GM seeds by modifying the seeds genetically.

These GM seeds grow very quickly and are (B) sensitive / resistant to pests, so farmers prefer them to their traditional seeds, which are 9 easily affected by harmful insects. But the problem is that farmers have to pay (C) royalties / loyalties to use these seeds every year because the seed companies own the patents. Another problem is 12 that the GM crops produce lifeless seeds, so even if you plant the seeds, they don't sprout. Therefore the farmers have to buy the new seeds every year. This is a serious <u>blow</u> to small farmers all over the 15 world. In India, for example, poor cotton farmers were in debt to the giant seed companies. They couldn't pay their debts, so hundreds of thousands of farmers committed suicide. 18

Giant seed companies have been claiming that GM seeds can save the world from hunger. In India, however, they caused a huge loss for farmers who trusted them and planted 21 GM seeds. The tragedy of Indian farmers made the world rethink about GM crops.

Did You Know?

Golden Seed Project(GSP)

2012년에 '국제 식물 신품종 보호동맹(UPOV)'이 시행되면서 우리나라는 외국 종자 회사에 대부분의 농산물에 대한 로열티를 지불하고 있다. 이런 어려운 상황을 극복하고 미래의 농축수산업을 선도하는 종자 강국 실현을 위해 현재 정부의 각 부처가 모여 국가 전략형 프로젝트인 Golden Seed Project(우량종자 확보 계획)를 추진하고 있다. 이에 대한 대표적인 연구 성과로 '토마토 종자'가 있는데, 농우바이오 연구팀에서는 대체 전략 품종을 개발하여 59.9만 달러(약 6억9천만 원)의 수출 성과를 달성했고, 토마토생명과학연구소의 연구팀은 2015년에 수출용 미니 토마토 품종 개발에 대한 연구로 우수 연구자상을 수상했다.

1 이 글의 제목으로 가장 적절한 것은?

① The Dark Side of GM Seeds

② Strategies of Seed Companies

③ GM Seeds: A Threat to Health

④ Seeds: The Lifeline of Human Beings

⑤ The Beginning of the Agricultural Revolution

2 (A), (B), (C)의 각 네모 안에서 문맥에 맞는 낱말로 가장 적절한 것은?

	(A)	(B)	(C)
①	halted	sensitive	royalties
②	enhanced	sensitive	royalties
③	halted	resistant	royalties
④	enhanced	resistant	loyalties
⑤	halted	resistant	loyalties

3 이 글의 내용과 일치하지 <u>않는</u> 것은?

① 과거에 농부들은 다음 해 심을 씨앗을 따로 따로 챙겨두었다.

② 종자 회사들은 유전적으로 변형된 씨앗을 만들었다.

③ 유전자가 변형된 씨앗의 작물은 자라는 속도가 빠르다.

④ 유전자 변형 종자 식물에서 얻은 씨앗은 이듬해에도 사용할 수 있다.

⑤ 유전자 변형 종자 회사 때문에 인도 농부들은 막대한 손해를 입었다.

4 이 글의 밑줄 친 <u>blow</u>와 같은 의미로 쓰인 것은?

① Children like to <u>blow</u> bubbles.

② George got a black eye by a <u>blow</u>.

③ The failure was a great <u>blow</u> to us.

Words

set A aside (나중을 위해) A를 따로 떼어 두다, 비축해두다(= reserve)
seed 씨앗
halt 중단시키다
enhance 높이다, 향상시키다
practice 관행, 관례; 연습하다
modify 수정하다, 변경하다
genetically 유전적으로
cf. gene 유전자
sensitive 민감한 n. sense
cf. sensible 분별 있는
resistant 저항력 있는, ~에 잘 견디는 v. resist
pest 해충, 유해 동물
traditional 전통의 n. tradition
royalty 특허권 사용료; 왕족
loyalty 충성(심)
patent 특허(권)
lifeless 생명이 없는, 죽은
sprout 싹이 나다, 발아하다
blow (커다란) 충격, 타격; 세게 때림, (입으로) 불다
be in debt to ~에 빚을 지다
commit suicide 자살하다
claim 주장하다
loss 손실, 손해(↔ gain 이익)
trust 신뢰하다
문 1. strategy 전략
lifeline 생명줄, 젖줄

08

Career

★ ★ ☆
133 words

1 다음 글에서 필자가 주장하는 바로 가장 적절한 것은?

Sure, we've all heard the advice: "Follow your passion." It's great when you hit the jackpot and find a career that melds your strengths and passions, and where there is demand in the highly competitive ₃ global marketplace of today. But if your goal is to get a job at the end of the rainbow, you must distinguish between your major, your passions, your strengths, and your career path. Your strengths are ₆ more important than your passions. Studies show that the best career choices tend to be grounded in things _____, more so than your interests and passions. Ideally, you want to find a ₉ convergence of your strengths and your values with a career path that is in demand. Interests can come and go. Your strengths are your core, your hard-wired assets.

*meld 섞다 *convergence 합류점

① 진로 계획을 세울 때 시장의 수요를 정확히 예측해야 한다.
② 직업을 선택할 때 본인의 강점을 우선으로 고려해야 한다.
③ 자신의 분야에서 성공하기 해서는 열정을 가져야 한다.
④ 원하는 직업을 갖기 해서는 전공을 잘 선택해야 한다.
⑤ 취업을 준비할 때 다른 사람의 조언을 잘 들어야 한다.

2 이 글의 빈칸에 들어갈 말로 가장 적절한 것은?

① you like most

② you should do

③ others don't do

④ you're good at

⑤ you want to learn

3 다음 중, 이 글의 조언대로 자신의 진로를 준비하는 사람은?

① Jim: I love growing plants, so I want to become a florist.

② Andy: I'm good at math, so I dream of becoming a data analyst.

③ Jake: Since I enjoying playing the piano, I hope I can get a job in an orchestra.

④ Jessy: Though I don't have a beautiful voice, I want to become a voice actor by working hard.

⑤ Ricky: Since AI is in great demand, I want to become a big data specialist.

Ⓦ

4 각 영영 풀이에 해당하는 단어를 보기 에서 골라 쓰시오.

┌─ 보기 ─────────────────────────────────┐
│ competitive   career   distinguish   strength │
└───────────────────────────────────────┘

(1) _____ : recognize the differences between things

(2) _____ : the job or series of jobs that you do during your working life

Words

passion 열정
hit the jackpot 대박을 터뜨리다
career 직업 *cf.* career path 진로
strength 강점(↔ weakness)
demand 수요 *cf.* in demand 수요가 많은
highly 대단히, 매우
competitive 경쟁이 치열한 *v.* compete
global 세계적인
marketplace 시장
at the end of the rainbow 이루기 어려운, 이룰 수 없는
distinguish 구별하다
be grounded in ~에 기초[근거]를 두다
values 가치관
core 핵심
hard-wired 하드웨어에 내장된(본래 갖추고 있는, 고유의) *cf.* wire (철사로 묶어) 설치하다
asset 자산

Solution Tips
요지 파악

○ **핵심 소재를 파악한다.**
　글의 처음과 마지막 부분을 통해 글의 소재나 쟁점을 파악한다.
○ **필자의 관점을 파악한다.**
　요약, 결론, 대조의 연결사 앞뒤 문맥, 명령문의 내용 등을 주목한다.
○ **필자의 관점을 토대로 결론을 도출한다.**
　핵심 소재에 대한 필자의 의도, 방향성, 주장 등을 종합해서 말하고자 하는 요지를 찾는다.

1 짝지어진 단어의 관계가 나머지와 <u>다른</u> 하나는?

① loss – gain   ② acute – chronic

③ ripe – mature   ④ strength – weakness

[2-4] 다음 영영 풀이에 해당하는 단어를 고르시오.

2

someone who spends most of their time working and has little interest in other things

① physician   ② royalty   ③ pest   ④ workaholic

3

wanting very much to win or be more successful than other people

① competitive   ② opposite   ③ resistant   ④ constant

4

change something slightly, especially in order to improve it

① suffer   ② prescribe   ③ modify   ④ halt

5 빈칸에 공통으로 들어가기에 알맞은 것은?

• I've made a(n) _____ of what needs to be repaired.

• Please _____ that we will be closed on Saturday.

• The people will _____ the growth of trade in the next meeting.

① ease   ② finger   ③ practice   ④ note

6 우리말 풀이가 <u>틀린</u> 것은?

① commit suicide (자살하다)   ② bottom line (밑바닥 부분)

③ defense mechanism (방어기제)   ④ hit the jackpot (대박을 터뜨리다)

[7-8] 다음 우리말과 일치하도록 빈칸에 알맞은 말을 쓰시오.

7 Cindy는 매 달 약간의 돈을 따로 떼어 두려고 노력한다.

Cindy tries to set some money _____ every month.

8 카카오가 함유된 음식들이 요즘 수요가 많다.

Foods that contain cacao are in _____ these days.

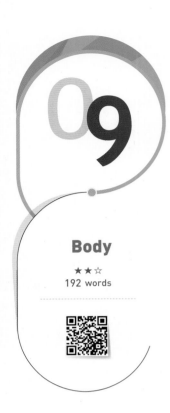

09

Body

★★☆
192 words

In 1962, James Neel, a world-famous biologist, explained how modern obesity is related to evolution. (ⓐ) According to him, obesity was essential to humans' survival in primitive times when food was not always available. (ⓑ) Back then, humans often had to face hunger. (ⓒ) As a result, they evolved to develop the "fat-saving genes," which stored fat in their bodies to prepare for times of food shortage. (ⓓ) Still, these fat-saving genes, commonly known as thrifty genes, continue to exist and work within modern human bodies. (ⓔ) Why didn't the fat-saving genes disappear even though they are not useful anymore? Compared to 2 million years of human history of hunger and food shortage, the last 100 years of food abundance is too short. Therefore, the genes did not have enough time to adapt to this sudden change. Now you can see why one-third of the world's population is overweight.

Did You Know?

절약 유전자 가설(Thrifty Gene Hypothesis)
미국의 생물학자인 James Neel의 가설에 따르면, 현대인의 비만 원인은 원시 시대로 거슬러 올라간다. 인류는 수십 차례의 빙하기와 여러 기아 위기를 겪으면서 살아남았다. 사냥과 채집에 의존하던 사람들(hunter-gatherers)로서, 원시인들은 식량이 풍족한 기간(잔치: feast)에는 실컷 먹고, 그렇지 못한 기간(기근: famine)에는 여러 날을 굶주렸다. 이런 혹독한 기근의 때가 되면 '에너지[지방]를 잘 저장하는 유전자(fat-saving gene)'를 가진 사람들만 살아남을 수 있었다. 그리고 이 유전자는 고스란히 현대인들에게 유전되어 비만을 일으키는 주된 원인이 되었다. 원시 시대에는 '지방을 잘 저장하는 유전자'가 '생존 유전자'였지만, 먹을 것이 넘쳐나는 현대에는 '비만 유전자'가 된 것이다.

1 이 글의 제목으로 가장 적절한 것은?

① Human Adaptation to Food Abundance

② Can You Be Obese but Still Be Healthy?

③ Hunger and Obesity: The Paradox of Food

④ Are You Obese? Blame Primitive Genes!

⑤ The Gradual Disappearance of Fat-saving Genes

2 이 글의 흐름으로 보아, 다음 문장이 들어가기에 가장 적절한 곳은?

> In the 21st century, however, food is now abundant, so the fat-saving genes are no longer needed.

① ⓐ ② ⓑ ③ ⓒ ④ ⓓ ⑤ ⓔ

3 이 글의 내용과 일치하도록 각 빈칸에 알맞은 말을 본문에서 찾아 쓰시오.

> Fat-saving genes developed due to food _____ and they still exist because they haven't had enough time to _____ to food abundance.

4 다음 영영 풀이에 해당하는 단어를 본문에서 찾아 쓰시오.

> relating to human society at a very early stage of development, with people living in a simple way without machines or a writing system

Words

biologist 생물학자
modern 현대의
obesity 비만 a. obese
evolution 진화 v. evolve
essential 필수적인, 극히 중요한
survival 생존 v. survive
primitive 원시의, 초기의
face (상황에) 직면하다
gene 유전자
store 저장하다, 보관하다
shortage 부족
thrifty 절약하는
disappear 사라지다
n. disappearance
abundance 풍부함, 충분함
adapt (상황에) 적응하다
n. adaptation
population 인구
overweight 과체중의, 비만의
문 1. paradox 역설(적인 것)
blame ~을 탓하다, ~의 책임으로 보다

10

Trend

★ ★ ★
205 words

YOLO is short for "You Only Live Once." People with this YOLO way of thinking seek to enjoy the <u>present</u> instead of worrying about future happiness. They spend money on things that can bring immediate ³ pleasure like sports, travel, fancy dinners or fashionable clothes.

According to social scientists, the younger generation has adopted the YOLO lifestyle due to _____. Many young ⁶ adults have difficulty finding jobs even if they are highly educated. In addition, housing prices have risen sharply over the last decade, so young adults feel that buying a house is simply not possible. ⁹ Therefore, instead of wasting the best years of their lives saving money just to secure a tiny living space, they prefer to spend money on unique experiences which give them immediate happiness. ¹²

However, the YOLO way of living is criticized by the older generation, who focused more on financial freedom and future stability. They tried hard to save money to the point that they ended ¹⁵ up missing out on many great experiences in life. So what is the right way to live life? There is no right or wrong answer.

Instead, it is a matter of priority. People ¹⁸ should choose what they believe is the most important to them.

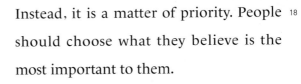

Did You Know?

요즘 세대들의 라이프스타일

'잘 사는 것'에 대한 개념이 시대에 따라 계속 바뀌고 있다. 특히 젊은 세대들은 미래의 막연한 꿈을 좇기보다 현재의 즐거움과 행복이 중요하다는 인식이 강하다. 이런 특징을 잘 나타내는 표현으로 '욜로(YOLO)족'과 '코스파(COSPA)족'이 있다. 전자는 한 번뿐인 인생을 즐기는 것에 초점을 두고 자신이 좋아하는 것에 과감한 투자를 함으로써 얻는 다양한 경험에 큰 가치를 둔다. 후자는 가격 대비 성능(가성비)을 뜻하는 코스트 퍼포먼스(cost-performance)에서 따온 말로, 먹는 것 하나에도 효율성을 중시하고, 갖고 싶은 아이템을 좀 더 저렴하게 구매하는 것을 가장 큰 행복으로 여긴다. 이 둘은 모두 '여기&지금(Here and Now)'의 만족을 최우선 가치로 삼는다는 공통점을 갖고 있다.

1 다음 중, 삶을 대하는 태도에 대한 필자의 충고를 가장 잘 나타낸 것은?

① 젊을 때 가능한 한 다양한 경험들을 쌓아라.

② 중요하다고 생각하는 것에 우선순위를 두어라.

③ 나중에 후회하느니 차라리 우선 행동으로 옮겨라.

④ 미래의 성공을 위해 현재의 행복을 포기하지 마라.

⑤ 어려움이 닥칠 때 어른 세대의 삶에서 지혜를 구하라.

2 이 글의 빈칸에 들어갈 말로 가장 적절한 것은?

① social identity

② political instability

③ cultural preferences

④ individual differences

⑤ economic uncertainty

3 이 글에서 언급된 YOLO 생활 방식이면 T, 아니면 F를 쓰시오.

(1) _____ I want to enjoy everything I have, and pursue great life experiences because the future is not guaranteed.

(2) _____ I cherish the present, but I set some money aside for the future before I have a chance to spend it.

(3) _____ I'd like to search for happiness and meaning every day of my life. I'm not willing to put that off until the day I retire.

W

4 이 글의 밑줄 친 present와 같은 의미로 쓰인 것은?

① Brian gave me concert tickets as a present.

② The president was not present at the meeting.

③ We must learn to live in the present, not in the past.

Words

be short for ~의 줄임말이다
seek to ~하려고 시도하다
present 현재, 지금; 선물; 참석한
immediate 즉각적인
pleasure 기쁨, 즐거움
fancy 값비싼, 고급의
generation 세대
adopt 취하다, 선택하다
decade 십 년
simply not 결코, 도저히 ~아닌 (= not at all)
secure (힘들게) 얻어내다, 확보하다
criticize 비판하다, 비난하다
focus on ~에 초점을 맞추다
financial 재정(상)의
n. finance 재정, 자금
stability 안정(성) (↔ instability 불안정(성))
end up -ing 결국 ~하게 되다
miss out on (소중한 것을) 놓치다, 잃다 (= lose)
priority 우선순위
문 2. identity 정체성, 주체성
  individual 개인의, 개개의
  economic 경제의
  uncertainty 불확실성
문 3. pursue 추구하다
  guarantee 보장하다, 확실하게 하다
  cherish 소중히 여기다, 아끼다
  set A aside (나중을 위해) A를 따로 떼어 두다
  retire 은퇴하다

11

History

★☆☆
129 words

Whoever wins the war gets to write history. Winners decide what is good or evil. For this reason, history is often full of distortions and one-sided views. So-called historical facts are determined by the winner, so if the winner changes, the facts may be completely altered. _____(A)_____, if Lincoln had lost the Civil War, he would have been viewed as a national traitor. If Japan had won World War II, many American officers would have been considered war criminals for killing hundreds of thousands of Japanese civilians with atomic bombs.

Throughout history, the winners constantly change. Sometimes people who win in one era would lose in another and vice versa. _____(B)_____, history is bound to be continuously reconstructed and reinterpreted by all sorts of people with different motives.

▲ Winners made stamps to celebrate their victory.

Did You Know?

하나의 사건에 존재하는 두 가지 진실

「1984」, 「동물 농장」 등의 소설로 유명한 조지 오웰은 한때 BBC의 기자로 있으면서 입장에 따라 완전히 상반된 두 가지 진실이 함께 존재하는 놀라운 경험했다고 밝혔다. 제1,2차 세계대전 당시 저널리스트로 활동할 때 쓴 글을 엮어 만든 「The Journalist: George Orwell」의 칼럼 '진실한 역사는 존재하지 않는다'에서 오웰은 역사의 진실성 문제를 정면으로 꼬집었다. 그 글에서 그는 "나는 우리가 전쟁에서 승리해야 하는 단 하나의 이유는 적어도 우리가 전쟁에서 이기면 적보다 거짓말을 적게 할 것이기 때문이다"라고 분석했다.

1 이 글의 빈칸 (A)와 (B)에 들어갈 말로 가장 적절한 것은?

(A)		(B)
① For example	·····	However
② In addition	·····	Therefore
③ For example	·····	Therefore
④ In addition	·····	Similarly
⑤ In other words	·····	However

2 이 글의 내용과 일치하면 T, 일치하지 <u>않으면</u> F를 쓰시오.

(1) _____ Winners often distort historical facts to their own advantage.

(2) _____ Those who write history reflect the views of winners and losers equally.

(3) _____ History is reevaluated continuously by the next generation.

3 이 글의 밑줄 친 vice versa를 풀어 쓸 때, 각 빈칸에 알맞은 말을 본문에서 찾아 쓰시오.

> Sometimes people who _____ in one era would _____ in another.

4 다음 빈칸에 공통으로 들어갈 수 있는 단어를 이 글에서 찾아 쓰시오.

> • The story the woman told was a _____ of the truth.
> • There are some _____ s on the TV screen.

Words

distortion 왜곡; 뒤틀림
v. distort
one-sided 한쪽으로 치우친, 편파적인(= biased)
so-called 소위, 이른바
determine 결정하다
alter 변경하다, 달라지다
view A as B A를 B라고 여기다[간주하다]
national 국가의
traitor 반역자, 배반자
criminal 범죄자
hundreds of thousands of 수십만의
civilian 민간인
atomic bomb 원자 폭탄
constantly 끊임없이
era 시대, 시기
vice versa 그 반대도 마찬가지이다
be bound to 반드시 ~하다
continuously 연달아, 연속적으로
reconstruct 재구성하다
reinterpret 재해석하다
all sorts of 모든 종류의
motive 동기, 이유

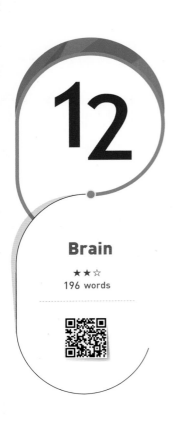

Brain

★ ★ ☆
196 words

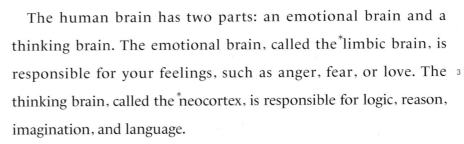

The human brain has two parts: an emotional brain and a thinking brain. The emotional brain, called the*limbic brain, is responsible for your feelings, such as anger, fear, or love. The thinking brain, called the*neocortex, is responsible for logic, reason, imagination, and language.

(A) Therefore, when you want to persuade someone, try expressing your thoughts and feelings calmly instead of relying on logical reasoning alone. If you don't criticize them or provoke their emotional brain, you have a better chance of changing their mind.

(B) Which of the two brains has more power over your thoughts and behavior? Contrary to popular belief, the emotional brain is much more powerful and influential than the thinking brain; the emotional brain is like a ___(A)___ and the thinking brain like a ___(B)___.

(C) So if you want to persuade someone, you should appeal to their emotional brain. If you just appeal to their thinking brain, you will likely get nowhere. Using logic only may help you win the argument, but it may hurt their pride and provoke their emotional brain. When their emotional brain takes over, it paralyzes their thinking brain, the area that is responsible for logical thinking.

*limbic brain (대뇌의) 변연계(기본적인 감정·욕구 등을 관장하는 신경계)
*neocortex (두뇌의) 신피질(고도의 정신 작용, 학습 등을 관장하는 신경계)

Did You Know?

뇌의 진화(Evolution of Brain)

미국의 신경학자인 Paul McLean에 따르면 '인간의 뇌'는 세 번의 진화 과정을 거쳐서 현재에 이르렀으며, 다음 세 개의 뇌는 생겨난 시점은 다르지만 각자의 역할을 하며 함께 공존한다.

• 파충류 뇌(Reptilian Brain): 가장 원초적인 본능, 즉 생명을 유지하는 신진 대사(호흡, 심장 박동, 성욕 등)를 관장함.
• 포유류 뇌(Mammalian Brain): 인간의 행동이나 의사 결정에 가장 큰 영향력을 갖는 감정과 본능을 담당하기 때문에, Emotional Brain이라고도 불림.
• 인간 뇌(Neocortex: 뇌 표면의 호두 껍데기처럼 주름진 부분): 진화의 마지막 단계에서 발달하여, 뇌들 중에서 가장 어리고 지배력이 약함. 주로 이성적 사고, 언어, 고차원의 정신 작용을 관장하므로 Thinking Brain으로도 불린다.

1 주어진 글 다음에 이어질 글의 순서로 가장 적절한 것은?

① (A) – (C) – (B)　　　② (B) – (A) – (C)

③ (B) – (C) – (A)　　　④ (C) – (A) – (B)

⑤ (C) – (B) – (A)

2 이 글의 제목으로 가장 적절한 것은?

① Use Logic to Win in an Argument

② How to Control Your Emotional Brain

③ Important Roles of Logical Reasoning

④ Appeal to the Emotional Brain to Persuade Someone

⑤ Two Different Parts of Our Brain Have the Same Function

3 이 글의 빈칸 (A)와 (B)에 들어갈 말로 가장 적절한 것은?

	(A)		(B)
①	writer	·····	reader
②	ruler	·····	subject
③	consultant	·····	client
④	judge	·····	lawyer
⑤	seller	·····	buyer

Ⓦ

4 각 영영 풀이에 해당하는 단어를 보기 에서 골라 쓰시오.

┌─ 보기 ─────────────────────────────┐
│　criticize　　provoke　　persecute　　paralyze　│
└────────────────────────────────────┘

(1) _____ : cause a reaction, especially a negative one

(2) _____ : make something completely unable to operate normally or effectively

---

Words

emotional 감정의, 정서의
persuade 설득시키다
rely on ～에 의존하다
logical 논리적인 *n.* logic
reasoning 추리, 추론
criticize 비판하다, 비난하다
provoke 화나게 하다, (신경을) 건드리다
contrary to ～에 반해서
influential 영향력 있는
appeal to ～에 호소하다
get nowhere 아무런 도움이 안 되다
argument 논쟁, 언쟁 *v.* argue
take over 장악하다
paralyze 마비시키다; 무력하게 만들다
문 2. **function** 기능
문 3. **ruler** 통치자
　subject 신하
　consultant 상담자
　client 의뢰인, 고객
　judge 판사
　lawyer 변호사
문 4. **negative** 부정적인
　operate 작동하다

1 성격이 나머지 셋과 <u>다른</u> 하나는?

① lawyer ② traitor ③ consultant ④ biologist

2 짝지어진 단어의 관계가 나머지와 <u>다른</u> 하나는?

① logic – logical ② obesity – obese

③ survive – survival ④ finance – financial

[3-4] 다음 빈칸에 들어갈 알맞은 단어를 고르시오.

3

> We discussed the issue all morning but got _____.

① shortage ② reasoning ③ motive ④ nowhere

4

> Sam is one of the _____ figures in this area.

① influential ② modern ③ primitive ④ immediate

5 영영풀이가 <u>잘못된</u> 것은?

① priority: something important that must be done first

② fancy: costing little money or less than is usual or expected

③ thrifty: showing a careful use of money, especially by avoiding waste

④ civilian: a person who is not a member of the police or the armed forces

6 밑줄 친 부분과 같은 의미가 되도록 빈칸에 알맞은 말을 쓰시오.

> We don't trust the people, and <u>they also don't trust us</u>.
> = We don't trust the people, and _____ _____.

[7-9] 다음 각 문장의 빈칸에 알맞은 말을 보기 에서 골라 쓰시오.

┌─ 보기 ─
│ to as out

7 We don't want to miss _____ on a new exciting experience!

8 If you continue trying, you are bound _____ find the answer.

9 When the machine was first made, the design was viewed _____ highly original.

4

13

Education

★ ★ ☆
124 words

If you open any motivational book, you will hear all about the wonderful powers you possess and the amazing achievements you are capable of. It is true that you must believe in yourself. In this way, such messages are useful to you. But an exaggerated sense of your capabilities is no more valuable in the long run than a limited sense of them. You should not try to convince yourself you are super-human. You will push yourself to failure by claiming too many strengths. <u>Such an attitude</u> will ultimately weaken your confidence even in the areas that you do excel in. Remember that your best confidence is based on _____, and it highlights the path to all your dreams.

Did You Know?

워비곤 호수 효과(Lake Wobegon Effect)

워비곤 호수는 미국의 풍자작가 개리슨 케일러(Garrison Keillor)의 라디오 드라마 〈프레리 홈 컴패니언(Prairie Home Companion)〉에 나오는 가상의 마을이다. 이 마을의 사람들은 모두 스스로 평균보다 더 잘 생기고, 힘이 세고, 똑똑하다고 생각한다. 이것에서 유래하여 스스로를 평균보다 과대평가하며 과시하는 태도를 '워비곤 호수 효과'라고 부르게 되었다. 1977년 미국 고등학교 3학년 학생 100만 명을 대상으로 한 설문조사에 따르면 자신의 리더십이 평균 이상이라고 생각하는 학생의 비율이 70%를 넘었으며, 자신의 친화력이 평균 이상이라고 생각하는 경우는 100%에 이르렀다. 이외에도 다수의 회사원이 자신이 다른 직장인보다 더 성실히 일하고 있다고 여기거나, 교사들이 자신이 더 잘 가르친다고 믿는 등의 오류를 말하며 과신 효과(Overconfidence Effect)라고도 한다.

1 이 글의 빈칸에 들어갈 말로 가장 적절한 것은?

① a good past history of success

② a detailed plan for your future

③ a realistic evaluation of your abilities

④ an extraordinary depth of knowledge

⑤ an underestimation of your achievement

(서술형)

2 이 글의 밑줄 친 Such an attitude가 의미하는 내용을 우리말로 쓰시오.

3 이 글의 내용과 일치하면 T, 일치하지 <u>않으면</u> F를 쓰시오.

(1) _____ 자신의 능력에 대해 믿음을 가질 필요가 있다.

(2) _____ 자신의 능력을 과소평가하는 것이 좋지 않듯이 과대평가하는 것도 좋지 않다.

(3) _____ 강한 자신감을 가지면 마주치는 어려움을 모두 이겨낼 수 있다.

(W)

4 각 영영풀이에 해당하는 단어를 본문에서 찾아 쓰시오.

(1) _____ : think of or describe something as larger or greater than it really is

(2) _____ : a feeling or belief that you can do something well or succeed at something

Words

motivational 동기 부여의
possess 가지다, 보유하다
achievement 성취
be capable of ~을 할 수 있다
cf. capability 능력, 가능성
exaggerate 과장하다
no more A than B
B가 아니듯 A도 아니다
in the long run 결국에는, 결국
limited 한정된, 제한된
convince 확신시키다
super-human 초인적인
failure 실패
claim 주장하다
strength 강점, 힘
attitude 태도
ultimately 결국, 마침내
weaken 약하게 하다
confidence 자신감, 확신
area 분야, 영역; 지역
excel in ~에서 뛰어나다
highlight ~을 밝게 비추다; ~을 강조하다
path 길, 경로
[문] 1. **evaluation** 평가
depth 깊이, 심도
underestimation 과소평가

14

Nature
★ ★ ☆
161 words

In nature, plants and animals depend on each other for the things they need to stay alive. One good example ⓐ can be found in the relationship between acacia trees and their resident ants. A species of ant lives inside the hollow thorns of the acacia tree. The ants eat the *nectar ⓑ produced from the tree's trunk and leaves. The nectar is very rich in protein and fat, so the ants use it ⓒ to nurture their *larvae. So what does the tree expect from the ants in return for this special present?

The ants are very aggressive against all other insects regardless of their size. So when 'enemy' insects attack or invade the tree, the ants climb down the trunk and ⓓ bites them fiercely. Studies have shown that acacia trees without any resident ants suffer more from attacks by harmful insects compared with trees ⓔ hosting the ants. Researchers have concluded that the ants are like _____ _____.

*nectar 꿀, 과즙 *larvae 유충, 애벌레

an ant drinking nectar on an acacia tree

Did You Know?

생물들의 공생 관계
서로 다른 두 종(species)이 도우며 함께 살아가는 형태를 공생 관계(symbiosis)라고 한다. 대표적인 예시로는 동백나무와 동박새가 있는데, 동박새는 동백꽃의 꽃가루받이(수분) 역할을 해주며, 그 대가로 꽃의 꿀을 얻을 수 있다. 또한 고비물고기와 새우의 경우도 공생 관계에 해당된다. 고비물고기는 새우가 지은 집에 들어가 얹혀사는데, 그 답례로 시력이 나쁜 새우를 대신하여 망을 봐 준다. 그러다가 새우의 포식자(predator)가 오면 새우를 건드려 집 속으로 피하게 도와준다.

정답과 해설 p.24

1 이 글의 제목으로 가장 적절한 것은?

① The Ways Acacia Trees Attract Ants

② Ants: The Strongest Species on Earth

③ When Ants Attack, Nothing Can Stop Them

④ Cooperation Between Ants and Acacia Trees

⑤ How to Defend Against Harmful Insects

2 이 글의 빈칸에 들어갈 말로 가장 적절한 것은?

① invaders eager to control other species

② hunters that hide in an enemy's backyard

③ soldiers who volunteer for peace-keeping

④ loyal fighters hired by their house owners

⑤ prisoners that were captured from the battlefield

3 이 글의 내용과 일치하도록 빈칸에 각각 들어갈 말을 본문에서 찾아 쓰시오.

> The acacia tree provides the ants with (A) _____,
> and the ants return the favor by protecting the acacia tree
> from the (B) _____ of harmful insects.

4 이 글의 밑줄 친 ⓐ~ⓔ 중 어법상 틀린 것은?

① ⓐ   ② ⓑ   ③ ⓒ   ④ ⓓ   ⑤ ⓔ

Words

depend on ~에 의존하다; ~에 달려있다
stay alive 목숨을 유지하다, 살다
resident 거주하는; 주민
species 종, 종류
hollow 속이 빈
thorn 가시
trunk 줄기; 몸통
rich in ~이 풍부한
protein 단백질
nurture 키우다, 양육하다
expect 기대하다; 예상하다
in return for ~에 대한 답례로
aggressive 공격적인
regardless of ~와 상관없이
enemy 적
invade 침략하다; 침입하다
fiercely 맹렬히, 필사적으로
suffer from ~으로 고통 받다
compared with ~와 비교하여
host (주인으로서) ~을 접대하다; 주최하다
conclude 결론짓다
문 1. **cooperation** 협력
  2. **backyard** 뒷마당
    eager to 간절히 ~하고 싶어 하는
    volunteer for ~에 자원해서 나서다
    loyal 충성스러운, 충실한
    hire 고용하다
    prisoner 죄수
    battlefield 전쟁터
  3. **return the favor** 은혜를 갚다 *cf.* favor 은혜; 호의, 친절

15

History

★ ★ ☆
181 words

In 1346, Edward Ⅲ, the King of England, surrounded the French city of *Calais with his army. Philip Ⅵ, the King of France, ordered the citizens of Calais to hold out at all costs. However, they could not get through the English army, and starvation eventually forced them to (A) surrender / be surrendered . 3

Then Edward made an unusual proposal. He offered to spare the people of the city if six of its leaders would surrender (B) them / themselves to him, presumably to be executed. He demanded that they walk out wearing ropes around their necks and carrying the keys to the city and castle. One of the wealthiest town leaders, Eustache de Saint Pierre, volunteered first, and five other nobles joined him. 6 / 9 / 12

The nobles expected to be executed, but their lives were spared by the intervention of England's Queen, Philippa. She persuaded her husband to show mercy, (C) claiming / claimed that their deaths would be bad luck for her unborn child. 15

Five hundred years later, the citizens of Calais decided to erect a statue of the nobles to honor them. The artist who created the statue was Rodin. 18

* **Calais** 칼레 (프랑스의 항구도시)

▶ *The Burghers of Calais*, 1898, Auguste Rodin

Did You Know?

로댕의 손으로 다시 태어난 칼레의 시민들

1884년 칼레 시는 용감한 6명의 시민들을 기념하는 동상을 짓기로 하였고, 로댕(Auguste Rodin, 1840~1917)이 자원하여 〈칼레의 시민상(The Burghers of Calais)〉을 만들게 되었다. 칼레 시에서는 그들의 선조를 늠름한 영웅으로 미화할 것을 요구했지만, 로댕은 죽음을 앞둔 인물들이 적군의 진지로 걸어가면서 느끼는 두려움을 표현하였으며, 각 개인이 고립된 것처럼 묘사하여 영웅이라기 보단 극히 평범한 인간으로 나타냈다. 또한, 로댕은 높은 지대 위에 동상을 만들지 않고, 낮은 땅 위에 만듦으로써 이들 모두 평범한 사람이었지만 그럼에도 희생을 감내했음을 극적으로 표현했다.

1 이 글의 제목으로 가장 적절한 것은?

① Philippa Saved Calais's Nobles

② Edward Ⅲ Invaded Calais in Vain

③ Calais's Nobles Who Saved Calais

④ Who Won the Battle of Calais in 1347?

⑤ Calais's Nobles Defeated the English Invaders

2 (A), (B), (C)의 각 네모 안에서 어법에 맞는 것으로 가장 적절한 것은?

	(A)		(B)		(C)
①	surrender	·····	themselves	·····	claimed
②	surrender	·····	them	·····	claiming
③	surrender	·····	themselves	·····	claiming
④	be surrendered	·····	them	·····	claiming
⑤	be surrendered	·····	themselves	·····	claimed

3 이 글의 내용과 일치하면 T, 그렇지 <u>않으면</u> F를 쓰시오.

(1) _____ Edward Ⅲ made an offer to spare the people of Calais if six leaders of the city would yield to him.

(2) _____ One of the wealthiest town leaders volunteered first, but no other nobles decided to go with him.

(3) _____ The nobles were saved from death despite strong opposition of England's queen.

Ⓦ

4 다음 문장의 빈칸에 공통으로 들어갈 단어를 본문에서 찾아 쓰시오.

> • People all over the world celebrate St. Patrick's Day on March 17 to _____ the saint of Ireland.
> • The writer said, "Thank you. It is my _____ to receive this award. It motivates me to keep writing every week."

Words

surround 포위하다; 둘러싸다
hold out (힘든 상황에서) 저항하다
at all costs 무슨 수를 써서라도
get through ~을 벗어나다,
극복하다
starvation 기아, 굶주림
eventually 결국, 마침내
force A to B A에게 B할 것을 강요하다
surrender 항복하다
unusual 특이한, 드문
proposal 제안
offer 제안하다
spare ~의 목숨을 살려주다; 나누어주다, 절약하다; 남은, 여분의
presumably 아마, 추정하건대
execute 처형하다
demand 요구하다
rope 줄; 묶다
noble 귀족; 귀족의
intervention 개입, 간섭
persuade 설득하다
show mercy 자비를 베풀다
unborn child 태아
erect 세우다, 건설하다
statue 동상, 조각상
honor 기리다, ~에게 경의를 표하다; 명예; 존경, 경의
[문] 1. invade 침략하다
　　cf. invader 침략자
　　in vain 헛되이, 보람 없이
　　defeat 패배시키다
　　3. yield 굴복하다, 양도하다; 수확(량)

1 이 글의 빈칸에 들어갈 말로 가장 적절한 것은?

How many of the lunches that you ate over the last week can you recall? Do you remember what you ate today? I hope so. Yesterday? I bet it takes a moment's effort. And what about the day before 3 yesterday? What about a week ago? It's not so much that your memory of last week's lunch has disappeared; if provided with the right cue, like where you ate it, or whom you ate it with, you would 6 likely recall what had been on your plate. Rather, it's difficult to remember last week's lunch because your brain has filed it away with all the other lunches you've ever eaten as just another lunch. 9 When we try to recall something from a category that includes as many instances as "lunch" or "wine," many memories compete for our attention. The memory of last Wednesday's lunch isn't 12 necessarily gone; it's that you lack _____. But a wine that talks: That's unique. It's a memory without rivals.

① the channel to let it flow into the pool of ordinary memories
② the right hook to pull it out of a sea of lunchtime memories
③ the glue to attach it to just another lunch memory
④ the memory capacity to keep a box of sleeping memories
⑤ the sufficient number of competitors in a battle for attention

2 이 글의 제목으로 가장 적절한 것은?

① You Are Really What You Remember

② Does Memory Weaken with Increasing Age?

③ How to Remember Something: Teach Yourself

④ Factors That Influence Long-Term Memory

⑤ How We Recall Something from Memory Storage

3 이 글의 내용과 일치하면 T, 일치하지 <u>않으면</u> F를 쓰시오.

(1) _____ 과거의 일이 잘 기억나지 않는 것은 기억에서 사라졌기 때문이다.

(2) _____ 구체적인 단서가 주어지면 과거의 일을 잘 기억해낼 수 있다.

Ⓦ

4 각 영영풀이에 해당하는 단어를 [보기]에서 골라 쓰시오.

┌ 보기 ─────────────────────────────────┐
│   provide   cue   attention   compete   │
└──────────────────────────────────────┘

(1) _____ : a sign for something to happen

(2) _____ : try to be more successful than someone else

Words

recall 기억해 내다, 상기하다
bet 단언하다; 내기; 내기 걸다
cue 단서, 실마리; 신호
plate 접시
file away 정리해두다
category 범주, 항목
instance 사례, 예시
compete 경쟁하다
attention 주의, 관심, 주목
necessarily 반드시, 꼭
lack ～이 없다, ～이 모자라다; 부족, 결핍
rival 경쟁자, 라이벌
문 1. **channel** 경로, 수로
    hook (기억을 꺼내는) 단서, 실마리; 갈고리, (낚시) 바늘
    glue 접착제, 풀
    attach 붙이다
    sufficient 충분한
2. **storage** 저장 창고

Solution Tips
빈칸 추론

○ **글의 소재와 요지를 파악한다.**
　도입부와 반복되는 어구를 통해 글의 소재를 찾고, 주제문을 중심으로 요지를 파악한다.
○ **빈칸의 전후 내용을 파악한다.**
　빈칸 앞 뒤 문장의 의미를 정확하게 파악한 후, 빈칸에 들어갈 수 있는 내용을 추론해 본다.
○ **선택지와 글의 논리가 일치하는지 검토한다.**
　선택지를 빈칸에 대입하여 글의 소재와 어울리는지, 글의 요지에 어긋나는지 확인한다.

1   짝지어진 단어의 관계가 나머지와 <u>다른</u> 하나는?

① instance – example   ② fiercely – aggressively

③ supply – demand   ④ ultimately – eventually

2   우리말 풀이가 <u>잘못된</u> 것은?

① at all costs: 무슨 수를 써서라도   ② stay alive: 목숨을 유지하다

③ show mercy: 자비를 베풀다   ④ in the long run: 오랫동안

[3-4] 다음 빈칸에 알맞은 단어를 고르시오.

3
> Don't forget to _____ a recent photo to your application form.

① attach   ② execute   ③ disappear   ④ convince

4
> The soldiers would rather die than _____ to the invaders.

① possess   ② surrender   ③ conclude   ④ highlight

[5-6] 다음 영영풀이에 해당하는 단어를 고르시오.

5
> feed and take care of a child or a plant while it is growing

① exaggerate   ② nurture   ③ claim   ④ weeken

6
> the act of becoming involved in a situation to change what happens

① attention   ② intervention   ③ achievement   ④ evaluation

[7-8] 다음 빈칸에 공통으로 들어가기에 알맞은 것을 고르시오.

7
> • Jessy's only problem is a _____ of confidence.
> • What we _____ in this house is space to store things.

① bite   ② host   ③ lack   ④ bet

8
> • They asked him to _____ the women and children.
> • We have a _____ room if you want to stay overnight with us.

① trunk   ② hire   ③ spare   ④ erect

UNIT

05

17

Education

★ ★ ☆
160 words

When you revisit some place ⓐwhere you spent part of your earlier life, old memories tend to come flooding back, ⓑtriggered by the mere sight of a street or a building that you may not have seen for many years. Sometimes a particular piece of music may bring back old memories. Even a smell or a taste can help ⓒto revive memories from the past.

In one experiment, American psychologists tested the recall of two groups of children who ⓓhave learned the same test material in the same room. However, for the retrieval test one group returned to the room where they had carried out the learning, whereas the other group were tested in a different room. It was found that the group ⓔwhose learning and retrieval took place in the same room showed better retrieval than those who were tested in a different room. Why does this happen? It's because our brain saves information along with its surrounding environment.

Did You Know?

기억 환경의 중요성

1975년, 덩컨 고든(Duncan Godden)과 앨런 배들리(Alan Baddeley)는 성인들을 두 그룹으로 나누어 한 그룹은 물속에서 단어를 외우게 하고, 다른 그룹은 육지에서 외우게 하였다. 이후 단어 시험은 각각 반대의 상황에서 치르게 하였다. 그 결과, 시험 상황이 학습 상황과 다르면 회상이 잘되지 않는다는 것이 밝혀졌다. 일상생활에서도 비슷한 경우를 찾아볼 수 있다. 시험 바로 전날 집에서 책을 달달 외웠지만, 교실에서는 머리가 텅 비어버린 듯한 느낌이 든다거나 학교에서는 아는 친구인데 쇼핑몰에서 마주치면 친구의 이름이 기억나지 않는다거나 하는 것이 그 예이다. 이처럼 주변 환경 및 상황은 기억을 떠올리는 데 중요한 변수로 작용함을 알 수 있다.

1 이 글의 내용을 한 문장으로 요약하고자 한다. 빈칸 (A)와 (B)에 들어갈 말로 가장 적절한 것은?

> Information tends to be better _____(A)_____ in the same environment that it was originally _____(B)_____.

	(A)		(B)
①	forgotten	·····	learned
②	recalled	·····	learned
③	recalled	·····	tested
④	conveyed	·····	tested
⑤	conveyed	·····	combined

2 이 글의 밑줄 친 ⓐ~ⓔ 중 어법상 틀린 것은?

① ⓐ   ② ⓑ   ③ ⓒ   ④ ⓓ   ⑤ ⓔ

3 미국 심리학자들의 실험에 대한 내용과 일치하면 T, 일치하지 <u>않으면</u> F를 쓰시오.

(1) _____ I study for an exam sitting in a chair similar to one in the testing room.

(2) _____ I study for an exam listening to the same music that I heard when I was young.

(3) _____ In the testing room, I eat the same candy that I ate while studying for the test.

Ⓦ

4 다음 두 가지의 뜻을 동시에 지닌 단어를 본문에서 찾아 쓰시오.

> • a part of a gun that you press to fire it
> • remind you of an event or situation that is forgotten

Words

tend to ~하는 경향이 있다
flood 범람하다; 밀려오다
trigger (기억, 사건 등을) 촉발시키다; (방아쇠를) 당기다; 방아쇠
mere 단순한, 아주 사소한
sight 보기, 목격, 일견
particular 특정한, 특수한
piece (음악) 악곡, (문학) 작품; 구획, 파편
bring back ~을 생각나게 하다
revive (기억을) 되살리다
past 과거, 옛날
recall 회상, 기억 능력; ~을 상기하다, 떠오르게 하다
material 자료; 소재
retrieval (기억의) 인출, 검색; 복구
carry out 수행하다, 실시하다
whereas ~인 반면
take place 일어나다, 발생하다
along with ~와 함께, 더불어
surrounding 둘러싸는, 주변의
environment 환경
문 1. **convey** (의미 등을) 전달하다; (화물을) 나르다
　　combine 합치다, 결합시키다
　4. **gun** 총
　　fire 발사하다; 화재
　　remind 상기시키다

18

Life

★★☆
179 words

If a lobster is left high and dry among the rocks, it does not work its way back to the sea, but waits for the sea ⓐto come to itself. Sometimes it moves a few inches toward the water, but it crawls back again, seemingly in doubt about ⓑwhether to go into the water or to continue to wait. It never seems able to decide just what to do, and it spends its entire life waiting and ⓒtrying to make up its mind. If the wave does not come, the lobster remains ⓓwhere it is and dies. Although the slightest effort would enable it to reach the waves, which ⓔis perhaps within a yard of it, the lobster doesn't move at all.

Unfortunately, the world is filled with human lobsters: people who are stuck on the rocks of indecision and *procrastination. They are just waiting for good fortune to set them afloat instead of taking a risk. They may be disappointed because good fortune may never come to those who wait. Get off the rocks! Get into the water!

* **procrastination** 지연, 연기, 미루기

1 이 글의 밑줄 친 Get into the water!가 의미하는 바로 가장 적절한 것은?

① 중요한 일부터 먼저 처리하라.

② 계획을 세운 후 일을 시작하라.

③ 어려운 일은 신중하게 결정하라.

④ 위기가 닥치면 침착하게 행동하라.

⑤ 행운을 기다리지 말고 직접 찾아 나서라.

2 이 글에 나온 a lobster의 행동을 가장 잘 묘사하는 것은?

① careful   ② passive

③ patient   ④ optimistic

⑤ pessimistic

3 이 글의 밑줄 친 ⓐ~ⓔ 중 어법상 틀린 것은?

① ⓐ   ② ⓑ   ③ ⓒ   ④ ⓓ   ⑤ ⓔ

Ⓦ

4 각 영영 풀이에 해당하는 단어를 본문에서 찾아 쓰시오.

(1) _____ : unable to move or to be moved

(2) _____ : the state of being unable to decide

Words

work one's way back to 애쓰며 ~로 돌아가다
crawl 기다, 기어가다
seemingly 겉보기에, 외관상으로
in doubt 의심하여, 주저하며
continue to 계속 ~하다
entire 전체의
make up one's mind 결심하다, 결단을 내리다
slight 약간의, 조금
(slighter, slightest)
effort 노력, 활동, 일
reach 도달하다, 이르다
perhaps 아마도, 어쩌면
yard 야드 (길이의 단위, 3피트 또는 0.9144미터에 해당)
be filled with ~으로 가득 차다
stuck 갇힌, 끼인, 움직일 수 없는
indecision 망설임, 주저함
fortune 행운; 재산
set ... afloat …을 뜨게 하다; 일으키다
take a risk 위험을 무릅쓰다
get off (~에서) 내리다
get into (~에) 들어가다
문 **2. careful** 조심스러운, 주의 깊은
     passive 수동적인, 소극적인
     patient 참을성 있는
     optimistic 낙관적인
     pessimistic 비관적인

19

Nature

★★☆
190 words

Insects have their own ways of communicating just like humans. Bees perform special dances to tell other bees where flowers are. Fireflies use flashes of light to attract (A) mates / enemies . Now scientists have discovered another way insects communicate: the "plant telephone," which is used by plant-eating insects only.

Suppose an ant is eating the roots of a plant, and later a caterpillar comes to eat the leaves of the same plant. The ant needs to warn the caterpillar: "This plant is (B) occupied / surrendered ! Stay away from it and go find your own plant!" Unfortunately, the root-eating ant is below the ground, and the leaf-eating caterpillar is above. Since they cannot see each other, they cannot communicate by dancing or flashing lights. That's why the ant turns to the plant telephone. If the ant emits warning signals, they travel through the roots, stem, branches, and into the leaves, much like a telephone message. When the caterpillar receives <u>this message</u>, it leaves the plant right away because the caterpillar doesn't want to (C) share / raise the same plant. How marvelous it is that insects can send messages to each other by using plants as a telephone!

3

6

9

12

15

Did You Know?

식물의 의사소통

식물은 공격당할 때, 어떻게 저항할 수 있을까? 최근 미국 위스콘신 대학(University of Wisconsin)의 연구팀은 식물이 위협을 받을 때 동물의 체내에서 전기적, 화학적 신호를 운반하는 것으로 알려진 칼슘 이온(Ca^{2+})으로 신호를 보낸다는 것을 알아냈다. 연구진은 식물의 잎을 애벌레가 갉아 먹게 한 후 칼슘 이온의 경로를 살펴보았는데, 해당 잎에서 발생한 칼슘 이온이 순식간에 멀리 떨어진 잎까지 전해졌다. 또한 식물 내에서 칼슘 이온이 지나간 경로에는 식물의 스트레스 호르몬인 자스몬산(jasmonic acid)이 분비되어 세포벽을 단단히 만들어 곤충이 공격하기 어렵게 하였고 공기 중에 분사되어 곤충의 소화를 방해하기도 하였다. 이와 같이 식물도 자기만의 의사소통 방식으로 스스로를 보호하며 살아가고 있음을 알 수 있다.

1 이 글의 주제로 가장 적절한 것은?

① insects' communication through plants

② communication between plants and insects

③ various kinds of communication among insects

④ different signals used in animal communication

⑤ a special method of communication among plants

2 (A), (B), (C)의 각 네모 안에서 문맥에 맞는 낱말로 가장 적절한 것은?

	(A)	(B)	(C)
①	mates	····· surrendered	····· share
②	enemies	····· surrendered	····· share
③	mates	····· occupied	····· share
④	enemies	····· occupied	····· raise
⑤	mates	····· surrendered	····· raise

3 이 글의 내용과 일치하면 T, 일치하지 <u>않으면</u> F를 쓰시오.

(1) _____ 식물을 먹는 곤충들은 종족이 달라도 의사소통할 수 있다.

(2) _____ 개미는 애벌레가 약간의 먹이를 취할 수 있도록 배려한다.

(3) _____ 애벌레는 개미가 식물을 먼저 차지했기 때문에 경고를 받으면 떠난다.

(서술형)

4 이 글의 밑줄 친 <u>this message</u>의 구체적인 내용을 우리말로 쓰시오.

Words

perform (연주, 연기 등을) 해 보이다, 공연하다
flash 번쩍임, 섬광
attract 끌어들이다, 끌어 모으다
mate 동료, 친구, 배우자
suppose ~라고 가정하다
root (식물의) 뿌리; 근본; 원인
warn 경고하다
occupy 차지하다, 점유하다
surrender (물건을 남에게) 양도하다, 인도하다; 항복하다
stay away from ~에서 멀리 떨어지다
turn to ~에 의지하다
emit 방출하다, 내뿜다
signal 신호, 통신
travel (빛, 소리, 신호 등이) 전해지다, 나아가다; 이동하다
stem (식물의) 줄기, 대
branch (식물의) 가지; 지점
raise 키우다
marvelous 신비로운
문 1. **method** 방법

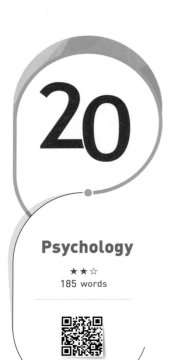

20

Psychology

★★☆
185 words

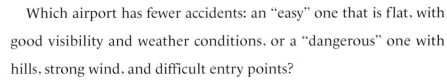

Which airport has fewer accidents: an "easy" one that is flat, with good visibility and weather conditions, or a "dangerous" one with hills, strong wind, and difficult entry points?　　3

(A) The same principle about safety applies to street traffic. The Dutch government once made an ⓐ unusual traffic experiment. They made the streets seem more dangerous. They got rid of all　6 traffic safety features: no more traffic lights, stop signs, pedestrian crossings, or special bike paths.

(B) Ironically, the answer is the dangerous one. Why? Because when　9 pilots have to fly into dangerous airports, they are more ⓑ alert and focused. Pilots report that the clear, smooth conditions make them feel like they don't have to take extra ⓒ caution.　　12

(C) Instead, they added roundabouts and made the streets narrower. Their idea seemed ⓓ reasonable, but the traffic experiment turned out to be very successful. Drivers became extra careful　15 due to the lack of traffic safety measures. Thanks to this, the number of accidents ⓔ decreased significantly compared to before. Since the experiment was such a big success, other cities　18 like London and Berlin started to apply the same method to their streets.

Did You Know?

펠츠만 효과 (Peltzman Effect)

미국의 경제학자 샘 펠츠만(Sam Peltzman)의 연구에 따르면 운전자가 안전벨트, 에어백과 같은 새로운 안전 장치를 가지게 되면, 이 장치를 믿고 더 난폭하게 운전을 하게 되는데, 이것은 운전자의 '비용'(사고 위험을 방지하는 데 드는 노력)이 줄어들면서 '편익'(고속 주행)을 늘리려는 경제적 행위라고 한다. 미국 풋볼 리그에서도 비슷한 사례가 있다. 헬멧이 등장한 후로 선수들의 치아, 턱, 코뼈 등 부상이 줄었지만 목 골절 탈골, 사지 마비 등의 대형 사고는 증가했다. 이는 코치들이 헬멧을 공격 도구로 써서 공격을 최대화하려고 했기 때문이었다. 이와 같은 사례들은 안전 규제나 새로운 개발이 의도와 다른 결과를 가져올 수 있음을 시사한다.

1 주어진 글 다음에 이어질 글의 순서로 가장 적절한 것은?

① (A) – (C) – (B)　　　　② (B) – (A) – (C)

③ (B) – (C) – (A)　　　　④ (C) – (A) – (B)

⑤ (C) – (B) – (A)

2 이 글의 내용을 한 문장으로 요약하고자 한다. 빈칸 (A), (B)에 들어갈 말로 가장 적절한 것은?

> The feeling of ___(A)___ can lead to an increase in ___(B)___ behavior.

	(A)		(B)			(A)		(B)
①	safety	·····	risky		②	crisis	·····	risky
③	safety	·····	careful		④	crisis	·····	careless
⑤	safety	·····	thoughtful					

3 이 글의 밑줄 친 ⓐ~ⓔ 중 문맥상 낱말의 쓰임이 적절하지 <u>않은</u> 것은?

① ⓐ　　② ⓑ　　③ ⓒ　　④ ⓓ　　⑤ ⓔ

(서술형)

4 밑줄 친 the same method가 가리키는 내용을 우리말로 쓰시오.

[1-3] 다음 빈칸에 들어갈 알맞은 단어를 고르시오.

1

A swing is hung from the _____ of a tree.

① lack   ② yard   ③ material   ④branch

2

I was surprised to see the baby _____ toward the fireplace.

① warn   ② crawl   ③ revive   ④ trigger

3

Gary was so hungry that he ate a(n) _____ chicken for dinner.

① flat   ② mere   ③ entire   ④ narrow

[4-5] 다음 영영풀이에 해당하는 단어를 고르시오.

4

think that something is probably true

① emit   ② recall   ③ attract   ④ suppose

5

an official action that someone takes to deal with a problem

① mate   ② crisis   ③ measure   ④ indecision

6 **우리말 풀이가 틀린 것은?**

① bring back: ~을 생각나게 하다   ② stay away from: ~에서 멀리 떨어지다

③ make up one's mind: ~을 잊어버리다   ④ apply to: ~에 적용되다

[7-8] 다음 빈칸에 공통으로 들어가기에 알맞은 것을 고르시오.

7

• I switched on the _____ in the bedroom.
• Ellen had blue eyes and _____ brown hair.

① stem   ② stuck   ③ light   ④ sight

8

• Would you like a small or a large _____?
• They produced an unusual _____ of art.

① piece   ② inch   ③ risk   ④ flash

If we continually struggle with a problem, we block our channel of wisdom and common sense. Most people seem to think that focusing sharply on a problem for a long time is the best way to solve it. In fact, all this usually accomplishes is the creation of a lot of stress. ⓐOur minds have much more ability to solve problems if they are relaxed and stress-free. ⓑTo effectively solve a current problem, we need to distance ourselves from it. ⓒWhenever anything is too close to us, it is difficult to see with clear eyes. ⓓTherefore, we need to make greater efforts to closely examine every problem we encounter. ⓔAs we let go of the problem, the answer we couldn't see before will present itself.

Did You Know?

두뇌는 휴식을 좋아한다

잔디밭에 누워서 눈을 감고 있을 때, 혹은 멍하니 창밖을 바라보고 있을 때처럼 아무것도 안하고 있을 때, 두뇌는 어느 때보다 더욱 '활발히' 움직인다. 이러한 상태를 디폴트 모드 네트워크(Default Mode Network)라고 하며, 이때에 평소 인지 상태에서는 서로 연결되지 못했던 뇌의 각 부위가 촘촘히 연결되어 창의성과 통찰력을 높여준다. 반대로 일에 장시간 몰두하며 디폴트 모드 네트워크 상태를 경험하지 못하게 될 경우에는 창의력과 집중력, 더 나아가 일의 효율성마저 떨어뜨린다. 우리가 무엇인가에 집중하지 않는 시간은 다음 활동을 위해 뇌를 준비시키고 휴식하는 과정이므로, 머리를 비우는 시간도 중요하게 여기도록 하자.

1 이 글에서 전체 흐름과 관계 <u>없는</u> 문장은?

① ⓐ   ② ⓑ   ③ ⓒ   ④ ⓓ   ⑤ ⓔ

2 이 글의 요지로 가장 적절한 것은?

① 신속하게 문제를 해결하려면 집중해야 한다.

② 적당한 스트레스는 문제를 해결하는 데 도움이 된다.

③ 문제에 거리를 둘 때 문제의 해답이 떠오를 수 있다.

④ 타인에게 의존하지 않고 과제를 해결할 수 있어야 한다.

⑤ 문제가 해결되지 않을 때 새로운 관점에서 접근하는 것이 좋다.

3 이 글에서 필자가 한 조언과 일치하면 T, 일치하지 <u>않으면</u> F를 쓰시오.

(1) _____ When I run out of ideas, I visit an expert to get advice.

(2) _____ I remain focused on a problem until I come up with a solution.

(3) _____ If I can't find a solution, despite working hard, I go on a trip for a change.

ⓦ

4 다음 문장의 빈칸에 공통으로 들어갈 단어를 본문에서 찾아 쓰시오.

> • What is your favorite sports _____?
> • Music is a great _____ for releasing your emotions.

Words

continually 계속해서, 끊임없이
struggle with ~으로 고심하다, 분투하다
block 막다, 봉쇄하다, 방해하다
channel 경로(수단); 채널
wisdom 지혜, 현명함
common sense 상식, 판단력
sharply 주의 깊게; 날카롭게
accomplish 성취하다, 이루다
creation 발생, 조성(야기); 창조
relaxed 느긋한, 여유 있는
stress-free 스트레스 없는
current 현재의, 지금의
distance oneself from ~에서 거리를 두다, ~에 가까이 가지 않다
examine 검토하다, 살펴보다
encounter 직면하다, 맞서다
let go of ~을 놓아주다
present itself (스스로) 떠오르다, 생기다
문 3. run out of ~을 다 써버리다
     expert 전문가
     come up with 떠올리다
     change 기분 전환; 변화; 교환
  4. release (감정을) 표출(발산)하다; 해방하다

22

Nature
★★☆
151 words

A bird sees a colorful, delicious looking butterfly and tries to eat ⓐ it. Oh no! ⓑ It tastes terrible! So the bird spits out the butterfly and lets ⓒ it go. This lucky guy is a *monarch butterfly. ⓓ It is known 3 to build up toxic substances in its body to defend itself against predators. Any bird that once tried to eat the monarch butterfly in the past will never attack the same species again because ⓔ it 6 remembers the terrible toxic taste.

Interestingly, there are butterflies that mimic monarch butterflies to avoid predators. *Viceroy butterflies copy the monarch butterfly's 9 bright orange and black colors. It was once thought that the viceroy evolved to mimic just the color of the monarch. However, more recent research has shown that the viceroy also tastes horrible to 12 predators. Thanks to these features, viceroy butterflies are less likely to be eaten by predators which have experienced toxic monarch butterflies.

*monarch butterfly 제왕 나비　*viceroy butterfly 총독 나비

▲ monarch butterfly

viceroy butterfly ▲

Did You Know?

동물의 위장술, 의태(Mimicry)
'의태'란 동물이 다른 생물이나 무생물의 모양, 색채, 행동, 소리, 냄새를 가짜로 따라하고 꾸며 특히 천적을 속이는 일을 말한다. 악취를 내거나 독침 같은 센 무기를 가진 동물의 몸 빛깔과 비슷하게 바꾸는 것으로, 즉 포식자에 그다지 해가 없는 종이 해로운 종을 닮아 보이게 하는 것이다. 이를 발견한 헨리 월터 베이츠(Henry Walter Bates)의 이름을 따서 '베이츠 의태'라고 하며, 제왕 나비를 따라 진화한 총독 나비뿐만 아니라 아무 무기가 없는 꽃등에나 범하늘소가 독침을 가진 꿀벌이나 장수말벌로 변장하는 것도 베이츠 의태에 해당한다.

1 이 글의 제목으로 가장 적절한 것은?

① How Monarch and Viceroy Butterflies Avoid Predators

② Protective Coloring of Some Animals

③ How Butterflies Help Each Other

④ Viceroy Butterflies: Masters of Mimicry

⑤ Animals Defend Themselves by Attacking

2 이 글의 밑줄 친 ⓐ~ⓔ 중에서 가리키는 대상이 나머지 넷과 <u>다른</u> 것은?

① ⓐ   ② ⓑ   ③ ⓒ   ④ ⓓ   ⑤ ⓔ

3 이 글의 밑줄 친 these features에 해당하는 것은? (2개)

① size   ② color

③ taste   ④ sound

⑤ number

Ⓦ

4 각 영영 풀이에 해당하는 단어를 보기에서 골라 쓰시오.

┌─ 보기 ─────────────────────────────┐
│   mimic   horrible   defend   toxic   │
└─────────────────────────────────────┘

(1) _____ : copy the way somebody speaks, moves, behaves, etc.

(2) _____ : containing poisonous substances

Words

spit out ~을 뱉어버리다
let ~ go ~을 놓아주다
guy 녀석; 남자, 사내
be known to ~라고 알려지다
build up 쌓아올리다
toxic 유독한, 중독의
substance 물질; 본질
defend 방어하다, 보호하다
predator 포식자
in the past 이전에, 과거에
attack 공격하다
species 종, 종류
interestingly 흥미롭게도
mimic 흉내내다
copy 모방하다; 베끼다, 복사하다
evolve 진화하다, 발전하다
horrible 끔직한, 지독한
feature 특징; 기능
문 1. **protective** 보호하는
　　　master 대가, 장인
문 4. **poisonous** 독이 있는

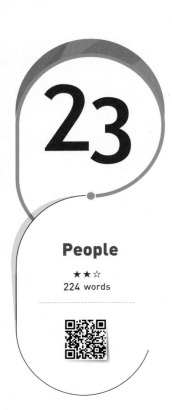

23

People

★★☆
224 words

One spring, in 1847, a boy appeared at the prosperous farm of a man named Worthy Taylor. The boy was looking for work. Taylor didn't know anything about the boy, but because he had recently fired a worker and was in need of a ⓐ replacement, Taylor hired the boy. The boy's name was Jim, which was short for James.

(A) But, Taylor turned down his proposal. He thought that a boy like Jim with no future prospects didn't ⓑ deserve to be his son-in-law. Jim said nothing, but that night he packed his few belongings and disappeared. No one ever saw him again.

(B) About thirty years later, Taylor was tearing down his old barn in order to ⓒ construct a new one. On one of the old wooden beams above the place where Jim used to sleep, Taylor noticed his name carved onto the wood with a knife, James A. Garfield. "Jim" was ⓓ currently the president of the United States.

(C) Jim worked on the farm all through that spring and summer. He was a good worker, but he was <u>kind of</u> an ⓔ extrovert. He kept very much to himself. Before the end of the summer, however, Jim had fallen in love with Taylor's daughter, a pretty girl his own age. At last Jim gathered his courage and earnestly asked Mr. Taylor for permission to marry his daughter.

Did You Know?

제임스 A. 가필드 (James Abram Garfield)

미국의 제 20대 대통령 제임스 A. 가필드는 1831년 11월 19일 오하이오주에서 태어났다. 어려운 집안 형편으로 인해 농장 일, 선원 일 등을 하였으며, 공립 교육의 도움으로 대학을 마쳤다. 이후 17년간 국회의원으로 활동하다가 1880년에 대통령으로 당선되었다. 그러나 임기가 시작된 지 4개월만인 1881년 7월 워싱턴에서 총격을 받았고, 의사들은 흉탄을 끝내 찾지 못했다. 결국 9월 19일에 감염과 내부 출혈로 인해 사망하였다.

1 주어진 글 다음에 이어질 글의 순서로 가장 적절한 것은?

① (A) – (C) – (B)　　　　　② (B) – (A) – (C)

③ (B) – (C) – (A)　　　　　④ (C) – (A) – (B)

⑤ (C) – (B) – (A)

2 이 글의 밑줄 친 ⓐ~ⓔ 중 문맥상 낱말의 쓰임이 적절하지 <u>않은</u> 것은?

① ⓐ　　　② ⓑ　　　③ ⓒ　　　④ ⓓ　　　⑤ ⓔ

3 Jim에 관한 이 글의 내용과 일치하지 <u>않는</u> 것은?

① Taylor 씨의 딸과 동갑이었다.

② Taylor 씨의 딸을 사랑했다.

③ Taylor 씨의 거절에 불만을 표시했다.

④ Taylor 씨의 헛간에 자신의 이름을 새겼다.

⑤ 나중에 미국 대통령으로 당선되었다.

4 이 글 (B)의 내용으로 보아, Taylor 씨가 갖게 될 심경으로 가장 적절한 것은?

① He was happy that his prediction came true.

② He regretted that he had a low opinion of Jim.

③ He was glad that his daughter did not love Jim.

④ He thought that his judgment of Jim was right.

⑤ He was angry that Jim did not keep his promise.

Words

prosperous 부유한; 번영한
fire 해고하다; 불, 화재
in need of ~을 필요로 하는
replacement 대신할 사람, 후임자; 교체, 대체
short for ~의 축약형의; 짧은
turn down 거절하다
proposal 제안
prospect 장래성; 전망
deserve ~이 될 만하다, ~을 받을 자격이 있다
son-in-law 사위
pack (짐을) 싸다
belonging 짐, 소지품, 소유물
tear down ~을 허물다
barn 헛간
construct 건설하다; 구성하다
wooden 나무의, 나무로 된
beam 들보, 대들보; 광선
notice 알아차리다
carve 조각하다
currently 현재의, 당시의
all through ~동안 줄곧, 내내
extrovert 외향적인 사람
cf. introvert 내성적인 사람
keep to oneself 남과 어울리지 않다
gather courage 용기를 내다
earnestly 진지하게, 진심으로
permission 허락, 허가
문 **4. prediction** 예측, 예상
　　regret 후회하다
　　have a low opinion of ~을 얕보다
　　judgment 판단
　　keep one's promise 약속을 지키다

24

Art

★★☆
230 words

수 능 · 대 표 · 유 형 ━━━━━━━━━━━━━━ ● 무관한 문장 고르기 ● 무관한 문장 고르기

1 다음 글에서 전체 흐름과 관계 <u>없는</u> 문장은?

When photography came along in the nineteenth century, painting was put in crisis. The photograph, it seemed, did the work of imitating nature better than the painter ever could. ① Some painters made practical use of the invention. ② There were *Impressionist painters who used a photograph in place of the model or landscape they were painting. ③ But by and large, the photograph was a challenge to painting and was one cause of painting's moving away from direct representation and reproduction to the abstract painting of the twentieth century. ④ Therefore, the painters of that century put more focus on expressing nature, people, and cities as they were in reality. ⑤ Since photographs did such a good job of representing things as they existed in the world, painters were freed to look inward and represent things as they were in their imagination, *rendering emotion in the color, volume, line, and spatial *configurations native to the painter's art.

*Impressionist painter 인상주의 화가   *render 표현하다   *configuration 배치

2 이 글의 주제로 가장 적절한 것은?

① the limits of conventional painting

② the contributions of Impressionists to paintings

③ the importance of representing things as they are

④ the difficulty of applying photography to paintings

⑤ the influence of photography on conventional painting

3 이 글의 내용과 일치하면 T, 일치하지 <u>않으면</u> F를 쓰시오.

(1) _____ 사진술이 도입되기 전에 화가들은 자연을 창의적으로 표현했다.

(2) _____ 카메라의 출현은 기존의 화가들에게 위기의식을 느끼게 했다.

(3) _____ 카메라 덕분에 화가들이 추상화를 그리게 되었다.

Ⓦ

4 다음 문장의 빈칸에 공통으로 들어갈 단어를 본문에서 찾아 쓰시오.

- The role was the biggest _____ of her acting career.
- He doesn't like anyone who wants to _____ his authority.

Words

photography 사진술
come along 나타나다
in crisis 위기에 처한
imitate 모방하다
practical 현실적인; 유용한
invention 발명품
in place of ~을 대신하여
landscape 풍경, 경치
by and large 대체로
challenge 도전, 난제; ~에 도전하다, ~에 이의를 신청하다
direct 직접적인
representation 묘사, 표현
reproduction 복제, 복사; 번식
abstract 추상적인
put focus on ~에 초점을 두다
exist 존재하다
inward 마음속으로, 내부로
represent (그림으로) 보여주다, 제시하다; 대표하다
native to ~에 고유한
[문] **4. authority** 권위

Solution Tips
무관한 문장 파악

○ **글의 요지를 파악한다.**
반복적인 어구, 특정 개념과 관련된 어구를 통해 글의 요지를 파악한다.

○ **전체 흐름을 고려하며 문장 사이의 관계를 파악한다.**
필자의 판단과 다르거나 소재에 관한 지엽적인 정보를 담아 글의 통일성을 해치는 문장을 찾는다.

○ **글의 흐름을 다시 검토하며 고른 선택지의 부적절함을 확인한다.**
선택한 문장과 전후 문장이 내용상 어색한지 확인하고, 선택한 문장을 빼고 흐름이 자연스러운지 다시 한번 검토한다.

1 짝지어진 말의 관계가 나머지와 다른 하나는?

① attack – defend

② mimic – imitate

③ extrovert – introvert

④ build up – tear down

2 우리말 풀이가 잘못된 것은?

① native to: ~에 고유한

② all through: ~동안 줄곧, 내내

③ by and large: 우선, 무엇보다도

④ struggle with: ~으로 분투하다

[3-4] 다음 빈칸에 들어갈 알맞은 단어를 고르시오.

3

The leaves were covered with a strange sticky _____.

① expert   ② feature   ③ substance   ④ reproduction

4

The floor is supported by a steel _____.

① beam   ② species   ③ landscape   ④ proposal

[5-6] 다음 영영풀이에 해당하는 단어를 보기 에서 골라 쓰시오.

보기

feature   authority   replacement

5 _____ : a new thing or person in place of something or someone that was there before

6 _____ : an important part or characteristic of something

[7-8] 다음 빈칸에 공통으로 들어가기에 알맞은 것을 고르시오.

7

· The whole family was _____.

· Sometimes an opportunity may _____ itself.

① present   ② direct   ③ practical   ④ common

8

· The factory was completely destroyed by _____.

· The airline decided to _____ the pilot for being drunk.

① prospect   ② challenge   ③ release   ④ fire

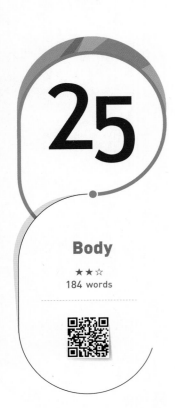

Our brain cells communicate with each other by electric waves. This communication is the origin of all your thoughts and emotions. One of the brain waves that receive people's special attention is ³ alpha waves. If your brain is in a state of alpha waves, your sensory inputs from outside are minimized, and your brain is clear of unwanted thoughts and anxiety, so you feel calm and relaxed. You ⁶ also daydream and your imagination becomes active. (ⓐ) Since the facts stored in your brain are actively combined and assimilated in this state of mind, you are able to come up with a creative idea or ⁹ inspiration.

(ⓑ) Some people do it with meditation or yoga. (ⓒ) Others achieve it by doing relaxation exercises, especially stretching and ¹² deep breathing. (ⓓ) Sit comfortably, close your eyes and do some visualization. (ⓔ)

Recently researchers found that some types of soothing music can ¹⁵ achieve the same results. Next time you run out of creative ideas, try doing a simple exercise and listening to soothing music. Maybe alpha brain waves may work to pop up a good answer!

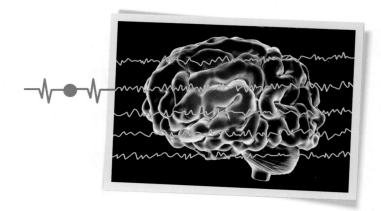

Did You Know?

뇌파의 종류
- 알파(Alpha): 명상과 같은 편안한 상태에서 나타나며 백일몽, 최면 등 잠재의식과 의식을 연결하는 상태를 의미한다. 알파파가 발생되면 면역력이 증강되며, 적절한 호르몬 분비가 이루어져 몸과 마음이 치유되고 상상력이 풍부해지게 된다.
- 베타(Beta): 일상생활 중 대부분 사람의 뇌파는 베타파로 의식적인 활동 상태를 의미한다. 우리가 눈을 뜨고, 말하고, 외부 세계에 초점을 맞추고 있는 상태에서 대부분 베타파가 우리 뇌를 지배한다.

정답과 해설 p.44

1 글의 흐름으로 보아, 주어진 문장이 들어가기에 가장 적절한 곳은?

Then how do you boost alpha waves?

① ⓐ   ② ⓑ   ③ ⓒ   ④ ⓓ   ⑤ ⓔ

2 알파파 상태에 대한 설명 중, 이 글의 내용과 일치하지 <u>않는</u> 것은?

① 감각 정보의 입력이 제한된다.

② 차분하고 편안한 상태로 만든다.

③ 공상이나 백일몽을 경험하게 된다.

④ 정보들간의 결합과 동화가 둔화된다.

⑤ 독창적인 생각이나 영감을 얻을 수 있게 된다.

3 뇌를 알파파 상태로 만드는 활동으로 이 글의 내용과 일치하면 T, 그렇지 <u>않으면</u> F를 쓰시오.

(1) _____ I try to maintain a silent and calm state of mind.

(2) _____ I close my eyes and imagine I am walking in the forest.

(3) _____ I actively exercise while listening to quiet songs.

4 다음 영영 풀이에 해당하는 단어를 본문에서 찾아 쓰시오.

the act of remaining in a silent and calm state over a period of time to relax or as a religious training

Words

electric wave 전파, 전자파
brain wave 뇌파
sensory 감각의
input 입력; 자극(물)
minimize 최소화하다 (↔ maximize 극대화하다)
clear of ~이 없는
anxiety 불안, 염려
calm 차분한, 침착한
relaxed 편안한; 느긋한, 여유 있는
daydream 백일몽을 꾸다
combine 결합하다
assimilate 동화시키다
come up with 내놓다, 찾아내다
inspiration 영감
meditation 명상
achieve 이루다, 달성하다
relaxation exercise 이완 운동
stretching 스트레칭 체조
deep breathing 심호흡
visualization 시각화
soothing 위안을 주는; 진정시키는
run out of ~이 떨어지다, ~이 없어지다
pop up 갑자기 떠올리다
문 1. boost 높이다, 북돋우다

26

Psychology

★ ☆ ☆
174 words

Have you ever had a moment when you look at someone and all of a sudden feel like electricity is running through every part of your body? People call this sudden attraction "chemistry." Chemistry ³ plays an important role in love, but chemistry alone is not enough to get people to achieve a long-lasting love. So what are other important factors? ⁶

According to Dr. Hobart, a psychologist, love has three main factors. The first is how often we see a person. The more we see someone, the more we become attracted to that person. The second ⁹ is how many (A) _____ we share. If someone has the same hobbies as we do, we are more likely to fall in love with that person. The third factor is how well a person's personality (B) _____ ¹² our own. For example, an introvert meeting an extrovert can be a new and exciting experience for both of them. Dr. Hobart says that if a potential mate scores high in these three categories, there is a good ¹⁵ chance of falling in love.

1 이 글의 주제로 가장 적절한 것은?

① value of long-lasting love

② the secrets of a happy life

③ factors that make you popular

④ how to make and keep friends

⑤ what makes you love someone

2 이 글의 빈칸 (A), (B)에 들어갈 말로 가장 적절한 것은?

	(A)		(B)
①	interests	·····	complements
②	interests	·····	reflects
③	memories	·····	encourages
④	memories	·····	reflects
⑤	habits	·····	complements

3 이 글의 내용과 일치하면 T, 일치하지 <u>않으면</u> F를 쓰시오.

(1) _____ 사람 사이에 생기는 화학 반응이 사랑을 오래 지속하는 데 가장 큰 요소이다.

(2) _____ 자주 만나지 못할수록 보고 싶은 마음이 커져 사랑이 깊어진다.

(3) _____ 서로의 성격이 상반될수록 사랑에 빠질 확률이 크다.

(W)

4 다음 영영 풀이에 해당하는 단어를 본문에서 찾아 쓰시오.

> a quality that exists when two people are attracted to each other or like each other very much

Words

all of a sudden 갑자기
(= suddenly)
electricity 전기
run through ~속으로 빠르게 퍼지다
attraction 끌림, 매력
chemistry (사람 사이의) 화학 반응, 공감(대)
play a role 역할을 하다
long-lasting 오래 가는, 오래 지속되는
factor 요인, 요소
psychologist 심리학자
be likely to ~하기 쉽다
personality 성격
introvert 내성[내향]적인 사람
extrovert 외향적인 사람
potential 잠재적인, 가능성이 있는
mate 짝; 배우자, 반려자
문 1. **characteristic** 특징, 특질
2. **complement** 보완하다

The *European cuckoo is notorious for the habit of depositing its eggs in the nests of other birds and leaving the work of childcare to ⓐ the involuntary host. The cuckoo chooses a nest ⓑ whose owner has just started laying eggs, takes away one of their eggs and lays her own in place of the egg. It even lays eggs that (A) assemble / resemble those of its host to make sure its eggs are treated like those of the ⓒ foster parent. This egg hatches a little earlier than the other eggs of ⓓ the nest owner, and eliminates (B) competition / repetition by pushing the rest of the host's eggs out of the nest, so that ⓔ the parasite can exclusively occupy the whole nest.

This strategy, known as *brood parasitism, is not (C) admitted / limited to certain cuckoos. Nearly 80 others, including some ducks, *cowbirds, and *honeyguides, lay eggs in the nests of other species.

* **European cuckoo** 유럽 뻐꾸기 * **brood parasitism** 탁란
* **cowbird** 찌르레기 * **honeyguide** 꿀잡이새

the European cuckoo's egg

▲ cuckoo chick in the nest of Marsh Warbler(개개비)

Did You Know?

뻐꾸기 탁란(托卵: brood parasitism)의 이유

영어로 탁란(다른 종류의 새의 집에 알을 낳아 대신 품어 기르도록 하는 일)은 brood parasitism로 brood(새끼들)와 parasitism(기생충처럼 빌붙어 사는 기생 생활)이 결합된 말이다. 탁란으로 가장 유명한 동물은 뻐꾸기로, 과연 뻐꾸기가 탁란을 하는 이유는 무엇일까? 뻐꾸기는 여름 철새들 중에서 다른 철새보다 서식지에 머무는 기간이 가장 짧다. 약 3개월이라는 짧은 기간 동안 둥지를 만들고 알을 낳아 기를 충분한 시간적인 여유가 없다. 또한, 뻐꾸기는 먼 거리를 이동하여 날아오는 철새여서 날아오는 도중에 너무 많은 에너지를 소모하여 둥지를 만들 만큼 충분한 힘이 없기 때문이라고도 한다.

1 이 글의 밑줄 친 ⓐ~ⓔ 중에서 가리키는 대상이 나머지 넷과 다른 것은?

① ⓐ   ② ⓑ   ③ ⓒ   ④ ⓓ   ⑤ ⓔ

2 (A), (B), (C)의 각 네모 안에서 문맥에 맞는 낱말로 짝지어진 것은?

	(A)		(B)		(C)
①	assemble	·····	competition	·····	admitted
②	assemble	·····	repetition	·····	limited
③	resemble	·····	competition	·····	admitted
④	resemble	·····	repetition	·····	admitted
⑤	resemble	·····	competition	·····	limited

3 유럽 뻐꾸기(European cuckoo)에 관한 이 글의 내용과 일치하지 <u>않는</u> 것은?

① 다른 새의 둥지에 알을 낳는다.

② 양부모의 눈에 잘 띄는 알을 낳는다.

③ 경쟁이 되는 알을 제거하기도 한다.

④ 다른 알보다 먼저 부화된다.

⑤ 유럽 뻐꾸기와 같은 행동을 하는 약 80종의 새들이 있다.

Ⓦ

4 다음 문장의 빈칸에 공통으로 들어갈 단어를 본문에서 찾아 쓰시오.

· Most butterflies _____ their eggs on plants.

· She will _____ 1,000 dollars into her account.

· The storm may _____ up to three feet of snow in some areas.

Words

be notorious for ~로 악명 높다
deposit 알을 낳다; 두다, 놓다; 예금하다; 퇴적시키다
childcare 보육
involuntary 비자발적인, 본의 아닌 *cf.* voluntary 자발적인
host 숙주, 주인
lay eggs 알을 낳다
take away 제거하다
in place of ~ 대신에
assemble 모으다, 모이다
resemble 닮다, 비슷하다
make sure 확실하게 하다
treat 다루다, 대하다
foster parent 양부모 *cf.* foster (남의 자식을) 양육하다
hatch 부화하다
eliminate 없애다, 제거하다
competition 경쟁자; 경쟁
repetition 반복
parasite 기생 동물 *cf.* parasitic 기생하는
exclusively 독점적으로
occupy 차지하다, 점유하다
strategy 전략
admit 인정하다
limited to ~으로 한정된
nearly 거의
species 종

Science

★ ★ ☆
238 words

Ford Motor Company is a world-famous company. In 1913, however, it was struggling because of low productivity. Since one worker had to put all of the car parts together, it took a long time to produce a car. However, everything changed after a Ford employee visited a Chicago *slaughterhouse.

(A) As the Ford employee watched this long process, he suddenly thought of a great idea: We can build cars faster if we use their process for cutting up animals, but in reverse order. He took this idea to the Ford managers, who decided to adopt it. This is how Ford's very first assembly line was created. It was an amazing success. It greatly increased Ford's productivity, and reduced the price of a car by half.

(B) There, he witnessed the industrial butchering process. Bodies of pigs and cows were placed on a conveyor belt. There were butchers waiting along the conveyor belt, each responsible for chopping off a particular body part. So as the conveyor belt continued to move, the butchers cut off the body parts of the animals one by one until there was nothing left.

(C) Ford's assembly line is a great example of invention by analogy, or finding similarities between two different things. In fact, the ideas for many of the greatest inventions resulted from analogies. As Thomas Edison once said, one of the most important qualities of an inventor is a logical mind that sees analogies.

▲ conveyor belt in a car factory

* **slaughterhouse** 도축장

Did You Know?

Analogy(유사성 찾기, 모방하기)를 이용한 패션 기업

1975년 스페인의 26세 청년 아만시오 오르테가는 라코루냐에 첫 매장을 열었다. 바로 세계적인 패션 기업 자라(ZARA)의 시초였다. 그는 신개념 의류 사업에서 생선 가게를 모델로 삼았다. 매장에서 팔지 못해 재고로 남은 옷의 가치는 급속히 신선도가 떨어지는 생선과 같다는 생각으로, 수산시장 판매대에 항상 싱싱한 생선들이 진열되는 원리를 벤치마킹했다. 정보기술을 활용한 프로세스 혁신으로 기획–생산–유통–판매에 이르는 전체 과정의 속도를 높이고, 파격적 할인 정책으로 판매가 부진한 품목을 신속하게 매장에서 없애버렸다. 썩지 않는 옷을 재고의 관점에서 순식간에 부패하는 생선에 비유한 것은 오늘날 자라를 패션 산업의 글로벌 리더로 성장시킨 관점의 전환으로 높이 평가받고 있다.

1 주어진 글 다음에 이어질 글의 순서로 가장 적절한 것은?

① (A) – (C) – (B)   ② (B) – (A) – (C)

③ (B) – (C) – (A)   ④ (C) – (A) – (B)

⑤ (C) – (B) – (A)

2 이 글의 제목으로 가장 적절한 것은?

① Great Inventions Created Through Hard Work

② Analogies: The Secret to Edison's Great Inventions

③ The Effective Production of Ford Motor Company

④ Ford's Innovation by Analogy of the Butchering Process

⑤ Ford's Assembly Line: The Model for Many Businesses

3 이 글의 내용과 일치하지 <u>않는</u> 것은?

① Ford 사는 20세기 초에 생산성이 낮았다.

② Ford 사의 한 직원은 시카고의 한 도축장을 방문했다.

③ Ford사 임원들은 사원의 아이디어를 받아들였다.

④ 시카고에 있던 도축장의 도축 과정은 분업으로 이루어졌다.

⑤ Ford 사는 도축장과 같은 순서로 된 컨베이어 벨트를 자동차 조립에 적용하였다.

4 이 글에서 언급한 analogy의 예로 가장 적절한 것은?

① 새의 날개를 보고 비행기의 날개를 고안한 것

② 화석을 보고 고대 생물의 진화를 알아내는 것

③ 사과가 떨어지는 것을 보고 중력의 법칙을 발견한 것

④ 접착제 생산의 실수를 통해서 포스트잇을 발명하게 된 것

⑤ 애벌레가 나뭇잎과 비슷한 색으로 변하여 자신을 보호하는 것

Words

struggle 어려움을 겪다, 고군분투하다
productivity 생산성
put ~ together (부품을) 조립하다, 만들다
employee 직원, 고용인
reverse 반대의, 역으로 된
adopt 채택하다
assembly line 조립 라인
witness 목격하다
industrial 산업화한, 산업의
butchering 도살 *cf.* butcher 도축업자
process 공정, 과정
conveyor belt 컨베이어 벨트(물체를 연속적으로 이동·운반하는 벨트 모양의 운반 장치)
chop off ~을 잘라내다 (= cut off)
one by one 하나하나씩, 차례차례
invention 발명품, 발명
analogy 유사성 찾기, 모방하기; 유사점
similarity 유사성, 유사점
logical 논리적인
[문] 1. **innovation** 혁신, 쇄신

UNIT 07 Review Test

정답과 해설 p.50

1 우리말 풀이가 <u>잘못된</u> 것은?

① run out of food: 식량이 떨어지다　　② lay eggs: 알을 품다

③ all of a sudden: 갑자기　　④ come up with an excuse: 핑계를 떠올리다

[2-3] 다음 빈칸에 들어갈 알맞은 단어를 고르시오.

2

> Since they're twins, there is a great deal of _____ between Tony's and his brother's appearance.

① meditation　　② strategy　　③ inspiration　　④ similarity

3

> It is known that taking a nap at work helps increase _____.

① competition　　② repetition　　③ productivity　　④ electricity

4 영영풀이에 해당하는 단어는?

> done unwillingly, without intending to because you cannot control yourself

① sensory　　② relaxed　　③ reverse　　④ involuntary

[5-7] 다음 각 문장의 빈칸에 알맞은 단어를 보기 에서 골라 쓰시오.

┌─ 보기 ─────────────────────────────────────┐
　　　　　industrial　　　reverse　　　potential
└──┘

5 The experiment had the _____ effect to what was intended.

6 For the first time she realized the _____ danger of her situation.

7 It is said that _____ pollution has been a serious problem to the environment.

8 다음의 어느 빈칸에도 들어갈 수 <u>없는</u> 단어는?

> · He is very friendly and talkative. He is a(n) _____.
> · Amy has a strong _____ and she always tells you her opinion.
> · Every _____ will get paid on the first day of each month.

① personality　　② daydream　　③ employee　　④ extrovert

UNIT

8

29

Health

★ ☆ ☆
136 words

Today, many people live separated from nature. They rarely touch soil or plants. Instead, they spend most of their time indoors with technology. This lifestyle has harmful effects on us. (ⓐ) Our bodies produce a lot of harmful electrons during their metabolic processes. (ⓑ) If they build up, they can eventually cause various diseases. (ⓒ) By "earthing," or touching soil, we can transfer the harmful electrons in our body to the earth. (ⓓ) The electrons built up in our bodies are positive(＋). (ⓔ) If they meet negative(－) electrons in the earth, they neutralize each other. Try walking outside barefoot, or spending some time sitting on the soil. If you do this on a regular basis, you can clear your body of harmful electrons and become healthier.

* **metabolic process** 신진대사 과정 (생물체에서 일어나는 물질적 변화)

Did You Know?

어싱(Earthing)
우리말로 '접지(接地)'라고 하는 어싱(Earthing)은 몸을 대지와 접촉하여 인간의 신체를 땅과 연결하는 것을 말한다. 보통 맨발로 땅을 밟아 땅의 기운을 받는 것을 의미한다. 인간의 몸은 상처가 나면 면역을 위해 부상 부위로 백혈구를 투입하고 아픈 부위의 백혈구는 활성산소를 분출한다. 어싱을 하게 되면 음전하를 띄는 땅속 자유전자가 체내로 유입되어 활성산소를 중화시키고 동시에 흙 속의 무해 박테리아와 접촉하면서 몸의 면역력이 강화된다. 신체의 노화 현상을 불러오는 활성산소를 중화함으로써 각종 질병과 노화를 예방할 수도 있다.

1 이 글에서 필자가 주장하는 바로 가장 적절한 것은?

① 건강을 위해 규칙적으로 운동과 산책을 해야 한다.

② 인간은 건강한 삶을 위해 흙을 접하며 살아야 한다.

③ 인간은 마음의 고향인 자연으로 돌아가 살아야 한다.

④ 신체는 양전자와 음전자의 균형이 맞아야 건강해진다.

⑤ 유해 전자파에 노출되지 않도록 가전 제품을 멀리해야 한다.

2 글의 흐름으로 보아, 주어진 문장이 들어가기에 가장 적절한 곳은?

> However, there is a good way to prevent harmful electrons from building up.

① ⓐ   ② ⓑ   ③ ⓒ   ④ ⓓ   ⑤ ⓔ

3 이 글의 내용과 일치하면 T, 일치하지 않으면 F를 쓰시오.

(1) _____ Harmful electrons can be produced during our bodies' metabolic processes.

(2) _____ The harmful electrons in our body are negative.

(3) _____ If we walk barefoot on soil, it's good for our health.

W

4 다음 문장의 빈칸에 공통으로 들어갈 단어를 본문에서 찾아 쓰시오

> • I couldn't _____ files from my phone to my computer.
>
> • I want to _____ 1,000 dollars to my daughter's account.
>
> • You should _____ from the subway to a bus.

For elephants and lions, when males approach their breeding age, they leave their herds. They leave their family group to search for a new living community. The males sometimes migrate alone. Other times they form small, unstable bachelor groups.

What's the reason for this behavior? From a biological viewpoint, it is an adaptive behavioral pattern to (A) minimize / maximize *inbreeding, which is the mating of animals from the same family: for example, between mother and son or between father and daughter.

Biologists say that inbreeding is more likely to produce offspring with physical (B) merits / defects . On the other hand, if the animals mate outside of their community, they will have a better chance of producing healthier and stronger offspring.

Although males leave their herds at their breeding age, they don't leave family life (C) altogether / partially . Instead, some of them might move off and join another family or move from family to family.

*inbreeding 근친교배

Did You Know?

모계사회를 이루는 동물들

동물 중에는 수컷은 번식 기간에 무리를 떠나고 암컷 중심으로 모계사회를 이루며 살아가는 동물들이 많다. 코끼리, 사자, 말, 늑대, 범고래 등이 그런 동물들이다. 그 중에서도 코끼리는 가장 대표적으로 모계사회를 이루며 살아가는 동물이다. 코끼리 무리는 나이가 많고 경험이 풍부한 할머니를 대장으로 하여 몇 대가 모여 살며, 수컷 코끼리는 4~5살 정도가 되면 무리를 떠난다. 어린 코끼리에게 어려움에 대처하는 방법을 가르치고 외부의 적에게서 무리를 보호하고 무리의 평화를 유지하는 것이 모두 암컷 대장 코끼리의 역할이다.

1 이 글의 제목으로 가장 적절한 것은?

① Gender Roles in the Life of Animals

② The Family Life of Elephants and Lions

③ Problems of Inbreeding Among Animals

④ Animals' Adaptation to Changes in Nature

⑤ Animals Leave Their Group at Their Breeding Age

2 (A), (B), (C)의 각 네모 안에서 문맥에 맞는 낱말로 가장 적절한 것은?

	(A)		(B)		(C)
①	minimize	·····	merits	·····	altogether
②	minimize	·····	merits	·····	partially
③	minimize	·····	defects	·····	altogether
④	maximize	·····	defects	·····	partially
⑤	maximize	·····	defects	·····	altogether

3 이 글의 내용과 일치하면 T, 일치하지 <u>않으면</u> F를 쓰시오.

(1) _____ 사자는 성별에 관계 없이 번식 적령기가 되면 무리를 떠난다.

(2) _____ 다른 무리의 사자와 짝짓기를 통해 더 건강하고 강한 자손을 얻을 수 있다.

(3) _____ 무리를 떠났던 코끼리는 자신의 가족에게 다시 돌아온다.

Ⓦ

4 각 영영 풀이에 해당하는 단어를 보기 에서 골라 쓰시오.

┌ 보기 ┐
breed	migrate	adaptive	unstable

(1) _____ : move from one place to another

(2) _____ : having an ability to change to suit different conditions

Words

male 수컷, 남성; 수컷의, 남성의
approach ~에 가까워지다, 다가가다
breeding age 번식 적령기
cf. breed 짝짓기하다; 새끼를 낳다
herd 무리, 떼
community 공동체; 군집
migrate 이동하다
form 형성하다, 구성하다
unstable 안정되지 않은; 변하기 쉬운
bachelor 독신남, 미혼남
behavior 행동 *cf.* behavioral 행동의, 행동에 관한
biological 생물학적인
cf. biologist 생물학자
viewpoint 관점, 시작
adaptive 적응성이 있는; 환경 순응을 돕는 *cf.* adaptation 적응
minimize 최소화하다
maximize 극대화하다
mating 짝짓기 *cf.* mate 짝짓기를 하다
offspring (동식물의) 새끼
merit 장점
defect 결함, 단점
altogether 완전히, 전적으로
partially 부분적으로, 불완전하게
move off 떠나다
문 **1. gender role** 성 역할
cf. gender 성, 성별

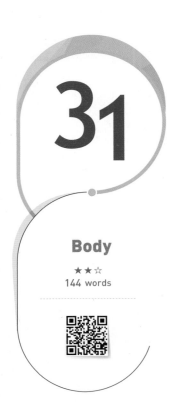

31

Body

★ ★ ☆
144 words

According to biologists, there are billions of bacteria inside your *gut. They play an important role in maintaining your bodily functions and health. They digest food, protect your body against ₃ outside harmful microbes, and improve immunity.

Recently, biologists found that gut bacteria also affect your diet. Different bacterial species have different tastes; some prefer sugar ₆ and meat, and others love fruits and vegetables. The bacteria in your gut were formed while you were in your mother's womb.

ⓐ However, they can change depending on your lifestyle. ⓑ In ₉ other words, your diet forms the bacteria's eating habits. ⓒ For example, if you're vegetarian, the bacteria also become vegetarian. ⓓ So, the gut bacterial composition of obese people differs from ₁₂ that of slender people. ⓔ As a result, this will enhance the capacity of the bacteria in your gut.

This way, you and your gut bacteria influence each other. At first ₁₅ your bacteria control your diet, but later your diet controls your gut bacteria.

*gut 소화기관; 내장, 창자

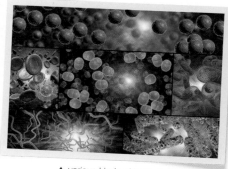

▲ various kinds of bacteria

Did You Know?

채식주의자(Vegetarian)

채식주의자는 육류를 피하고 식물성 재료로 만든 음식만 먹는 사람들을 의미한다. 먹는 음식에 따라 여러 단계의 채식주의자가 있다. 가장 높은 단계의 채식주의자는 비건(Vegan)이라 하며 육류뿐 아니라 생선, 달걀이나 우유 등의 유제품도 모두 먹지 않는다. 그 다음 단계는 락토 베지테리언(Lacto Vegetarian)으로 육류, 생선은 먹지 않지만 치즈, 우유, 요거트 등의 유제품은 먹는다. 유명한 채식주의자로는 수학자 피타고라스, 화가인 J. F. 밀레 등이 있다.

정답과 해설 p.55

1 이 글의 제목으로 가장 적절한 것은?

① How Bacteria Are Formed

② How Gut Bacteria Affect Your Lifestyle

③ Your Gut Bacteria Love Fruits and Vegetables

④ Your Gut Bacteria and Your Diet Control Each Other

⑤ Obese People's Bacteria Versus Slender People's Bacteria

2 이 글의 ⓐ~ⓔ 중, 글의 전체 흐름과 관계 없는 문장은?

① ⓐ   ② ⓑ   ③ ⓒ   ④ ⓓ   ⑤ ⓔ

3 박테리아의 특성에 관한 설명 중, 이 글 내용과 일치하지 <u>않는</u> 것은?

① 음식을 소화시킨다.

② 외부의 해로운 세균으로부터 몸을 보호한다.

③ 우리 몸의 면역력을 향상시킨다.

④ 식습관에 영향을 끼친다.

⑤ 체형에 상관없이 구성 요소는 비슷하다.

Ⓦ

4 다음 영영 풀이에 해당하는 단어를 본문에서 찾아 쓰시오.

> the power to keep yourself from being affected by a disease

Words

billions of 수십억의
bacteria 박테리아, 세균
(*sing.* bacterium) *cf.* bacterial
박테리아의, 세균의
play a role 역할을 하다
maintain 유지하다
bodily function 생체 기능
cf. function 기능
microbe 미생물
improve 개선하다, 향상시키다
immunity 면역력
diet 식습관
bacterial species 균종 *cf.*
species 종(種: 생물 분류 기초 단위)
womb 자궁
vegetarian 채식주의자(의)
composition 구성 요소; 구성, 성분
obese 비만인, 살찐
slender 날씬한
factor 요인, 인자
enhance 향상시키다, 높이다
capacity 능력
문 4. **keep ~ from ...** ~가 ...하
지 못하게 하다

수 능 · 대 표 · 유 형 ────────────────────────── ● 빈칸 추론

1 다음 빈칸에 들어갈 말로 가장 적절한 것을 고르시오.

One unspoken truth about creativity — it isn't about wild talent so much as it is about _____ . To find a few ideas that work, you need to try a lot that don't. It's a pure numbers game. Geniuses don't necessarily have a higher success rate than other creators; they simply do more—and they do a range of different things. They have more successes and more failures. That goes for teams and companies too. It's impossible to generate a lot of good ideas without also generating a lot of bad ideas. The thing about creativity is that at the outset, you can't tell which ideas will succeed and which will fail. So the only thing you can do is try to fail faster so that you can move onto the next idea.

*at the outset 처음에

① sensitivity   ② superiority
③ imagination   ④ productivity
⑤ achievement

2 이 글의 제목으로 가장 적절한 것은?

① Geniuses Don't Do a Lot of Things

② Creativity Comes from Wild Talent

③ The Importance of Team Spirit in Companies

④ Fail Many Times: Out of Garbage Comes Gold

⑤ How to Distinguish Good Ideas from Bad Ones

3 이 글의 내용과 일치하면 T, 일치하지 <u>않으면</u> F를 쓰시오.

(1) _____ 천재가 일반인들보다 실패를 덜 하는 것은 아니다.

(2) _____ 성공할 아이디어와 실패할 아이디어는 처음부터 차이가 난다.

(3) _____ 아무리 노력해도 실패의 과정을 건너 뛸 수는 없다.

4 다음 문장의 빈칸에 공통으로 들어갈 단어를 본문에서 찾아 쓰시오.

> · The new factory will _____ ten thousand new jobs.
> · Wind power plants can _____ large amounts of electricity.

Words

unspoken 무언의, 말로 하지 않은
wild 특이한; 야생의
talent 재능, 재주
not A so much as B
A라기 보다는 B이다
pure 완전한; 순수한
numbers game 숫자놀음
necessarily 필연적으로,
어쩔 수 없이
success rate 성공률
a range of 다양한
go for ~에 적용되다
generate 만들어 내다; 일으키다
문 1. sensitivity 감수성; 민감성
　superiority 우월성
　productivity 생산성
　achievement 성취, 달성;
　업적
　team spirit 공동체 정신, 단
　체 정신
문 2. distinguish A from B
　A와 B를 구별하다

Solution Tips
빈칸 추론

○ **빈칸이 있는 문장과 선택지를 먼저 읽는다.**
문제를 풀기 전에 문제의 의도를 파악하기 위해 빈칸이 들어갈 문장과 선택지를 먼저 꼼꼼하게 읽는다.

○ **빈칸 앞뒤의 내용에 유의한다.**
빈칸 앞뒤로 언급된 내용은 빈칸에 들어갈 내용을 추론하는 데 가장 중요하다. 글의 앞뒤 내용을 잘 파악하여 빈칸에 들어갈 내용을 선택한다.

○ **글의 주제나 요지를 파악한다.**
빈칸이 포함된 문장은 보통 글의 주제문일 가능성이 크다. 따라서 나머지 내용으로 글의 주제나 요지를 파악하여 빈칸 내용을 추론한다.

1 짝지어진 단어의 관계가 나머지와 다른 것은?

① defect – merit
② generate – produce
③ obese – slender
④ minimize – maximize

2 우리말 풀이가 잘못된 것은?

① on a regular basis: 정기적으로
② move off the land: 육지로 향하다
③ play a role: 역할을 하다
④ reach breeding age: 번식 적령기에 다다르다

[3-4] 다음 영영풀이에 해당하는 단어를 고르시오.

3

relating to the natural processes performed by living things

① wild
② positive
③ unspoken
④ biological

4

a particular way of thinking about a problem or subject

① diet
② herd
③ viewpoint
④ immunity

5 빈칸에 들어갈 알맞은 단어는?

He's emotionally so _____ that you never know how he'll react.

① pure
② adaptive
③ unstable
④ behavioral

6 빈칸에 공통으로 들어갈 단어는?

• Unfortunately, we received a _____ answer to our request.
• While the electrons built up in our bodies are positive, those existing in the earth are _____ .

① male
② harmful
③ negative
④ bacterial

7 다음의 어느 빈칸에도 들어갈 수 없는 단어는?

• The new policy can have a positive effect _____ rural areas.
• This kind of activity allows kids to build _____ self-confidence.
• At this moment, we need to first distinguish right _____ wrong.

① on
② up
③ from
④ away

9

Every day you are exposed to claims based on "studies" and "research." In evaluating such claims, there are two important questions to ask: Who sponsored the research? Does the sample ₃ properly represent the target population? ⓐThe first question is important because sponsors have ways of distorting, or at least influencing, results. ⓑA study that claims to prove the benefits of ₆ milk-drinking should be regarded with some suspicion if the research was sponsored by a milk company. ©Milk companies advertise how their milk can help kids become smarter and stronger. ₉ ⓓNo less important than who sponsored is the choice of samples used in the research. ⓔIf the claim is based on samples that cannot represent the whole target population, it is likely to be faulty no ₁₂ matter how many cases were studied.

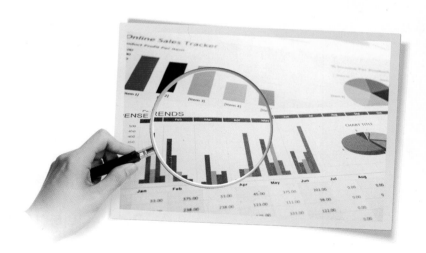

1 이 글의 ⓐ~ⓔ 중, 글의 전체 흐름과 관계 <u>없는</u> 문장은?

① ⓐ   ② ⓑ   ③ ⓒ   ④ ⓓ   ⑤ ⓔ

2 이 글의 요지로 가장 적절한 것은?

① 조사 연구는 후원 없이 객관적으로 이루어져야 한다.

② 표적집단의 범위는 신뢰성 확보를 위해 최대한 넓어야 한다.

③ 조사 연구 주최자는 실험 보고서 작성에 책임을 져야 한다.

④ 조사 연구의 표본은 조사하기 쉬운 대상이어야 한다.

⑤ 조사 연구에서는 후원사와 표본의 대상 범위가 중요하다.

3 이 글의 내용과 일치하면 T, 일치하지 <u>않으면</u> F를 쓰시오.

(1) _____ : Samples should represent the whole target population.

(2) _____ : In research and studies, the choice of samples is more important than who sponsored it.

(3) _____ : The result of a research can be in favor of the sponsor's products.

Ⓦ

4 각 영영 풀이에 해당하는 단어를 보기에서 골라 쓰시오.

┌─ 보기 ─────────────────────────────┐
  represent   sponsor   advertise   evaluate
└────────────────────────────────────┘

(1) _____ : support a person, organization, or activity by giving money

(2) _____ : judge the value or condition of someone or something in a careful and thoughtful way

Words

be expose to ~에 노출되다
cf. expose 노출시키다; 드러내다
claim 주장; 주장하다
evaluate 평가하다
sponsor 후원하다, 주최하다; 후원사, 후원자
properly 적절하게, 제대로
represent 대표하다
target population 표적집단
have a way of -ing 흔히 ~하다
distort 왜곡하다
influence 영향을 주다
benefit 이익, 이로움
regard 보다, 간주하다, 대하다
suspicion 의심, 의혹
advertise 광고하다, 선전하다
no less ... than ~ ~에 못지 않게 ···한, ~만큼이나 ···한
choice 선택된 사람[것]
faulty 잘못된, 틀린
no matter how ~ 아무리 ~해도
🔠 3. in favor of ~에 우호적인, ~에 유리한

34

Psychology

★ ★ ☆
158 words

Subjects of a study were asked to listen to tapes of college students who participated in the television show, *College Quiz Bowl*. They listened to a student, who was described as highly capable, ⓐ answer almost all the difficult questions ⓑ posed. The subjects also listened to a student who was described as average. He answered only 30 percent of the questions successfully. After hearing the tapes, the two students were rated in terms of likability. The student who gave an outstanding performance and answered nearly every question correctly was liked significantly more than the student who performed more poorly. Another study was conducted again; this time both students were highly capable, but one blundered while ⓒ the other didn't. It was found that the capable student who occasionally made mistakes ⓓ were considered even more likable than the capable student who never blundered. Apparently, making minor blunders served to _____ the brainy student and so ⓔ made him more likable.

Did You Know?

실수 효과 (Pratfall Effect)

1966년 미국의 심리학자 앨리엇 아론슨(Elliot Aronson)의 실험을 통해 완벽하고 유능한 사람이 실수를 하면 더 호감을 받지만, 일반적인 사람이 실수를 하면 무능하게 보이고 호감이 떨어진다는 것이 증명되었다. 즉, 사람들은 완벽한 사람보다 약간 빈틈이 있는 사람들을 더 좋아하게 된다는 것이다. 2017년에는 오스트리아에서 로봇에 대해서도 이 이론이 적용된다는 실험 결과가 발표되었다. 이 실험에서는 사람 모습을 한 로봇을 사람들과 같은 환경에서 일하게 하고 동료인 로봇에 대한 사람들의 반응을 측정했다. 이 연구에 의하면 사람들은 완벽한 로봇보다 물건을 떨어뜨리거나 말을 못 알아들어 같은 질문을 되풀이하는 등의 작은 실수를 하는 로봇에 대해 더 높은 호감을 보였다고 한다.

정답과 해설 p.60

1 이 글의 밑줄 친 @~ⓔ 중, 어법상 틀린 것은?

① @   ② ⓑ   ③ ⓒ   ④ ⓓ   ⑤ ⓔ

2 이 글의 빈칸에 들어갈 말로 가장 적절한 것은?

① improve   ② despise

③ recommend   ④ humanize

⑤ evaluate

3 이 글의 내용을 한 문장으로 요약하고자 한다. 빈칸 (A), (B)에 들어갈 말로 가장 적절한 것은?

> The subjects liked _____(A)_____ college students but they liked them even better when they made _____(B)_____.

	(A)		(B)
①	competent	·····	efforts
②	competent	·····	errors
③	famous	·····	excuses
④	average	·····	progress
⑤	average	·····	mistakes

Ⓦ

4 각 영영 풀이에 해당하는 단어를 보기 에서 골라 쓰시오.

> 보기
> capable   outstanding   blunder   rate

(1) _____ : a lot better than what is usual

(2) _____ : make a stupid or careless mistake

Words

subject 피실험자, 실험 대상; 주제; 과목
capable 유능한
pose 질문을 제시[제기]하다; 포즈를 취하다
average 평범한
rate 평가하다
in terms of ~의 면에서, ~에 관하여
likability 호감도, 호감이 감
cf. likable 호감이 가는, 마음에 드는
outstanding 뛰어난, 우수한
performance 실적, 성과
cf. perform 행하다, 수행하다
significantly 크게, 상당히
poorly 저조하게, 형편없이
conduct a study 연구하다
blunder 실수하다; 실수
occasionally 가끔
apparently 확실히, 분명히
minor 사소한, 작은
serve 기여하다, 도움이 되다
brainy 아주 똑똑한, 영리한
[문] 2. **despise** 경멸하다
　　humanize 인간답게 하다
　　evaluate 평가하다
　3. **competent** 유능한, 뛰어난

35

Technology

★ ★ ☆
221 words

When you lend your friend money, what do you do to make sure you get it back? Maybe you would ask someone to be the witness. However, this does not always guarantee you get your money back. If your friend is dishonest, he may bribe the witness to lie to you. Later, if you ask your friend to pay you back, he may act as if he doesn't know what you're talking about. And if you call the witness, he probably will deny it, too. He may say that he doesn't know anything about the transaction.

However, thanks to a new technology, people don't have to worry about this anymore. The new technology is blockchain, which _____. How does blockchain work, exactly? Once you make a deal over blockchain, this data gets shared to millions of online networks all over the world. Like this, you just create millions of witnesses for your transaction. If you only have one witness while making a deal with your friend, he can be bribed easily. But it's impossible to do so if you have millions of witnesses. Your friend might be able to get one or two people to lie, but not all millions of them. With such a risk-free factor, blockchain is expected to make our society more transparent and trustworthy.

Did You Know?

블록체인 (Blockchain)
데이터 분산 저장 기술의 일종으로, 블록(block) 단위의 데이터를 체인(chain)처럼 연결하여 저장하는 기술을 말한다. 기존의 거래 방식은 은행이 모든 거래 내역을 가지고 있으며 A가 B에게 1만원을 송금하면 그 사실을 중앙은행이 증명하고 거래 당사자들은 중앙은행을 신뢰하고 거래 내용에 대한 증명을 모두 맡기는 형태였다. 그러나, 블록체인의 거래 방식은 거래내역을 중앙은행이 아닌 여러 곳에 저장함으로써 A가 B에게 1만원을 송금한 사실을 참여하고 있는 모든 사용자들이 저장하고 증인처럼 그 사실을 증명하고 보증할 수 있다.

정답과 해설 **p.62**

1 이 글의 빈칸에 들어갈 말로 가장 적절한 것은?

① promotes businesses

② helps to predict future trends

③ analyzes business transactions

④ tests the honesty of the witnesses

⑤ eliminates transaction risks like this

2 이 글의 제목으로 가장 적절한 것은?

① How to Get Lent Money Back

② Blockchain: The Future of Money

③ The Merits and Demerits of Blockchain

④ Lend Your Money and Lose Your Friend

⑤ Blockchain: Reliable Witnesses to Your Transaction

3 블록체인에 관한 이 글의 내용과 일치하지 <u>않는</u> 것은?

① 직접적인 개인 간의 거래에는 위험성이 있다.

② 신뢰할 수 있는 친구를 거래의 증인으로 세우면 안심할 수 있다.

③ 블록체인은 온라인 상에 거래의 정보를 기록으로 남길 수 있다.

④ 블록체인을 통해 수백만의 증인을 확보할 수 있다.

⑤ 블록체인을 통해 신뢰할 수 있는 거래를 할 수 있다.

Ⓦ

4 각 영영 풀이에 해당하는 단어를 보기 에서 골라 쓰시오.

┌─ 보기 ─────────────────────────────────┐
│ witness   transaction   trustworthy   transparent │
└──┘

(1) _____ : a person who sees something (such as a crime) happen

(2) _____ : open and honest, without secrets

Words

make sure 확실하게 하다
get ~ back ~을 되찾다
witness 증인
guarantee 보장하다
bribe 매수하다, 뇌물을 주다
deny 사실이 아니라고 말하다, 부인하다
transaction 거래
cf. business transaction 상거래
thanks to ~ 덕분에
make a deal 거래를 하다
cf. deal 거래
millions of 수백만의
risk-free 위험이 없는, 무위험의
factor 요인, 요소
be expected to 기대되다
transparent 투명한
trustworthy 신뢰할 수 있는
문 **1. promote** 촉진하다, 증진하다
　　trend 경향
　　honesty 정직성
　　eliminate 없애다, 제거하다
　　risk 위험 요소, 위험
문 **2. reliable** 믿을 수 있는, 신뢰할 수 있는
　　merit 장점, 좋은 점
　　(↔ demerit 단점, 약점)

36

Science

★ ★ ☆
172 words

Who gives scientists the inspiration for great scientific discoveries? Most people don't think of sailors, craftsmen or soldiers, but the fathers of modern science—Newton, Gilbert, and many other scientists—were wise enough to turn to these common men for new insights.

(A) Gilbert similarly receives credit for an idea that wasn't his. Sixteenth-century sailors knew that compasses point north, but no one knew why. An unknown sailor suggested the existence of magnetic poles at the top and bottom of the Earth. Gilbert heard this suggestion and made it the basis of his research on *magnetism. Later, his work confirmed that the Earth is a giant magnetic object.

(B) Today, we are very familiar with the work of these great scientists. But few of us know that only with the help of common workers were they able to revolutionize the scientific world.

(C) In Newton's era, craftsmen lifted heavy stones with *pulleys and cranes to build houses. Some believe that Newton came up with his Second Law of Motion by observing workers using these devices.

***magnetism** 자성(磁性), 자력   ***pulley** 도르래

3

6

9

12

15

Did You Know?

발명품 전의 발명품

유명한 과학자들에 의해 발명된 것으로 알려진 많은 발명품들은 그 이전에 비슷한 것을 먼저 만들었던 사람들이 있었다. 전구를 발명한 것으로 알려진 것은 에디슨이지만 영국의 화학자 험프리 데이비(Humphry Davy)가 그 이전에 아크등이라고 하는 최초의 백열전구를 만들었다. 그러나 아크등은 가정에서 사용하기에는 너무 밝았고 수명이 오래 가지 못했다. 에디슨은 그 아이디어를 개선하여 40시간 이상 견디는 필라멘트를 이용한 실용적인 전구를 만들었다. 에디슨의 이름으로 등록된 미국 특허권 숫자는 1,093건, 다른 나라 특허권까지 합하면 1,500건이 넘는다. 그의 수 많은 발명 가운데 상당수는 다른 사람이 발명한 아이템을 개선한 것들이다.

1 주어진 글 다음에 이어질 글의 순서로 가장 적절한 것은?

① (A) – (C) – (B)　　　② (B) – (A) – (C)

③ (B) – (C) – (A)　　　④ (C) – (A) – (B)

⑤ (C) – (B) – (A)

2 이 글의 요지로 가장 적절한 것은?

① 생활 속의 필요에 의해 발명품이 만들어진다.

② 과학적 발견은 끊임없는 실험의 결과로 얻는다.

③ 과학적 발견은 우연한 사건으로부터 이루어진다.

④ 평범한 사람들도 노력하면 훌륭한 과학자가 될 수 있다.

⑤ 위대한 과학자들은 평범한 사람들에게서 영감을 얻었다.

3 이 글에서 한 선원이 Gilbert에게 말한 내용을 우리말로 쓰시오.

4 다음 영영풀이에 해당하는 단어를 본문에서 찾아 쓰시오.

> someone or something that gives you new and creative ideas

Words

inspiration 영감
craftsman 장인, 숙련공
turn to A for B A를 B에 의존하다, 의지하다
insight 통찰력
receive credit 공적을 인정받다
existence 존재
magnetic pole 자극
cf. magnetic 자석의, 자기의, pole 극
basis 논거; 기초, 기본
confirm 확증하다, 확인하다
revolutionize 혁신[대변혁]을 일으키다
era 시대
crane 기중기
come up with ~을 생각해 내다
observe 보다, 관찰하다
device 기구, 장치

1 짝지어진 단어의 관계가 나머지와 <u>다른</u> 것은?

① compete – competent　　　　② brain – brainy

③ fault – faulty　　　　　　　　④ likability – likable

[2-3] 다음 빈칸에 들어갈 알맞은 단어를 고르시오.

2

> They decided to _____ immigration officials and enter the country illegally.

① confirm　　　② bribe　　　③ advertise　　　④ guarantee

3

> We rate our level of success in _____ of money.

① insight　　　② sponsor　　　③ claim　　　④ terms

4 영영풀이에 해당하는 단어는?

> change a statement, fact, or idea so that it is false or wrong

① blunder　　　② represent　　　③ distort　　　④ eliminate

[5-7] 다음 각 문장의 빈칸에 알맞은 단어를 보기 에서 골라 쓰시오.

> ┌ 보기 ┐
>
> favor　　　credit　　　conduct

5 They plan to _____ a study on the way people communicate these days.

6 The majority was in _____ of the law.

7 I did all the work, but someone else received _____.

8 빈칸에 공통으로 들어갈 단어는?

> • We need one more male _____ for the experiment.
> • "Bob" is the _____ of the sentence "Bob threw the ball."
> • Today's _____ for discussion is endangered marine animals.

① observer　　　② witness　　　③ subject　　　④ craftsman

Can you imagine eating meat that does not come from animals? This type of meat, which is referred to as "cultured" meat, ⓐ is grown in a lab. How do you make it? First, you cut out a small piece ₃ of tissue from an animal. You then place the tissue in a cultivator ⓑ that mimics the inside of a living organism. You provide the cells with warmth, oxygen, sugars, salts, and proteins, and cultured meat ₆ eventually grows big enough ⓒ eating.

Supporters are willing to point out the benefits of cultured meat. It does not involve killing animals. Cultured meat is also ₉ environmentally-friendly. According to scientists, cultured meat would require about 40 % less energy ⓓ to produce than the same volume of pork or beef. ₁₂

Since people's eating habits don't change so quickly, it will probably be a while before cultured meat becomes a common menu item. Nevertheless, the demand for cultured meat is expected to ₁₅ increase gradually since the supply for real meat will soon become unable to satisfy the ⓔ growing meat consumption.

▲ cultured meat

Did You Know?

2019년 10대 유망 기술로 선정된 '고기 없는 버거'

대규모 축산업이 야기하는 환경오염, 동물 윤리, 식량 부족 등의 새로운 해결책으로, 대체육(alternative meat)이 큰 관심을 끌고 있다. 대체육은 두 종류로, 식물에서 추출한 단백질로 만드는 식물육(콩고기)과 동물 세포를 배양해서 만드는 배양육(cultured meat)이 있다. 그 중 동물의 특정 부위에 있는 줄기세포(stem cell)를 이용해서 만드는 배양육은 2013년에 소고기 햄버거 패티를 만드는 데 성공한 이후로, 미트볼, 치킨, 소시지 등으로 점차 그 종류가 다양해지고 있다. 하지만 치킨 너겟(chicken nugget) 한 조각을 만드는 데 2주의 시간이 소요되고, 햄버거 패티 한 장을 제조하는 데 500유로(66만원) 가량의 비용이 드는 등 아직 해결해야 할 과제가 많이 남아 있다.

1 이 글의 제목으로 가장 적절한 것은?

① The Cultural Impact of Cultured Meat

② Benefits and Prospects of Cultured Meat

③ Cultured Meat Can't Replace Real Meat

④ Will Cultured Meat Be Realistic Anytime Soon?

⑤ Growing Meat Without Animals Revolutionizes Our Diet

2 이 글의 밑줄 친 ⓐ~ⓔ 중, 어법상 틀린 것은?

① ⓐ　　　② ⓑ　　　③ ⓒ　　　④ ⓓ　　　⑤ ⓔ

서술형

3 이 글에서 언급한 cultured meat의 장점 두 가지를 우리말로 쓰시오.

Ⓦ

4 다음 문장의 빈칸에 공통으로 들어갈 단어를 본문에서 찾아 쓰시오.

- My husband turned the _____ up on the radio.
- Which of these bottles has the greater _____?
- The transportation system can't cope with the _____ of passengers.

Words

cultured (세포·미생물이) 배양된
lab 실험실(= laboratory)
tissue (세포들의) 조직; 화장지
place (~에) 두다
cultivator 배양[경작] 기구
mimic ~을 모방하다, 흉내 내다 (= imitate)
organism 유기체
protein 단백질
eventually 결국
benefit 혜택, 이득
involve 포함하다
environmentally-friendly 환경 친화적인 (= eco-friendly)
require 필요로 하다, 요구하다
volume (~의) 양; 용량; 음량
it will be a while before ~할 때까지 시간이 꽤 걸릴 것이다
demand 수요 (↔ supply 공급)
consumption 소비
v. consume
문 1. impact (강력한) 영향, 충격
　　prospect 전망
　　replace 대체하다, 대신하다
　　revolutionize 대변혁을 일으키다

Food

★ ★ ☆
174 words

The National Cancer Institute has launched a campaign called "Enjoy the Spectrum." Its purpose is to encourage people to eat fruits and vegetables of many different colors. Why? A diet of colorful fruits and vegetables provides the necessary nutrients that you need to prevent heart attack, cancer, stroke, and diabetes.

What role do colors play in our health? When our body digests food, it produces a harmful waste substance called "free radicals." If our body cannot remove free radicals efficiently, they can harm our cells and affect our body functions; they can even cause cancer. But you don't have to worry about it too much. By eating colorful fruits and vegetables you can easily remove these free radicals from your bodies. For example, red fruits and vegetables contain a powerful substance that helps reduce the risk of cancer and heart disease. Green or yellow vegetables and fruits contain substances that have similar disease-fighting qualities.

Lorelei DiSogra, Director of the National Cancer Institute campaign, says, "When you see a variety of colors on your plate, you know you are doing good for yourself. Think of your dinner plate as _____." The more colors you see, the healthier the dish is.

* **free radicals** 활성 산소

Did You Know?

활성 산소와 항산화 물질
사람은 호흡을 통해 활동을 위한 에너지를 만드는 데, 이때 2~3%의 불안정한 활성 산소가 만들어진다. 이것은 반응성이 매우 크고 짝을 짓지 못한 전자(unpaired electron)를 가지고 있기 때문에 다른 원소들과 쉽게 결합한다. 즉 체내를 돌아다니며 안정되어 있는 원소들의 결합을 끊고 자신과 결합시킴으로써 인체의 세포들을 붕괴시킨다. 이로 인해 면역 체계가 망가지고 노화가 진행되며 대부분의 질병이 발병한다. 반면에 항산화(anti-oxidant) 물질은 자신의 전자를 내어줌으로 인체의 세포와 조직을 산화시키는 활성 산소를 중화, 제거하는 역할을 한다. 이 물질은 채소나 과일 속에 존재하는 식물성 화학물질(phytochemical : 피토케미컬)에 다량으로 함유되어 있다.

정답과 해설 p.67

1 이 글의 주제로 가장 적절한 것은?

① the health benefits of colorful foods

② the nutritional value of colorful foods

③ colorful healthy foods for picky eaters

④ the effects of food coloring on our appetite

⑤ how to fight cancer-causing free radical cells

2 이 글의 빈칸에 들어갈 말로 가장 적절한 것은?

① a cook's recipe   ② an artist's palette

③ a doctor's prescription   ④ a musician's instrument

⑤ a movie director's scenario

서술형

3 이 글의 밑줄 친 "Enjoy the Spectrum."이 의미하는 내용을 우리말로 쓰시오.

Ⓦ

4 각 영영 풀이에 해당하는 단어를 보기에서 골라 쓰시오.

┌─ 보기 ─────────────────────────────┐
│ encourage   launch   risk   quality │
└──────────────────────────────────┘

(1) _____ : a characteristic or feature of someone or something

(2) _____ : start a large-scale and important activity such as a public investigation or new project

Words

launch (조직적인 일을) 시작하다, 착수하다
campaign (특정 목적을 위한) 활동[운동]
purpose 목적
encourage 장려하다, 권장하다
diet 식단
necessary 필수적인, 필요한
nutrient 영양소, 영양분
stroke 뇌졸중
diabetes 당뇨병
digest 소화시키다
waste 쓸 데 없는, 노폐한
substance 물질
remove (A from B) (B에서 A를) 제거하다
efficiently 효율적으로
function 기능
contain 포함하다, ~이 들어 있다
risk 위험
disease 병, 질병
quality 특징, 특성
a variety of 여러 가지의, 다양한
plate 접시, 그릇
문 **1. nutritional value** 영양가
  picky 까다로운
  appetite 식욕
문 **2. instrument** 악기
  prescription 처방전
  palette 팔레트
  scenario 시나리오, 각본

39

Economics

★★☆
217 words

In 1848, the United States experienced a "gold rush." Hundreds of thousands of Americans rushed to California because huge amounts of gold (A) [was / were] found there.

Now the United States is experiencing a "shale rush." A lot of companies are flocking to Pennsylvania, where shale gas and oil have been discovered. Shale gas and oil are natural energy (B) [that / what] is buried in a kind of rock called "shale."

Luckily, the amount of shale gas and oil buried in the US is large enough to last 100 years. (ⓐ) Up to now, the US has been importing about half its energy demand. (ⓑ) Thanks to the discovery of shale energy, the United States is going to become an energy-exporting country. (ⓒ) The problem lies in the extraction process of shale gas. (ⓓ) To extract the gas and oil, people use a drilling method called "*fracking." In this process of fracking, they drill until they reach the shale trapped deep in the earth. (ⓔ) Then they put pressure on the rock using a large amount of water in order to break it and (C) [release / releasing] the gas and oil. This causes water shortage and can even cause earthquakes near the shale energy mines.

Nevertheless, people remain very interested in shale energy. This is because the world is running out of other energy sources.

▶ shale gas fracking facilities in England, UK

*fracking 프랙킹 (고압의 물을 주입해 지하의 암석을 파괴하는 기술)

Did You Know?

셰일 가스와 세계 경제

셰일 가스(shale gas)란 모래와 진흙 등이 단단하게 굳어진 셰일 암석층에 매장되어 있는 천연가스를 뜻하며, 2000년대에 채굴되기 시작하면서 신 에너지원으로 부상하였다. 셰일 가스는 미국, 캐나다, 중국, 러시아 등에 세계 매장량(reserves)의 70%가 몰려 있는데, 이는 석유 최대 보유국인 중동 국가에서 천연 가스 생산을 확대하고 있는 미국, 캐나다 등으로 에너지 강대국의 권력이 이동(power shift)됨을 의미한다. 이로써 OPEC(석유수출기구) 회원국들은 큰 타격을 입었고, 에너지 수출에 의존하는 베네수엘라와 러시아는 국가 신용등급이 하락하기까지 하였다. 시추(drilling) 기술이 발달함에 따라 셰일 가스 생산 비용이 점차 낮아지고 있지만, 환경오염 이슈가 있어 공급이 감소하거나 시추가 금지될 가능성도 있어 향후 어떤 영향을 끼칠지는 좀 더 지켜보아야 한다.

정답과 해설 p.69

1 이 글의 흐름으로 보아, 다음 문장이 들어가기에 가장 적절한 곳은?

> However, as everything has its pros and cons, so does shale gas.

① ⓐ   ② ⓑ   ③ ⓒ   ④ ⓓ   ⑤ ⓔ

2 shale gas and oil에 관한 이 글의 내용과 일치하지 <u>않는</u> 것은?

① 땅 속 깊은 곳에 '셰일'이라는 암석층에 매장되어 있다.

② 향후 100년간 에너지를 공급할 수 있을 정도의 양이다.

③ 미국은 셰일 가스 덕분에 에너지 수입량이 반으로 줄었다.

④ 고압의 물을 분사하여 추출해낸다.

⑤ 시추 과정에서 자연 재해를 야기할 가능성이 지적되었다.

3 (A), (B), (C)의 각 네모 안에서 어법에 맞는 것으로 가장 적절한 것은?

	(A)		(B)		(C)
①	was	·····	that	·····	releasing
②	was	·····	what	·····	releasing
③	were	·····	that	·····	release
④	were	·····	that	·····	releasing
⑤	were	·····	what	·····	release

Ⓦ

4 다음 문장의 빈칸에 공통으로 들어갈 단어를 본문에서 찾아 쓰시오.

> • These machines _____ the juice from a fruit.
> • The following _____ is taken from his new book.

수 능 · 대 표 · 유 형

1 다음 글의 밑줄 친 부분 중, 어법상 틀린 것은?

Psychologists who study giving behavior ①have noticed that some people give substantial amounts to one or two charities, while others give small amounts to many charities. Those who donate to one or two charities seek evidence about what the charity is doing and ②what it is really having a positive impact. If the evidence indicates that the charity is really helping others, they make a substantial donation. Those who give small amounts to many charities are not so interested in whether what they are ③doing helps others—psychologists call them warm glow givers. Knowing that they are giving makes ④them feel good, regardless of the impact of their donation. In many cases the donation is so small—$10 or less—that if they stopped ⑤to think, they would realize that the cost of processing the donation is likely to exceed any benefit it brings to the charity.

2 이 글의 제목으로 가장 적절한 것은?

① How People Decide to Donate

② The Behaviors and Values of Donors

③ How Donating Behavior Makes People Happy

④ The Positive Impact of Charities on Society

⑤ Is Donated Money Really Used for People in Need?

3 이 글의 내용과 일치하면 T, 일치하지 않으면 F를 쓰시오.

(1) _____ 한 두 개의 자선 단체에 큰 액수를 기부하는 사람들은 자신들의 기부가 어떻게 쓰이는지에 대해서 관심이 없다.

(2) _____ 적은 액수를 여러 단체에 기부하는 사람들은 기부 행위 자체를 즐겁게 여긴다.

(3) _____ 적은 액수의 기부는 처리하는 데 드는 비용이 기부 액수를 초과하기도 한다.

Ⓦ

4 다음 영영 풀이에 해당하는 단어를 본문에서 찾아 쓰시오.

> something that is given to help a person or organization, or the act of giving them

Words

psychologist 심리학자
substantial 상당한
amount 액수; 양
charity 자선 단체, 구호 단체
evidence 증거
positive 긍정적인
(↔ negative 부정적인)
impact (강력한) 영향, 충격
indicate 보여주다, 나타내다
donation 기부, 기증
v. donate 기증하다
glow (은은한) 불빛
regardless of ~에 상관없이
stop to think 곰곰이 생각하다
process 처리하다
exceed 넘다, 초과하다
benefit 이익, 혜택
[문] 2. donor 기부자, 기증자
  values 가치관
  in need 가난한, 궁핍한

Solution Tips
문법성 판단

○ 밑줄 친 부분의 문법 사항을 확인한다.
평소 어법 정확성 판단 문제에 자주 출제되는 문법을 정리해 두고 문법적인 오류를 확인한다. (ex. 형용사와 부사, 현재분사와 과거분사, 관계사와 접속사, 수의 일치, 비교 구문, 수동태, 부정사, 동사의 시제, 병렬 구조, 대명사의 쓰임 등)

○ 밑줄 친 부분이 문맥상 자연스러운지 확인한다.
밑줄 친 부분이 들어간 문장 전체를 분석하여 의미상 틀린 부분을 확인한다. 특히 해당되는 부분의 (의미상) 주어와 동사를 중심으로 의미를 파악해 본다.

1 짝지어진 단어의 관계가 나머지와 <u>다른</u> 하나는?

① donate – donation ② substance – substantial

③ extract – extraction ④ consume – consumption

[2-3] 다음 빈칸에 들어갈 알맞은 단어를 고르시오.

2

> Ian is a _____ eater, so he refuses anything but peanut butter sandwiches.

① positive ② waste ③ picky ④ necessary

3

> Dr. Grape gave me a(n) _____ for some sleeping pills.

① impact ② pressure ③ disease ④ prescription

[4-5] 다음 영영풀이에 해당하는 단어를 고르시오.

4

> the natural feeling of wanting to eat

① evidence ② nutrient ③ function ④ appetite

5

> copy someone's voice, behavior, or appearance

① mimic ② launch ③ digest ④ process

6 빈칸에 공통으로 들어갈 단어는?

> • Its body is made of special _____.
> • The bandage is so thin and it looks like _____ paper.

① demand ② tissue ③ amount ④ mine

7 밑줄 친 부분의 우리말 풀이가 <u>틀린</u> 것은?

① The buffet has <u>run out of</u> food. (~이 동나다)

② I met a lot of nice people <u>thanks to</u> you. (~덕분에)

③ Please <u>remove</u> my name <u>from</u> the list. (~를 …에서 제거하다)

④ <u>It'll be a while before</u> I've finished. (~하려면 금방이다)

Level 9

READER'S BANK

WORKBOOK

UNIT별 어휘 문제 및 주요 문장 해석하기

ABOVE IMAGINATION

우리는 남다른 상상과 혁신으로
교육 문화의 새로운 전형을 만들어
모든 이의 행복한 경험과 성장에 기여한다

READER'S BANK CHALLENGE

Level **9**

WORKBOOK

UNIT별 어휘 문제 및 주요 문장 해석하기

A 다음 영어 단어나 표현의 우리말 뜻을 쓰시오.

01 benefit

02 characteristic

03 severe

04 optimistic

05 aspect

06 none other than

07 toxic

08 influential

09 material

10 fatal

11 feudal

12 govern

13 oxygen

14 persecute

15 philosopher

16 potential

17 appreciate

18 in an emergency

19 execute

20 refer to

B 다음 우리말에 해당하는 영어 단어나 표현을 쓰시오.

01 도덕상의

02 답례로, 보답으로

03 즉각적인, 신속한

04 이혼

05 과도한

06 공급하다

07 (집합적으로) 귀족

08 ～에 적응하다

09 중독

10 신경 쓰다, 애를 쓰다

11 A를 B에게 넘기다

12 장애(물)

13 폭군, 독재자

14 산성의

15 명백히, 드러내놓고

16 이따금의, 때때로의

17 희생자

18 ～에 직면하다

19 희생적인, 헌신적인

20 (질병을) 발생시키다

○ 다음 각 문장의 굵은 글자에 유의하여 해석하시오.

01 Today's young people belong to the so-called "app generation" **that** depends on apps for almost everything.

_____

02 However, **young people's increasing dependency on apps** is causing many problems.

_____

03 First of all, the excessive use of apps **makes them** more and more **impatient**.

_____

04 **Being accustomed to using apps** that give them prompt results, they expect every aspect of life to be quick and readily available.

_____

05 When they **are faced with** problems, they **don't bother to come up with** new ideas, either.

_____

06 For them, **it's easier to** just use Google to look them up.

_____

07 Educators are worried **that** young people's addiction to app technology may limit their potential, **turning them into** zombie-like individuals who can't think for themselves.

_____

○ 다음 각 문장의 굵은 글자에 유의하여 해석하시오.

01 Cancer **is caused by** unhealthy lifestyle **such as eating** acidic or junk food too much and **not exercising** regularly.

_____

02 **If** we **continue** with this kind of lifestyle, toxic materials **will build up** in the body tissues, and eventually **block** the blood flow in the body.

_____

03 The affected parts will **start to rot** because normal body cells cannot survive without oxygen.

_____

04 This is **where cancer comes to our rescue**.

_____

05 **As a defense mechanism**, our normal body cells will transform themselves **in order to** adapt to living without oxygen.

_____

06 These new cells are **none other than** cancer cells.

_____

07 They use the toxic materials to create **the energy needed to keep** the body tissues **from rotting**.

_____

08 So, **contrary to our common beliefs**, cancer is like a first-aider **who** comes to rescue us in an emergency.

_____

정답 p.73

○ 다음 각 문장의 굵은 글자에 유의하여 해석하시오.

01 **Throughout world history**, rulers always had great philosophers **by their side** to give them advice.

_____

02 Nero was a cruel tyrant and **forced Seneca to commit suicide** when his teachings became an obstacle to his rule.

_____

03 King Henry VIII of England **was** often **given advice by** philosopher Sir Thomas More.

_____

04 In China, there was a great philosopher **named Confucius**.

_____

05 He **spent his whole life developing and teaching** the proper way to govern a state.

_____

06 However, Confucius never found a ruler who would **accept** him **as an advisor** and **put** his teaching **into practice**.

_____

07 **Considering** what happened to European philosophers, however, Confucius was **lucky for not having been persecuted by any rulers**.

_____

○ 다음 각 문장의 굵은 글자에 유의하여 해석하시오.

01 Did you know that **about 2,000 graduates** of Eton College, an elite British school, **were killed** in the service of their country in World War II?

02 Noblesse oblige has its roots in feudal Europe, **where** it referred to a sense of obligation **that** the nobility had toward the workers.

03 Workers had to **hand** most of their crops **over to** the nobility.

04 The nobility, in return, **was expected to provide** them **with** land to farm.

05 These expectations **were understood rather than stated** outright in the documents.

06 These moral obligations of the rich toward the poor **became known as** "noblesse oblige."

07 Today, we express this idea by stating that "**to whom much is given, much is expected.**"

A 다음 영어 단어나 표현의 우리말 뜻을 쓰시오.

01 hostility

02 bottom line

03 career

04 enhance

05 as long as

06 in itself

07 workaholic

08 claim

09 genetically

10 traditional

11 specialize in

12 prescribe

13 physician

14 competitive

15 moderate

16 commit suicide

17 opposite

18 royalty

19 flu

20 set A aside

B 다음 우리말에 해당하는 영어 단어나 표현을 쓰시오.

01 만성적인

02 구별하다

03 중단시키다

04 특허

05 위험에 처하다

06 싹이 나다

07 관행, 관례

08 세계적인

09 자동적으로

10 대박을 터뜨리다

11 열정

12 (고통을) 겪다, 당하다

13 치료, 요법

14 짜증나게 하다

15 시장

16 씨앗

17 자극하다, 활발하게 하다

18 ~에 기초를 두다

19 핵심

20 방어기제

05 아스피린의 불편한 진실

○ 다음 각 문장의 굵은 글자에 유의하여 해석하시오.

01 Many physicians automatically prescribe aspirin or a similar painkiller to patients **suffering from a cold or flu**.

_____

02 According to Darwinian medicine, such a therapy may **have an effect opposite to the effect intended**.

_____

03 **In addition to easing** a patient's discomfort, aspirin also lowers fever.

_____

04 However, scientists have discovered that a moderate fever is **one of the most impressive defense mechanisms** of the body.

_____

05 According to their findings, a higher temperature **stimulates white blood cells to race** to the site of an infection more rapidly and **kill** the virus.

_____

06 A fever also stops the growth of harmful bacteria, **which**, unlike white blood cells, **become** inactive **when exposed** to heat.

_____

07 The bottom line is to **allow** the body's defense mechanism **to carry out** its mission **instead of** taking medicine to reduce a fever.

_____

06 오래 살려면 분노는 금물!

○ 다음 각 문장의 굵은 글자에 유의하여 해석하시오.

01 Stress **has long been fingered as** a killer, but the fact is that most stress, including constant worry, is not fatal in itself.

_____

02 A person who **finds himself** constantly **screaming** at the people who irritate and annoy him is the one who is at risk for heart trouble.

_____

03 The rushing-around workaholic is not at risk **as long as** stress is not a stimulus for anger.

_____

04 He noted that **more than 15 percent of the 25-year-old doctors and lawyers** who scored high on hostility tests **were** dead by 50.

_____

05 The message to all you hot-tempered types is simply this: If you want to **live to a ripe old age**, cool your anger.

_____

○ 다음 각 문장의 굵은 글자에 유의하여 해석하시오.

01 Throughout history, farmers have always **set** some seeds **aside** from their crops **so that they can plant** them the following year.

_____

02 Now, **giant seed companies** such as Monsanto, DuPont, and Syngenta **have halted** this practice.

_____

03 They have created GM seeds **by modifying the seeds genetically**.

_____

04 These GM seeds grow very quickly and are resistant to pests, so farmers **prefer** them **to** their traditional seeds, which **are easily affected by** harmful insects.

_____

05 But the problem is that farmers **have to pay royalties** to use these seeds every year because the seed companies own the patents.

_____

06 Another problem is that the GM crops **produce lifeless seeds**, so even if you plant the seeds, they **don't sprout**.

_____

07 In India, poor cotton farmers **were in debt to** the giant seed companies.

_____

08 They couldn't pay their debts, so **hundreds of thousands of** farmers committed suicide.

_____

09 The tragedy of Indian farmers **made the world rethink** about GM crops.

_____

08 자신의 강점을 따르면 진로가 보인다

○ 다음 각 문장의 굵은 글자에 유의하여 해석하시오.

01 Sure, we've all heard the advice: "**Follow your passion.**"

_____

02 It's great **when** you **hit the jackpot** and find a career that **melds your strengths and passions**, and **where there is demand** in the highly competitive global marketplace of today.

_____

03 But if your goal is **to get a job** at the end of the rainbow, you must **distinguish between** your major, your passions, your strengths, and your career path.

_____

04 Studies show that the best career choices tend to **be grounded in things you're good at**, more so than your interests and passions.

_____

05 Ideally, you want to **find a convergence** of your strengths and your values **with** a career path that is in demand.

_____

06 Your strengths are **your core, your hard-wired assets**.

_____

A 다음 영어 단어나 표현의 우리말 뜻을 쓰시오.

01 decade _____

02 one-sided _____

03 determine _____

04 abundance _____

05 end up -ing _____

06 motive _____

07 fancy _____

08 provoke _____

09 reconstruct _____

10 get nowhere _____

11 influential _____

12 civilian _____

13 be bound to _____

14 persuade _____

15 thrifty _____

16 distortion _____

17 contrary to _____

18 generation _____

19 view A as B _____

20 immediate _____

B 다음 우리말에 해당하는 영어 단어나 표현을 쓰시오.

01 변경하다, 달라지다 _____

02 (소중한 것을) 놓치다 _____

03 현대의 _____

04 (상황에) 직면하다 _____

05 시대, 시기 _____

06 우선순위 _____

07 취하다, 선택하다 _____

08 반역자, 배반자 _____

09 결코, 도저히 ~아닌 _____

10 비만 _____

11 ~의 줄임말이다 _____

12 ~을 탓하다 _____

13 사라지다 _____

14 진화 _____

15 범죄자 _____

16 소중히 여기다 _____

17 재해석하다 _____

18 기능 _____

19 유전자 _____

20 논쟁, 언쟁 _____

○ 다음 각 문장의 굵은 글자에 유의하여 해석하시오.

01 In 1962, James Neel, a world-famous biologist, explained **how modern obesity is related to evolution**.

_____

02 According to him, obesity was essential to humans' survival in **primitive times when** food was not always available.

_____

03 As a result, they **evolved to develop** the "fat-saving genes," **which** stored fat in their bodies to prepare for times of food shortage.

_____

04 In the 21st century, however, food is now abundant, so the fat-saving genes are **no longer needed**.

_____

05 Still, these fat-saving genes, commonly **known as** thrifty genes, **continue to exist** and **work** within modern human bodies.

_____

06 **Compared to** 2 million years of human history of hunger and food shortage, **the last 100 years of food abundance** is too short.

_____

07 Therefore, the genes did not have **enough time to adapt** to this sudden change.

_____

정답 p.75

다음 각 문장의 굵은 글자에 유의하여 해석하시오.

01 YOLO **is short for** "You Only Live Once."

_____

02 They **spend money on things** that can bring immediate pleasure like sports, travel, fancy dinners or fashionable clothes.

_____

03 Many young adults **have difficulty finding** jobs even if they are highly educated.

_____

04 In addition, housing prices have risen sharply over the last decade, so young adults feel that buying a house **is simply not possible**.

_____

05 Therefore, **instead of wasting the best years of their lives saving** money just to secure a tiny living space, they prefer to **spend money on unique experiences** which give them immediate happiness.

_____

06 However, the YOLO way of living is criticized by the older generation, **who focused more on** financial freedom and future stability.

_____

07 They tried hard to save money **to the point that they ended up missing out** on many great experiences in life.

_____

08 People should choose **what** they believe **is the most important to them.**

_____

○ 다음 각 문장의 굵은 글자에 유의하여 해석하시오.

01 **Whoever wins the war** gets to write history.

_____

02 Winners decide **what is good or evil**.

_____

03 For this reason, history **is** often **full of** distortions and one-sided views.

_____

04 So-called historical facts **are determined by** the winner, so if the winner changes, the facts **may be completely altered**.

_____

05 For example, **if** Lincoln **had lost** the Civil War, he **would have been viewed** as a national traitor.

_____

06 If Japan **had won** World War II, many American officers **would have been considered** war criminals for killing hundreds of thousands of Japanese civilians with atomic bombs.

_____

07 Sometimes people who win in one era would lose in another **and vice versa**.

_____

08 Therefore, history **is bound to** be continuously reconstructed and reinterpreted by all sorts of people with different motives.

_____

12 설득이 필요하니? 감정 뇌에게 말해 봐!

○ 다음 각 문장의 굵은 글자에 유의하여 해석하시오.

01 The emotional brain, **called** the limbic brain, **is responsible for** your feelings, such as anger, fear, or love.

_____

02 The thinking brain, **called** the neocortex, **is responsible for** logic, reason, imagination, and language.

_____

03 The emotional brain is **much more powerful and influential than** the thinking brain; the emotional brain is like a ruler and the thinking brain like subject.

_____

04 If you just appeal to their thinking brain, you **will likely get nowhere**.

_____

05 Using logic only may **help you win** the argument, but it may hurt their pride and provoke their emotional brain.

_____

06 When their emotional brain takes over, it paralyzes their thinking brain, **the area that** is responsible for logical thinking.

_____

07 Therefore, when you want to persuade someone, **try expressing** your thoughts and feelings calmly instead of **relying on** logical reasoning alone.

_____

08 If you don't criticize them or provoke their emotional brain, you **have a better chance of** changing their mind.

_____

A 다음 영어 단어나 표현의 우리말 뜻을 쓰시오.

01 motivational _____

02 achievement _____

03 in the long run _____

04 limited _____

05 claim _____

06 resident _____

07 hollow _____

08 nurture _____

09 in return for _____

10 host _____

11 surround _____

12 hold out _____

13 starvation _____

14 spare _____

15 statue _____

16 recall _____

17 bet _____

18 category _____

19 instance _____

20 sufficient _____

B 다음 우리말에 해당하는 영어 단어나 표현을 쓰시오.

01 태도 _____

02 분야, 영역 _____

03 자신감, 확신 _____

04 결국, 마침내 _____

05 길, 경로 _____

06 가시 _____

07 ～와 비교하여 _____

08 결론짓다 _____

09 적 _____

10 맹렬히 _____

11 항복하다 _____

12 제안 _____

13 귀족; 귀족의 _____

14 처형하다 _____

15 기리다; 영예, 영광 _____

16 정리해두다 _____

17 반드시, 꼭 _____

18 경쟁자, 라이벌 _____

19 갈고리, (낚시) 바늘 _____

20 저장 창고 _____

○ 다음 각 문장의 굵은 글자에 유의하여 해석하시오.

01 If you open any motivational book, you will hear all about **the wonderful powers you possess and the amazing achievements you are capable of**.

_____

02 **It** is true **that you must believe in yourself**.

_____

03 But an exaggerated sense of your capabilities is **no more** valuable in the long run **than** a limited sense of them.

_____

04 You should not **try to convince yourself** you are super-human.

_____

05 You will **push** yourself **to** failure **by** claiming too many strengths.

_____

06 Such an attitude will ultimately weaken your confidence **even in the areas that** you do excel in.

_____

07 Remember **that** your best confidence **is based on** a realistic evaluation of your abilities, and it **highlights** the path to all your dreams.

_____

14 아카시아와 개미의 공생

● 정답 p.76

○ 다음 각 문장의 굵은 글자에 유의하여 해석하시오.

01 In nature, plants and animals **depend on** each other **for the things they need to stay alive**.

02 One good example **can be found** in the **relationship between** acacia trees **and** their resident ants.

03 The ants eat **the nectar produced from** the tree's trunk and leaves.

04 So what does the tree **expect from** the ants **in return for** this special present?

05 The ants are very aggressive **against** all other insects **regardless of** its size.

06 So when 'enemy' insects attack or invade the tree, the ants **climb down** the trunk **and bite** them fiercely.

07 Studies have shown that acacia trees without any resident ants **suffer more from** attacks by harmful insects **compared with** trees **hosting the ants**.

08 Researchers have **concluded that** the ants are like loyal fighters **hired by** their house owners.

○ 다음 각 문장의 굵은 글자에 유의하여 해석하시오.

01 In 1346, Edward III, the King of England, **surrounded** the French city of Calais **with** his army.

_____

02 However, they **could not get through** the English army, and starvation eventually **forced them to surrender**.

_____

03 The king **offered to** spare the people of the city if six of its leaders would **surrender themselves** to him, presumably **to be executed**.

_____

04 The king **demanded that they walk** out **wearing** ropes around their necks and **carrying** the keys to the city and castle.

_____

05 The nobles expected **to be executed**, but their lives **were spared by** the intervention of England's Queen, Philippa.

_____

06 She **persuaded** her husband **to show** mercy, **claiming** that their deaths would be bad luck for her unborn child.

_____

07 Five hundred years later, the citizens of Calais **decided to erect** a statue of the nobles **to honor them**.

_____

16 기억을 꺼내는 실마리

○ 다음 각 문장의 굵은 글자에 유의하여 해석하시오.

01 **How many** of the lunches that you ate over the last week **can you recall**?

_____

02 Do you remember **what you ate** today?

_____

03 I bet **it takes a moment's effort**.

_____

04 **If provided** with the right cue, like where you ate it, or whom you ate it with, **you would likely recall** what had been on your plate.

_____

05 It's difficult **to remember last week's lunch** because your brain has filed it away with **all the other lunches you've ever eaten** as just another lunch.

_____

06 When we **try to recall** something **from** a category that includes **as many instances as** "lunch" or "wine," many memories compete for our attention.

_____

07 The memory of last Wednesday's lunch **isn't necessarily** gone; it's that you lack **the right hook to pull it out of a sea** of lunchtime memories.

_____

A 다음 영어 단어나 표현의 우리말 뜻을 쓰시오.

01 flood

02 trigger

03 mere

04 revive

05 whereas

06 crawl

07 work one's way back to

08 perhaps

09 fortune

10 passive

11 warn

12 surrender

13 emit

14 marvelous

15 turn to

16 get rid of

17 caution

18 pedestrian

19 turn out

20 reasonable

B 다음 우리말에 해당하는 영어 단어나 표현을 쓰시오.

01 자료, 소재

02 수행하다, 실시하다

03 (기억의) 인출; 복구

04 ~와 함께, 더불어

05 보기; 목격; 일견

06 전체의

07 결심하다

08 갇힌, 끼인

09 망설임, 주저함

10 비관적인

11 차지하다

12 (식물의) 뿌리

13 (식물의) 줄기, 대

14 방법

15 신호, 통신

16 방심하지 않는

17 상당히, 크게

18 무모한; 위험한

19 예상과는 반대로

20 부족, 결핍

O 다음 각 문장의 굵은 글자에 유의하여 해석하시오.

01 When you revisit some **place where** you spent part of your earlier life, old memories **tend to come** flooding back, **triggered by** the mere sight of a street or a building that you **may not have seen** for many years.

_____

02 Even a smell or a taste can **help to revive** memories from the past.

_____

03 In one experiment, American psychologists **tested** the recall of **two groups of children who had learned** the same test material in the same room.

_____

04 However, for the retrieval test one group returned to **the room where they had carried out the learning, whereas** the other group were tested in a different room.

_____

05 It was found that **the group whose learning and retrieval took place in the same room** showed better retrieval than those who were tested in a different room.

_____

06 It's because our brain **saves** information **along with** its surrounding environment.

_____

18 요행만 바라는 바닷가재

○ 다음 각 문장의 굵은 글자에 유의하여 해석하시오.

01 If a lobster is left high and dry among the rocks, it does **not** work its way back to the sea, **but** waits for the sea to come to itself

_____

02 Sometimes it moves a few inches toward the water but it crawls back again, seemingly in doubt about **whether to go** into the water **or to continue** to wait.

_____

03 It **never seems able to decide** just what to do, and it **spends** its entire life **waiting and trying** to make up its mind.

_____

04 If the wave does not come, the lobster **remains where it is and dies**.

_____

05 **Although** the slightest effort would **enable it to reach** the waves, which are perhaps within a yard of it, the lobster doesn't move at all.

_____

06 Unfortunately, the world is filled with **human lobsters: people who are stuck on the rocks** of indecision and procrastination.

_____

07 They are just **waiting for good fortune** to set them afloat **instead of taking a risk**.

_____

정답 p.77

○ 다음 각 문장의 굵은 글자에 유의하여 해석하시오.

01 Bees perform special dances **to tell other bees where flowers are**. Fireflies use flashes of light **to attract mates**.

_____

02 Now scientists have discovered another way insects communicate: the "plant telephone," **which is used by plant-eating insects only**.

_____

03 The ant needs to warn the caterpillar: "This plant **is occupied**. Stay away from it and go find your own plant!"

_____

04 **Since they cannot see** each other, **they cannot communicate** by dancing or flashing lights

_____

05 If the ant emits warning signals, they **travel through** the roots, stem, branches, and **into** the leaves, much like a telephone message.

_____

06 **When** the caterpillar receives this message, it leaves the plant right away **because** the caterpillar doesn't want to share the same plant.

_____

07 **How marvelous it is that** insects can send messages to each other by using plants as a telephone!

_____

20 위험의 역설

○ 다음 각 문장의 굵은 글자에 유의하여 해석하시오.

01 **Which airport has fewer accidents**: an "easy" one that is flat, with good visibility and weather conditions, **or** a "dangerous" one with hills, strong wind, and difficult entry points?

02 Pilots report that the clear, smooth conditions **make them feel** like they don't have to take extra caution.

03 The same principle about safety **applies to** street traffic.

04 The Dutch government **made the streets seem** more dangerous.

05 They **got rid of** all traffic safety features: **no more** traffic lights, stop signs, pedestrian crossings, or special bike paths.

06 Drivers became extra careful **due to the lack of** traffic safety measures.

07 **Thanks to this**, the number of accidents decreased significantly **compared to** before.

08 **Since the experiment was such a big success**, other cities like London and Berlin started to apply the same method to their streets.

A 다음 영어 단어나 표현의 우리말 뜻을 쓰시오.

01 block

02 channel

03 common sense

04 accomplish

05 examine

06 spit out

07 build up

08 defend

09 mimic

10 horrible

11 prosperous

12 tear down

13 construct

14 all through

15 permission

16 come along

17 landscape

18 challenge

19 native to

20 in place of

B 다음 우리말에 해당하는 영어 단어나 표현을 쓰시오.

01 지혜, 현명함

02 직면하다, 맞서다

03 느긋한, 여유 있는

04 ~을 놓아주다

05 스트레스 없는

06 포식자

07 진화하다

08 대가, 장인

09 특징, 기능

10 독이 있는

11 해고하다; 불

12 장래성, 전망

13 조각하다

14 외향적인 사람

15 진지하게, 진심으로

16 사진술

17 대체로

18 모방하다

19 묘사, 표현

20 권위

○ 다음 각 문장의 굵은 글자에 유의하여 해석하시오.

01 **If** we continually **struggle** with a problem, we **block** our channel of wisdom and common sense.

_____

02 Most people **seem to think** that focusing sharply on a problem for a long time is the best way to solve it.

_____

03 In fact, **all this usually accomplishes** is the creation of a lot of stress.

_____

04 Our minds have much more **ability to solve** problems if they are relaxed and stress-free.

_____

05 **To effectively solve** a current problem, we need to **distance ourselves from it**.

_____

06 **Whenever** anything is too close to us, **it** is difficult **to see with clear eyes**.

_____

07 **As** we let go of the problem, **the answer we couldn't see before** will present itself.

_____

22 나비들의 생존 방법

○ 다음 각 문장의 굵은 글자에 유의하여 해석하시오.

01 Monarch butterfly **is known to** build up toxic substances in its body **to defend itself** against predators.

_____

02 **Any bird that once tried to eat the monarch butterfly in the past** will never attack the same species again because it remembers the terrible toxic taste.

_____

03 Interestingly, there are butterflies **that mimic monarch butterflies** to avoid predators.

_____

04 Viceroy butterflies **copy** the monarch butterfly's **bright orange and black colors**.

_____

05 **It was once thought** that the viceroy **evolved to** mimic just the color of the monarch.

_____

06 However, **more recent research has shown that** the viceroy also tastes horrible to predators.

_____

07 **Thanks to** these features, viceroy butterflies are less likely **to be eaten** by predators which have experienced toxic monarch butterflies.

_____

○ 다음 각 문장의 굵은 글자에 유의하여 해석하시오.

01 One spring, in 1847, a boy appeared at the prosperous farm of **a man named** Worthy Taylor.

---

02 Taylor didn't know anything about the boy, but because he **had recently fired** a worker and was **in need of a replacement**, Taylor **hired** the boy.

---

03 He **kept very much to himself**.

---

04 At last Jim gathered his courage and earnestly **asked Mr. Taylor for permission to** marry his daughter.

---

05 He thought that **a boy like Jim with no future prospects** didn't deserve to be his son-in-law.

---

06 About thirty years later, Taylor was tearing down his old barn **in order to construct** a new **one**.

---

07 On one of the old wooden beams **above the place where Jim used to sleep**, Taylor **noticed his name carved** onto the wood with a knife, James A. Garfield.

---

24 카메라의 '인상적인' 등장

○ 다음 각 문장의 굵은 글자에 유의하여 해석하시오.

01 When photography **came along** in the nineteenth century, painting **was put in crisis.**

_____

02 The photograph, it seemed, did the work of imitating nature **better than** the painter ever **could.**

_____

03 Some painters **made practical use of** the invention.

_____

04 There were **Impressionist painters who** used a photograph **in place of** the model or landscape they were painting.

_____

05 The photograph **was a challenge to painting** and **was one cause of painting's moving away from** direct representation and reproduction **to** the abstract painting.

_____

06 Painters were freed **to look** inward and **represent** things as they were in their imagination, **rendering** emotion in the color, volume, line, and spatial configurations native to the painter's art.

_____

정답 p.79

A 다음 영어 단어나 표현의 우리말 뜻을 쓰시오.

01 struggle _____

02 strategy _____

03 sensory _____

04 introvert _____

05 adopt _____

06 mediation _____

07 mate _____

08 species _____

09 similarity _____

10 extrovert _____

11 repetition _____

12 exclusively _____

13 assimilate _____

14 employee _____

15 foster parent _____

16 clear of _____

17 take away _____

18 come up with _____

19 chop off _____

20 deep breathing _____

B 다음 우리말에 해당하는 영어 단어나 표현을 쓰시오.

01 반대의, 역으로 된 _____

02 결합하다 _____

03 잠재적인 _____

04 최소화하다 _____

05 생산성 _____

06 차지하다, 점유하다 _____

07 알을 낳다; 두다; 예금하다 _____

08 영감 _____

09 보완하다 _____

10 닮다, 비슷하다 _____

11 성격 _____

12 높이다, 북돋우다 _____

13 경쟁자; 경쟁 _____

14 비자발적인, 본의 아닌 _____

15 시각화 _____

16 목격하다 _____

17 갑자기 _____

18 역할을 하다 _____

19 ～로 악명 높다 _____

20 ～이 떨어지다 _____

정답 p.79

○ 다음 각 문장의 굵은 글자에 유의하여 해석하시오.

01 Our brain cells **communicate with** each other by electric waves.

_____

02 One of the brain waves **that receives people's special attention** is alpha waves.

_____

03 If your brain is in a state of alpha waves, your sensory inputs from outside are minimized, and your brain **is clear of** unwanted thoughts and anxiety, so you feel calm and relaxed.

_____

04 **Since** the facts stored in your brain are actively combined and assimilated in this state of mind, you **are able to come up with** a creative idea or inspiration.

_____

05 **Some** people do it with meditation or yoga. **Others** achieve it by doing relaxation exercises, especially stretching and deep breathing.

_____

06 **Next time** you run out of creative ideas, **try doing** a simple exercise and **listening** to soothing music.

_____

07 Maybe alpha brain waves may work to **pop up** a good answer!

_____

○ 다음 각 문장의 굵은 글자에 유의하여 해석하시오.

01 **Have you ever had** a moment when you look at someone and **all of a sudden** feel like electricity is **running through** every part of your body?

_____

02 Chemistry **plays an important role** in love, but chemistry alone is **not enough to** get people to achieve a long-lasting love.

_____

03 The first is **how often we see a person**.

_____

04 **The more** we see someone, **the more** we become attracted to that person.

_____

05 The second is **how many interests we share**.

_____

06 If someone has the same hobbies as we do, we **are more likely to** fall in love with that person.

_____

07 The third factor is **how well a person's personality complements our own**.

_____

08 Dr. Hobart says that if a potential mate scores high in these three categories, there is a good **chance of** falling in love.

_____

○ 다음 각 문장의 굵은 글자에 유의하여 해석하시오.

01 The European cuckoo **is notorious for** the habit of depositing its eggs in the nests of other birds and leaving the work of childcare to the involuntary host.

_____

02 The cuckoo chooses a nest **whose owner** has just started laying eggs, **takes away** one of their eggs and lays her own in place of the egg.

_____

03 It even lays eggs that resemble **those** of its host to **make sure** its eggs are treated like **those** of the foster parent.

_____

04 This egg hatches a little earlier than the other eggs of the nest owner, and eliminates competition by pushing the rest of the host's eggs out of the nest, **so that** the parasite **can** exclusively occupy the whole nest.

_____

05 This strategy, **known as brood parasitism**, is not limited to certain cuckoos.

_____

06 Nearly 80 others, including some ducks, cowbirds, and honeyguides, **lay eggs** in the nests of other species.

_____

○ 다음 각 문장의 굵은 글자에 유의하여 해석하시오.

01 In 1913, however, it was struggling **because of low productivity**.

_____

02 **Since** one worker had to put all of the car parts together, **it took a long time to** produce a car.

_____

03 There were butchers waiting along the conveyor belt, each responsible for **chopping off** a particular body part.

_____

04 So **as** the conveyor belt continued to move, the butchers cut off the body parts of the animals **one by one until** there was nothing left.

_____

05 **As** the Ford employee watched this long process, he suddenly thought of a great idea.

_____

06 He took this idea to the Ford managers, **who decided to adopt it**.

_____

07 Ford's assembly line is a great example of invention by analogy, **or** finding similarities between two different things.

_____

08 **As** Thomas Edison once said, one of the most important qualities of an inventor is a logical mind that sees analogies.

_____

A 다음 영어 단어나 표현의 우리말 뜻을 쓰시오.

01 migrate _____

02 approach _____

03 capacity _____

04 neutralize _____

05 altogether _____

06 rarely _____

07 adaptive _____

08 negative _____

09 biological _____

10 immunity _____

11 electron _____

12 enhance _____

13 womb _____

14 eventually _____

15 obese _____

16 community _____

17 a range of _____

18 success rate _____

19 on a regular basis _____

20 not A so much as B _____

B 다음 우리말에 해당하는 영어 단어나 표현을 쓰시오.

01 유지하다 _____

02 행동 _____

03 해로운, 유해한 _____

04 구성 요소; 구성 _____

05 무리, 떼 _____

06 관점, 시각 _____

07 실내에서 _____

08 수컷, 남성; 수컷의 _____

09 개선하다, 향상시키다 _____

10 양전자의; 긍정적인 _____

11 결함, 단점 _____

12 안정되지 않은 _____

13 재능, 재주 _____

14 극대화하다 _____

15 만들어내다; 일으키다 _____

16 A에서 B를 제거하다 _____

17 축적되다, 쌓아 올리다 _____

18 A와 B를 구별하다 _____

19 A를 B로 옮기다 _____

20 ～에게 영향을 미치다 _____

○ 다음 각 문장의 굵은 글자에 유의하여 해석하시오.

01 They **rarely** touch soil or plants.

_____

02 This lifestyle **has** harmful **effects on** us.

_____

03 Our bodies produce a lot of harmful electrons **during their metabolic processes**.

_____

04 However, there is a good way to **prevent** harmful electrons **from** building up.

_____

05 By "earthing," or touching soil, we can **transfer** the harmful electrons in our body **to** the earth.

_____

06 If they meet negative(-) electrons in the earth, they **neutralize each other**.

_____

07 **Try walking** outside barefoot, or **spending** some time **sitting** on the soil.

_____

08 If you do this **on a regular basis**, you can **clear** your body **of** harmful electrons and become healthier.

_____

● 정답 p.80

○ 다음 각 문장의 굵은 글자에 유의하여 해석하시오.

01 For elephants and lions, when males **approach** their breeding age, they **leave** their herds.

_____

02 They leave their family group **to search for** a new living community.

_____

03 From a biological viewpoint, it is an adaptive behavioral pattern **to minimize inbreeding**, which is the mating of animals from the same family.

_____

04 Biologists say that inbreeding **is more likely to** produce offspring with physical defects.

_____

05 On the other hand, if the animals mate outside of their community, they will **have a better chance of** producing healthier and stronger offspring

_____

06 **Although** males leave their herd at their breeding age, they **don't** leave family life **altogether**.

_____

07 Instead, some of them might **move off** and join another family or move from family to family.

_____

○ 다음 각 문장의 굵은 글자에 유의하여 해석하시오.

01 According to biologists, there are **billions of** bacteria inside your gut.

_____

02 They **play an important role** in maintaining your bodily functions and health.

_____

03 Different bacterial species have different tastes; **some** prefer sugar and meat, and **others** love fruits and vegetables.

_____

04 The bacteria in your gut were formed **while** you were in your mother's womb.

_____

05 However, they can change **depending on** your lifestyle.

_____

06 So, the gut bacterial composition of obese people **differs from that of** slender people.

_____

07 **At first** your bacteria control your diet, but **later** your diet controls your gut bacteria.

_____

정답 p.80

○ 다음 각 문장의 굵은 글자에 유의하여 해석하시오.

01 One unspoken truth about creativity – it **isn't** about wild talent **so much as** it is about productivity.

_____

02 To find a few ideas that work, you **need to try a lot that don't**.

_____

03 Geniuses **don't necessarily** have a higher **success rate** than other creators; they simply do more — and they do **a range of** different things.

_____

04 That **goes for** teams and companies too.

_____

05 **It's impossible to generate** a lot of good ideas **without** also generating a lot of bad ideas.

_____

06 The thing about creativity is that at the outset, you can't tell **which ideas will succeed and which will fail**.

_____

07 So the only thing you can do is try to fail faster **so that you can move** onto the next idea.

_____

A 다음 영어 단어나 표현의 우리말 뜻을 쓰시오.

01 confirm

02 capable

03 performance

04 suspicion

05 guarantee

06 poorly

07 benefit

08 apparently

09 faulty

10 trustworthy

11 existence

12 claim

13 transaction

14 revolutionize

15 device

16 be exposed to

17 turn to A for B

18 conduct a study

19 receive credit

20 no less ... than ~

B 다음 우리말에 해당하는 영어 단어나 표현을 쓰시오.

01 증인

02 실수하다; 실수

03 후원하다; 후원사

04 투명한

05 평가하다

06 매수하다, 뇌물을 주다

07 대표하다

08 질문을 제시하다

09 왜곡하다

10 기여하다, 도움이 되다

11 광고하다, 선전하다

12 장점, 좋은 점

13 피실험자; 주제; 과목

14 뛰어난, 우수한

15 통찰력

16 ~의 면에서

17 거래를 하다

18 아무리 ~해도

19 확실하게 하다

20 ~을 생각해 내다

실험에 숨겨진 함정을 조심하라

정답 p.81

○ 다음 각 문장의 굵은 글자에 유의하여 해석하시오.

01 Every day **you are exposed to claims based on** "studies" and "research."

_____

02 In evaluating such claims, there are **two important questions to ask**: Who sponsored the research? Does the sample properly represent the target population?

_____

03 The first question is important because sponsors have **ways of distorting**, or at least **influencing**, results.

_____

04 A study that claims to prove the benefits of milk-drinking should **be regarded with some suspicion** if the research was sponsored by a milk company.

_____

05 **No less important than who sponsored** is the choice of samples used in a research.

_____

06 If the claim is based on samples that cannot represent the whole target population, it is likely to be faulty **no matter how many cases were studied**.

_____

○ 다음 각 문장의 굵은 글자에 유의하여 해석하시오.

01 Subjects of a study were asked to listen to tapes of **college students who participated in** the television show, *College Quiz Bowl*.

_____

02 They listened to a student, **who was described as highly capable**, answer almost all the difficult questions posed.

_____

03 After hearing the tapes, the two students **were rated in terms of likability**.

_____

04 The student who gave an outstanding performance and answered nearly every question correctly **was liked significantly more than** the student who performed more poorly.

_____

05 Another study was conducted again; this time both students were highly capable, but one blundered **while** the other didn't.

_____

06 It was found that the capable student who occasionally made mistakes **was considered even more likable than** the capable student who never blundered.

_____

07 Apparently, making minor blunders **served to humanize** the brainy student and so made him more likable.

_____

35 블록체인: 거래를 지켜보는 수많은 눈

○ 다음 각 문장의 굵은 글자에 유의하여 해석하시오.

01 When you lend your friend money, what do you do to **make sure** you get it back?

_____

02 Maybe you would **ask someone to** be the witness.

_____

03 Later if you ask your friend to pay you back, he may **act as if** he doesn't know what you're talking about.

_____

04 He may say that he **doesn't know anything about** the transaction.

_____

05 The new technology is **blockchain, which** eliminates transaction risks like this.

_____

06 **Once** you **make a deal** over blockchain, this data gets shared to millions of online networks all over the world.

_____

07 If you only have one witness **while making a deal with your friend**, he can be bribed easily.

_____

08 **With** such a risk-free factor, blockchain **is expected to** make our society more transparent and trustworthy.

_____

○ 다음 각 문장의 굵은 글자에 유의하여 해석하시오.

01 Who **gives scientists the inspiration** for great scientific discoveries?

_____

02 But the fathers of modern science—Newton, Gilbert, and many other scientists— **were wise enough to turn to** these common men for new insights.

_____

03 Some believe that Newton **came up with** his Second Law of Motion by observing workers using these devices.

_____

04 Gilbert similarly **receives credit for** an idea that wasn't his.

_____

05 An unknown sailor **suggested** the existence of magnetic poles at the top and bottom of the Earth.

_____

06 Gilbert heard this suggestion and **made it the basis of** his research on magnetism.

_____

07 But few of us know that **only with the help of common workers were they** able to revolutionize the scientific world.

_____

정답 p.82

A 다음 영어 단어나 표현의 우리말 뜻을 쓰시오.

01 organism _____

02 consumption _____

03 prospect _____

04 cultured _____

05 purpose _____

06 nutrient _____

07 launch _____

08 quality _____

09 remove A from B _____

10 appetite _____

11 rush _____

12 flock _____

13 lie in _____

14 shortage _____

15 extract _____

16 substantial _____

17 evidence _____

18 process _____

19 exceed _____

20 in need _____

B 다음 우리말에 해당하는 영어 단어나 표현을 쓰시오.

01 (~의) 양; 용량 _____

02 포함하다 _____

03 대체하다 _____

04 필요로 하다, 요구하다 _____

05 ~을 모방하다 _____

06 환경 친화적인 _____

07 소화시키다 _____

08 병, 질병 _____

09 필수적인, 필요한 _____

10 포함하다 _____

11 큰, 거대한 _____

12 수요(량); 요구 _____

13 가두다; 덫으로 잡다 _____

14 다 써버리다, 동나다 _____

15 지속되다; 마지막의 _____

16 액수; 양 _____

17 자선 단체, 구호 단체 _____

18 긍정적인 _____

19 기부, 기증 _____

20 곰곰이 생각하다 _____

정답 p.82

○ 다음 각 문장의 굵은 글자에 유의하여 해석하시오.

01 This type of meat, **which is referred to as** "cultured" meat, is grown in a lab.

_____

02 First, you cut out a small piece of tissue from an animal.

_____

03 You then place the tissue in a cultivator **that mimics the inside of a living organism**.

_____

04 You **provide** the cells **with** warmth, oxygen, sugars, salts, and proteins, and cultured meat eventually grows **big enough to eat**.

_____

05 According to scientists, cultured meat would require about **40 % less energy** to produce **than** the same volume of pork or beef.

_____

06 Since people's eating habits don't change so quickly, **it will probably be a while before** cultured meat becomes a common menu item.

_____

07 Nevertheless, **the demand for** cultured meat is expected to increase gradually since **the supply for** real meat will soon become unable to satisfy the growing meat consumption.

_____

알록달록한 음식들, 눈과 마음이 즐거워져요!

● 정답 p.82

○ 다음 각 문장의 굵은 글자에 유의하여 해석하시오.

01 The National Cancer Institute **has launched** a campaign **called** "Enjoy the Spectrum."

_____

02 Its purpose is **to encourage people to eat** fruits and vegetables of many different colors.

_____

03 When our body digests food, it **produces** a harmful waste substance called "free radicals."

_____

04 If our body **cannot remove free radicals** efficiently, they can harm our cells and affect our body functions; they can even cause cancer.

_____

05 **By eating** colorful fruits and vegetables you can easily **remove** these freeradicals from your bodies.

_____

06 For example, red fruits and vegetables contain a powerful substance that **helps reduce** the risk of cancer and heart disease.

_____

07 **Think of** your dinner plate **as** an artist's palette.

_____

08 **The more** colors you see, **the healthier** the dish is.

_____

○ 다음 각 문장의 굵은 글자에 유의하여 해석하시오.

01 A lot of companies are flocking to Pennsylvania, **where** shale gas and oil **have been discovered**.

_____

02 Shale gas and oil are natural energy that is buried in **a kind of rock called** "shale."

_____

03 Luckily, the amount of **shale gas and oil buried in the US** is **large enough to last** 100 years.

_____

04 The problem **lies in the extraction process of** shale gas.

_____

05 To extract the gas and oil, people use a **drilling method called "fracking."**

_____

06 In this process of fracking, they drill until they reach **the shale trapped deep in the earth**.

_____

07 Then they put pressure on the rock using a large amount of water **in order to break** it and **release** the gas and oil.

_____

08 This **causes** water shortage and can even **cause** earthquakes near the shale energy mines.

_____

40 기부와 선행의 새로운 패러다임

○ 다음 각 문장의 굵은 글자에 유의하여 해석하시오.

01 Psychologists who study giving behavior have noticed that **some people** give substantial amounts to one or two charities, **while others** give small amounts to many charities.

_____

02 Those who donate to one or two charities seek evidence about **what** the charity is doing and **whether** it is really having a positive impact.

_____

03 If the evidence **indicates that** the charity is really helping others, they make a substantial donation.

_____

04 Those who give small amounts to many charities are not so interested in **whether** what they are doing helps others.

_____

05 Knowing that they are giving makes them feel good, **regardless of** the impact of their donation.

_____

06 In many cases the donation is **so** small **that** if they **stopped to think**, they would realize that the cost of processing the donation is likely to exceed any benefit it brings to the charity.

_____

visang

PICK 하면 레벨이 달라진다

기출에 나오는 핵심 영단어만 PICK하다!

- 핵심 기출 단어만 뽑아 담은 어휘 학습서
- 엄선된 기출 예문이 적용된 학습서
- N회독 없이도 반복 학습 효과가 있는 학습서
- 각자의 학습 패턴에 따라 학습 활동을 선택해 암기하는 학습서

중등수능   기본, 실력, 고난도

고등   고등 필수, 수능 기출, 수능 고난도

리·더·스·뱅·크   흥미롭고 유익한 지문으로 독해의 자신감을 키워줍니다.

대표전화 1544-0554
주소 서울특별시 구로구 디지털로33길 48 대륭포스트타워 7차 20층
협의 없는 무단 복제는 법으로 금지되어 있습니다.

베로나(이탈리아)

브레네르 고개를 넘는 도로와 철도가 이탈리아 북부의 평야에 들어서는 곳에 위치해 있으며, 예로부터 교통의 요지, 상업의 중심지로 발달하였다. 이곳은 로마 시대에 만들어진 원형 극장, 마조레 성당, 아디제강(江)의 다리 등으로 유명하다. 오늘날은 중요한 곡물 시장이며, 기계, 제지, 인쇄 등의 공업 중심지이기도 하다.

비상 누리집에서 더 많은 정보를 확인해 보세요.
http://book.visang.com/

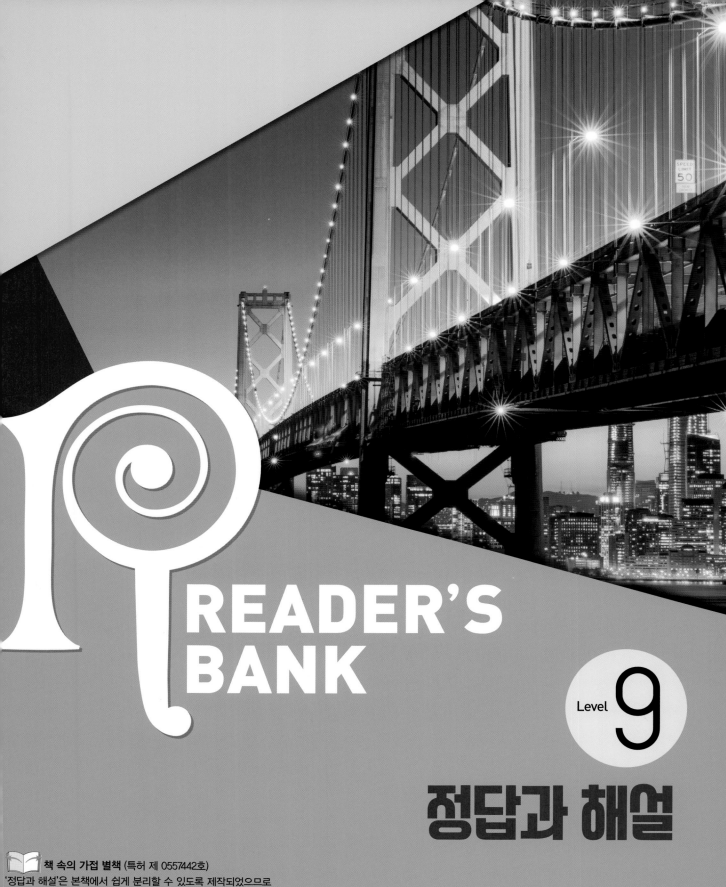

READER'S BANK

Level **9**

정답과 해설

visang

ABOVE IMAGINATION

우리는 남다른 상상과 혁신으로
교육 문화의 새로운 전형을 만들어
모든 이의 행복한 경험과 성장에 기여한다

READER'S BANK CHALLENGE

Level **9**

정답과 해설

01   app에 의존하는 세대   pp. 12~13

문제 정답 | **1** ④   **2** ②   **3** (1) T (2) T (3) F   **4** addiction

문제 해설

1 젊은 사람들은 장소나 친구를 찾을 때 앱을 이용하는 등 모든 생활에 있어 앱 의존도가 높아졌는데, 이로 인해 여러 문제점이 생기고 있다는 내용으로, ④ '앱 세대의 특징과 문제점'이 글의 주제로 적절하다.
① 휴대폰 앱 기술을 이용하는 데서 오는 이점
② 앱 기술이 일상생활에 끼치는 영향
③ 젊은 사람들이 앱에 의존하는 이유
⑤ 젊은 세대가 자신들의 잠재력을 발달시킬 수 있는 방법

2 즉각적으로 결과를 제공해 주는 앱에 익숙해져서 생활의 모든 면이 빠르고 손쉽기를 바란다는 내용이 뒤따르는 것으로 보아, 앱 의존도의 증가로 인해 ② '그들은 점점 더 참을성이 없어지고 있다'가 적절하다.
① 효과적으로 일하는 것을 막다
③ 심각한 육체적 건강 문제로 이어진다
④ 그들이 만사에 지나치게 낙관하게 하다
⑤ 그들이 학습에 집중하지 못하도록 기를 꺾다

3 (1) 3행의 If they want to find a friend, they go on Instagram or Facebook.으로 보아 (1)은 맞는 내용이다.
친구와 소통을 하기 위해서 그들은 소셜 네트워크 서비스(SNS)에 접속한다.
(2) 7행과 10행의 Being accustomed to using apps that give them prompt results ~, ~ they don't bother to come up with new ideas.로 보아 (2)는 맞는 내용이다.
그들은 새로운 아이디어를 생각하기보다는 앱으로 해결책을 제공받기를 원한다.
(3) 12행의 young people's addiction to app technology may limit their potential, ~로 보아 (3)은 틀린 내용이다.
그들은 앱 기술을 통하여 그들의 잠재력을 발달시킨다.

4 addiction: 중독
• 온라인 채팅은 인터넷 중독의 주요한 원인이다.
• 우리 도시에는 약물 중독의 문제가 커지고 있다.

본문 해석   요즘 젊은 사람들은 거의 모든 것을 앱에 의존하는 이른바 '앱 세대'에 속한다. 그들은 장소를 찾고 싶으면, 구글 지도를 사용한다. 친구를 찾고 싶으면 인스타그램이나 페이스북에 접속한다.
그러나 젊은 사람들의 앱에 대한 의존도가 증가함에 따라 많은 문제가 발생하고 있다. 먼저, 과도한 앱 사용으로 그들은 점점 더 참을성을 잃어가고 있다. 그들은 자신들에게 즉각적인 결과를 제공해 주는 앱을 사용하는 데 익숙해져서 삶의 모든 면을 빠르고 손쉽게 이용할 수 있을 거라고 기대한다. 그리고 그게 다가 아니다. 그들은 문제에 직면했을 때 새로운 아이디어를 생각해 내려고도 하지 않는다. 왜 그럴까? 그들에게는 단지 구글을 사용하여 아이디어를 찾는 것이 더 쉽기 때문이다.
교육자들은 젊은 사람들의 앱 기술에 대한 중독이 그들의 잠재력을 제한하여 스스로 생각할 수 없는 좀비와 같은 사람으로 바꿀 수 있음을 우려한다.

Today's young people belong / to the so-called "app generation" / ❶ **that** depends on apps / for almost
오늘날의 젊은이들은 속한다 / 이른바 '앱 세대'에 / 앱에 의존하는 / 거의 모든 것에

everything. / If they want to find a place, / they use Google Maps. / If they want to find a friend, / they go on
대해서 / 그들이 장소를 찾고 싶으면 / 그들은 구글 지도를 사용한다 / 만일 그들이 친구를 찾고 싶으면 / 그들은 인스타그램이나

Instagram or Facebook. /
페이스북에 접속한다 /

However, / young people's increasing dependency on apps / is causing many problems. / First of all, / the
그러나 / 젊은 사람들의 앱에 대해 증가하는 의존도는 / 많은 문제를 야기하고 있다 / 먼저 / 과도한

excessive use of apps / makes them more and more impatient. / ❷ **Being accustomed** to using apps / that give
앱 사용은 / 그들을 점점 참을성이 없게 만든다 / 앱을 사용하는 데 익숙해져서 / 그들에게

them prompt results, / they expect / every aspect of life / to be quick and readily available. / And that's not
즉각적인 결과를 제공해 주는 / 그들은 기대한다 / 삶의 모든 면을 / 빠르고 손쉽게 이용할 수 있을 거라고 / 그리고 그것이 전부가

all. / When they are faced with problems, / they don't bother to come up with new ideas, either. / Why? / For
아니다 / 그들은 문제에 직면했을 때 / 그들은 애써 새로운 아이디어를 생각해 내려고도 하지 않는다 / 왜 그런가? / 그들에게

them, / it's easier / to just use Google / to look them up. /
그들에게 / 더 쉽다 / 단지 구글을 사용하는 것이 / 그것들(정보들)을 찾기 위해 /

Educators are worried / ❸ **that** young people's addiction to app technology / may limit their potential, /
교육자들은 우려한다 / 젊은 사람들의 앱 기술에 대한 중독이 / 그들의 잠재력을 제한하여 /

turning them into zombie-like individuals / who can't think for themselves. /
그들을 좀비와 같은 사람으로 바꿀 수 있다고 / 스스로 생각할 수 없는 /

❶ 주격 관계대명사 that으로 문장에서 주어의 역할을 하기 때문에 뒤에 동사가 온다. 이 때 동사(depends)는 선행사(app generaion)의
수에 일치시킨다.

❷ 이유를 나타내는 분사구문으로 '~때문에, ~해서'의 의미이다. 「접속사 + 주어 + 동사」의 부사절로 바꿀 수 있다.
→ Because they are accustomed to using apps that give them prompt results, ~.

❸ 명사절을 이끄는 접속사 that으로 that이 이끄는 절은 목적어의 역할을 한다. that절은 주어와 보어로도 쓰일 수 있다.
ex. That the earth is round is true. 〈주어〉
(지구가 둥글다는 것은 사실이다.)
The main reason is that the food here is so delicious. 〈보어〉
(주요한 이유는 이곳의 음식이 정말 맛있다는 것이다.)

---

02 암세포가 응급처치 요원이라고? pp. 14~15

문제 정답 | **1** ③ **2** ④ **3** ④ **4** (A) toxic (B) rot (C) protect

문제 해설 **1** 일반적인 생각과는 달리 암세포로 환부의 부패를 막을 수 있다는 내용이므로, ③ '암: 살인자가 아닌 우리의 구원자'가 글의
제목으로 적절하다.
① 암이 치료되는 방법 　　② 왜 정상적인 세포가 죽는가?
④ 암의 발달 단계 　　⑤ 산소 없이 세포가 사는 방법

2 좋지 못한 생활 방식으로 산소를 공급받지 못하면 신체 일부가 부패하기 시작하고, 바로 이 부위가 암세포가 필요한 곳이
라는 내용으로 이어져야 하므로, ⓓ에 들어가는 것이 가장 적절하다.

3 13행의 They use the toxic materials to create the energy needed to keep the body tissues from rotting.에서 암세포는 신체 조직이 부패하려는 것을 막는 데 필요한 에너지를 만들기 위해 독성 물질을 사용한다고 했으므로 ④는 틀린 내용이다.

4 (A) 4~5행 참조 (B) 8~9행 참조 (C) 9~12행 참조

건강하지 못한 삶의 방식 때문에 (A) 독성 물질이 신체 조직 안에 쌓인다.

그 조직은 산소와 영양분을 받지 못하고 (B) 썩기 시작한다.

암 세포는 신체의 손상된 부분을 (C) 보호하기 위해 나타난다.

암은 왜 발생하는가? 독일의 의학 전문가인 Andrea Moritz(아드레아 모리츠)에 따르면, 암은 산성 식품이나 정크 푸드를 너무 많이 먹거나 규칙적으로 운동을 하지 않는 등 건강에 해로운 생활 방식으로 인해 발생한다. 우리가 이런 류의 생활 방식을 계속 유지한다면 독성 물질이 신체 조직에 축적되어 결국 신체의 혈류를 차단하게 된다. 이 경우 신체의 일부 조직은 산소와 영양분을 공급받을 수 없게 될 것이다. 산소가 공급되지 않으면 어떻게 될까? 신체의 정상 세포는 산소 없이는 생존할 수 없기 때문에 환부는 부패하기 시작할 것이다. <u>이것이 암이 우리를 구하러 오는 경우이다.</u> 방어기제로서, 정상적인 신체 세포는 산소가 없는 생활에 적응하기 위해 스스로를 변형시킬 것이다. 이 새로운 세포가 다름 아닌 바로 암세포이다.

그렇다면 암세포는 무엇을 하는가? 그것들은 독성 물질을 사용하여 신체 조직이 부패하는 것을 막기 위해 필요한 에너지를 생성한다. 이런 식으로 그 세포는 산소와 영양분이 공급되지 않는 손상된 신체 부위를 보호한다. 따라서 우리의 일반적인 믿음과는 달리 암은 응급 상황에서 우리를 구조하러 오는 응급처치 요원과 같다.

우리가 더 몸에 좋은 음식을 섭취하고, 운동을 더 자주 하기 시작하면, 우리의 신체 조직에는 독성 물질이 없을 것이다. 이로 인해 혈액 순환이 더 잘 되고, 산소와 영양분이 적절하게 공급될 것이다. 그러면 암세포는 더 이상 존재할 필요가 없다.

지문 풀이

Why do we develop cancer? / According to Andrea Moritz, / a German medical expert, / cancer is caused / by
암은 왜 발생하는가? / Andrea Moritz 에 따르면 / 독일 의학 전문가인 / 암은 발생한다 /

unhealthy lifestyle / such as eating acidic or junk food too much / and not exercising regularly. / If we
건강하지 않은 생활 방식에 의해 / 산성 식품이나 정크 푸드를 너무 많이 먹는 것과 같은 / 그리고 규칙적으로 운동을 하지 않는 것과 같은 / 우리가

continue with this kind of lifestyle, / toxic materials will build up in the body tissues, / and eventually block
이런 생활 방식을 계속한다면 / 독성 물질이 신체 조직에 축적될 것이다 / 그리고 결국 신체의 혈류를 막게 될

the blood flow in the body. / In this case, / some tissues in the body / ❶ **will not be able to** receive oxygen
것이다 / 이런 경우에 / 신체의 일부 조직은 / 산소와 영양분을 공급받을 수 없게 될 것이다 /

and nutrients. / What happens / if oxygen is not supplied? / The ❷ **affected** parts will start to rot / because
무슨 일이 일어나는가 / 만약 산소가 공급되지 않으면? / 그 환부는 썩기 시작할 것이다 / 정상 세포는

normal body cells cannot survive without oxygen. / This is ❸ **where** cancer comes to our rescue. / As a defense
산소 없이는 생존할 수 없기 때문에 / 이것이 암이 우리를 구하러 오는 경우이다 / 방어기제로서 /

mechanism, / our normal body cells will transform themselves / in order to adapt to living without oxygen. /
우리의 정상적인 신체 세포는 스스로를 변형시킬 것이다 / 산소가 없이 사는 것에 적응하기 위해 /

These new cells are ❹ **none other than** cancer cells. /
새로운 세포가 다름 아닌 바로 암세포이다 /

Then, what do cancer cells do? / They use the toxic materials / to create the energy / ❺ **needed** to keep the
그렇다면 암세포는 무엇을 하는가? / 그것들은 독성 물질을 사용한다 / 에너지를 만들기 위해 / 신체 조직이 썩는 것을 막기 위해

body tissues from rotting. / This way, / the cells protect our ❻ **damaged** body parts / ❼ **where** oxygen and
필요한 / 이런 식으로 / 그 세포는 손상된 신체 부분을 보호한다 / 산소와 영양분이 이용 가능하지

nutrients are not available. / So, contrary to our common beliefs, / cancer is like a first-aider / who comes to
않은 / 따라서 우리의 일반적인 믿음과는 달리 / 암은 응급처치 요원과 같다 / 응급 상황에서 우리를

rescue us in an emergency. /
구조하러 오는 /

If we start to consume healthier food and exercise more often, / our body tissues / will be free of toxic
우리가 더 몸에 좋은 음식을 섭취하고 운동을 더 자주 하기 시작하면 /　　　　　　　　　　　우리의 신체 조직에는 /　　　독성 물질이 생기지 않을 것이다 /

materials. / This will provide / a better blood flow / and proper supply of oxygen and nutrients. / Then, cancer
　　　　　　 이것은 제공해 줄 것이다 /　더 좋은 혈액 순환을 /　　그리고 산소와 영양분의 적절한 공급을 /　　　그러면 암세포는 더

cells will no longer need to exist. /
이상 존재할 필요가 없을 것이다 /

❶ will be able to는 '할 수 있을 것이다'라는 뜻으로 미래 능력을 나타낸다. be able to와 같은 의미인 can의 미래형은 will can으로 쓰지 않는데, 두 개의 조동사가 나란히 쓰일 수 없기 때문이다. will be able to의 부정형으로 will not able to를 쓴다.

❷.❺.❻ 명사의 앞뒤에서 명사를 수식해주는 과거분사로 '~된, ~한'의 수동이나 완료의 뜻을 나타낸다. affected와 damaged는 뒤에 오는 명사인 parts와 body parts를 수식해 주고, needed 이하는 앞에 있는 명사인 energy를 수식해 준다.

❸.❼ where는 관계부사로, 선행사로 구체적인 장소 외에 상황, 경우, 입장 등이 올 때도 쓸 수 있다. 앞의 This is where cancer comes to our rescue.에서 where 앞에 the case(경우)가 생략되었다.
ex. This is (the case) **where** my brother and I agree. (이것이 내 남동생과 내가 동의하는 경우이다.)

❹ none other than은 '다름 아닌 바로 ~인'의 의미로 쓰인 비교급 관용 표현이다.

---

03 | 제자에게 박해받은 철학자들 pp. 16~17

문제 정답 | **1** ⑤ **2** ③ **3** ③ **4** (1) persecute (2) frustrate

문제 해설

1 however(그러나)가 있는 것으로 보아 유럽의 철학자들이 통치자들에게 협조적이지 않았던 경우 박해를 받거나 사형에 처해진 반면 공자는 그렇지 않았다는 반대의 내용이 나와야 하므로, 빈칸에는 ⑤ '어떤 통치자들에게도 박해를 받지 않은 것은 운이 좋았다'가 적절하다.
① 통치자들에게 더 충성스러운　　② 통치자들에게 더 영향력이 있는
③ 철학에 좀 더 관심이 있는　　④ 불행히도 통치자들에게 인정받지 못한

2 9행의 ~ when More refused to approve Henry VIII's divorce and remarriage, ...로 보아 ③은 글의 내용과 일치하지 않는다.

3 (A) force는 to부정사를 목적격보어로 취하는 5형식 동사이므로 to commit가 적절하다.
(B) '공자라고 이름 지어진'의 수동의 의미가 되어야 하므로 named가 적절하다. philosopher와 named 사이에는 who was가 생략되었다.
(C) 「spend + 목적어 + -ing」 구문에서 developing과 병렬로 연결되는 동명사 teaching이 적절하다.

4 persecute: 박해하다 / frustrate: 좌절감을 주다
(1) 누군가를 특히 인종, 종교 또는 정치적 신념 때문에 나쁘게 대하다
(2) 무언가를 못하게 하여 누군가를 짜증나고 안달 나게 만들다

본문 해설　세계 역사를 통틀어 통치자들은 그들에게 조언을 해 줄 수 있는 훌륭한 철학자들을 늘 곁에 두었다. 그러나 그들은 때때로 자신의 통치 정책에 동의하지 않으면 이 조언자들을 박해하거나 처형하기까지 했다.
예를 들어, 유럽에서 로마 황제인 Nero(네로)는 철학자인 Seneca(세네카)의 가르침을 받았다. 네로는 잔인한 폭군이었고, 세네카의 가르침이 그의 통치에 장애가 되자 그로 하여금 자살하도록 했다. 영국의 Henry VIII(헨리 8세) 왕은 종종 철학자인 Sir Thomas More(토머스 모어 경)에게 조언을 구했다. 그러나 모어가 헨리 8세의 이혼과 재혼을 승인하지 않자, 그는 왕의 명령으로 처형되었다. 중국에는 공자라는 위대한 철학자가 있었다. 그는 국가를 통치하기 위한 적절한 방법을 개발하고 가르치는 데 일생을 보냈다. 중국 통치자들은 종종 그에게 조언을 구하곤

했다. 그러나 공자는 그를 조언자로 받아들여 그의 가르침을 실천하고자 했던 통치자를 찾지 못했다. 이로 인해 그는 심한 좌절감을 느꼈다.

그러나 유럽의 철학자들에게 일어났던 일을 고려했을 때 공자가 <u>어떤 통치자들에게도 박해를 받지 않은 것은 운이 좋은</u> 것이었다.

❶ to give 이하는 앞에 나온 명사 great philosophers를 수식하는 형용사적 용법으로 쓰였다.

❷ 4형식 문장에서 간접목적어가 주어로 쓰인 수동태 문장이다.
Philosopher Sir Thomas More gave king Henry VIII of England advice. 〈능동태〉

❸ Considering 이하는 독립분사구문으로, 'If we consider'의 부사절로 바꾸어 쓸 수 있다.

---

04 많이 가진 자는 많이 베풀어야
pp. 18~19

문제 정답 | 1 ③ **2** ⑤ **3** ⑤ **4** obligation

문제 해설 **1** 노동자들이 귀족들에게 농작물을 양도하는 대신 귀족들은 그들에게 경작할 땅을 주고, 도둑이나 침입자로부터 보호해 주며, 간혹 축제도 열어 주는 등의 베풂의 행위는 문서에 명시된 의무가 아닌 암묵적으로 행해지는 것이라는 내용이므로, ③ '가난한 사람들에 대한 부자들의 도덕적 의무'가 적절하다.

① 귀족들을 위한 기념행사   ② 부자들에 대한 가난한 사람들의 의무

④ 빈곤층을 위한 사회적 보호와 교육의 기회   ⑤ 부자와 가난한 사람들의 조화로운 관계

2 These expectations were understood rather than stated outright in the documents.로 보아 ⑤는 일치하지 않는 내용이다. A rather than B는 'B가 아니라 오히려 A이다'의 의미이다.

3 노블레스 오블리주는 원래 귀족이 자신이 부여 받은 권한에 상응하는 의무를 다해야 한다는 의미로, 오늘날에는 부, 권력, 명성을 지닌 사회지도층이 약자에 대한 책임이나 의무를 모범적으로 실천하는 것을 뜻한다. ⑤ '한 연구원이 불치병에 걸린 사람들을 위해 새로운 약을 발견했다'는 적절하지 않은 사례이다.

   ① 주인이 가난한 하인의 모든 빚을 갚아주었다.

   ② 유명한 배우가 자원하여 지진 희생자들을 구조했다.

   ③ 큰 농장의 소유주는 기꺼이 자신의 노예들을 해방시켜 주었다.

   ④ 억만장자가 전 세계의 가난한 사람들을 위해 100억 달러를 기부했다.

4 obligation: 의무

   • 나는 내 남동생에게 큰 <u>의무감</u>을 느꼈다.

   • 손해를 끼친 사람은 누구든 그것을 갚을 <u>의무</u>가 있다.

본문 해석

제2차 세계 대전 당시 영국의 엘리트 학교인 이튼 대학교의 약 2,000명의 졸업생이 조국을 위해 군 복무를 하다 희생되었다는 것을 알았는가? 아니면 미국 고위 공무원 142 명의 아들들이 한국 전쟁에 참전했고, 그 중 대략 1/4이 목숨을 잃거나 부상을 당했다는 것을 알았는가? 그들의 희생적인 행동은 '노블레스 오블리주'의 좋은 예였다. 노블레스 오블리주는 봉건 유럽에 그 뿌리를 두고 있는데, 그곳에서 그것은 귀족이 노동자를 향해 갖는 의무감을 의미했다. 노동자 계층은 자신의 이름으로 땅을 소유하지 않았다. 노동자들은 대부분의 농작물을 귀족에게 양도해야 했다. 귀족은 그 대가로 그들에게 경작할 땅을 제공하도록 기대되었다. 또한 귀족은 노동자들을 도둑이나 침입자로부터 보호할 책임도 있었다. 귀족의 일원들은 심지어 노동자들에게 봄 축제나 추수감사제와 같은 축제를 가끔 열어주었다. 이러한 기대는 암묵적인 것이지 문서에 명시된 것은 아니었다. <u>가난한 사람들에 대한 부자들의 이러한 도덕적 의무</u>는 '노블레스 오블리주'로 알려지게 되었다. 오늘날 우리는 '많이 주어진 사람에게 많은 것을 기대한다'고 말하는 것으로 이 생각을 표현한다.

지문 풀이

Did you know / that about 2,000 graduates / of Eton College, an elite British school, / were killed / in the
당신은 알았는가 / 약 2,000명의 졸업생이 / 영국의 엘리트 학교인 이튼 대학교의 / 희생되었다는 것을 / 그들의

service of their country / in World War II? / Or ❶ that 142 sons of high-ranking American officials / joined
나라를 위해 군 복무 중에 / 제 2차 세계 대전에? / 아니면 미국 고위 공무원의 아들들 142명이 / 한국 전쟁에

the Korean War, / and about one-fourth of them lost their lives or got injured? / Their sacrificial behavior
참전하였다 / 그리고 그들 중 대략 1/4이 목숨을 잃거나 부상을 당했다는 것을? / 그들의 희생적인 행동은 /

was / a great example of "noblesse oblige." /
'노블레스 오블리주'의 좋은 예였다 /

Noblesse oblige has its roots / in feudal Europe, / ❷ where it referred to a sense of obligation / that the
노블레스 오블리주는 그 뿌리를 두고 있다 / 봉건 유럽에 / 그리고 거기에서 그것은 의무감을 나타냈다 / 귀족들이

nobility had toward the workers. / The working class did not own land / in its own name. / Workers had to
노동자들을 향해 갖는 / 노동자 계층은 땅을 소유하지 않았다 / 자신의 이름으로 / 노동자들은 대부분의

hand most of their crops over / to the nobility. / The nobility, in return, was expected to provide them / with
농작물을 넘겨야 했다 / 귀족들에게 / 귀족들은 그 대가로 그들에게 제공하는 것이 기대되었다 / 경작할

land to farm. / The nobility was also responsible / for protecting their workers / from thieves and
땅을 / 귀족들은 또한 책임이 있었다 / 자신들의 노동자들을 보호할 / 도둑이나 침입자로부터 /

invaders. / ❸ The members of the nobility / even gave workers / occasional celebrations / such as spring and
귀족들의 일원들은 / 노동자들에게 열어 주기조차 했다 / 이따금씩의 축제를 / 봄 축제나 추수감사제 같은 /

harvest festivals. / These expectations were understood / rather than stated outright in the documents. / These
이러한 기대는 (암묵적으로) 이해되었다 / 문서에 명시되었다기보다 / 이러한

moral obligations of the rich toward the poor / became known as "noblesse oblige." / Today, / we express this
가난한 사람들에 대한 부자들의 도덕적 의무는 / '노블레스 오블리주'로 알려지게 되었다 / 오늘날 / 우리는 이 아이디어를 표현한다 /

idea / by stating that "to whom much is given, much is expected." /
'많이 주어진 사람에게 많은 것을 기대한다'고 말하는 것으로 /

❶ 명사절을 이끄는 접속사 that으로 뒤에 완전한 절이 오며, '~하는 것'으로 해석된다. 앞에 나온 that과 Or로 연결된 병렬 구조이다. Or와 that 사이에는 Did you know가 생략되어 있다.

❷ where는 계속적 용법을 나타내는 관계부사로 where 앞에 콤마가 와서 선행사에 대한 부가적인 정보를 제공한다. where는 and there 로 바꿔쓸 수 있으며 '그리고 거기에서'로 해석한다.

❸ 「주어 + 동사 + 간접목적어 + 직접목적어」의 4형식 문장이다. 4형식 문장에 쓰이는 동사를 수여동사라하며, 대부분은 '(~에게 …을) 주다' 의 의미를 갖는다. offer, show, make 등도 수여동사에 속한다.

REVIEW TEST

p. 20

문제 정답 | 1 ① 2 ③ 3 ③ 4 ② 5 ④ 6 ② 7 ③

문제 해설

1 나머지가 모두 '동사 – 명사'로 짝지어진 반면에, ①은 '초과하다 – 과도한'의 '동사 – 형용사' 관계이다.
② 중독시키다 – 중독 ③ 찬성하다 – 찬성 ④ 기념하다, 축하하다 – 기념[축하] (행사)

2 prompt: 즉각적인, 신속한
재빠르게 또는 즉시 되어진
① 독성의, 유독한 ② 심각한, 극심한 ④ 이따금의, 때때로의

3 rescue: 구조하다
누군가가 위험에 빠졌을 때 구하다
① 침입하다 ② (지나가지 못하게) 차단하다 ④ 인정하다, 진가를 알아보다

4 positive: 낙관적인(= optimistic)
많은 전문가들의 관점은 그 나라의 경제 전망에 대해 긍정적이다.
① 성급한, 참을성 없는 ③ 영향력 있는 ④ 적절한, 제대로 된

5 none other than: 다름 아닌 바로 ~인

6 state: 국가, 나라; 진술하다
• 나라에서 무상 교육을 제공하려고 계획하고 있다.
• 당신이 필요로 하는 표가 몇 장인지 분명히 언급해야 한다.
① 통치하다, 다스리다 ③ 돌려주다, 반환하다 ④ (대학) 졸업생; 졸업하다

7 hand A over to B: A를 B에게 넘기다 / be faced with: ~에 직면하다 / impact of A on B: B에 끼치는 A의 영향력
• 사람들은 범인을 경찰에게 넘겼다.
• 우리 회사는 심각한 문제들에 직면해 있다.
• 이 연구는 우리의 학습에 끼치는 기술의 영향력을 보여 준다.

O2

05 아스피린의 불편한 진실 pp. 22~23

문제 정답 | **1** ④ **2** ④ **3** (1) 백혈구가 염증 부위로 재빨리 가서 바이러스를 죽이도록 자극한다. (2) 해로운 박테리아의 성장을 막는다. **4** (1) T (2) F (3) F

문제 해설

1 감기나 독감에 걸렸을 때 약을 복용하기보다는 자연적인 방어기제를 통해 치유할 것을 권하는 글로, ④ '방어기제가 자신의 역할을 하도록 놔두라'가 적절하다.
① 아스피린과 그 밖의 진통제의 부작용 ② 적절한 의약품 사용의 중요성
③ 높은 열이 나는 것: 위험한 신호 ⑤ 백혈구는 면역 체계의 핵심 부분이다

2 열이 나면 염증 부위로 가 해로운 바이러스를 죽이는 백혈구와는 달리(unlike white blood cells), 바이러스는 열에 노출 시 약해진다는 흐름이 되어야 하므로, ④의 active는 inactive가 되어야 한다

3 7행의 ~a higher temperature stimulates white blood cells to race to the site of an infection more rapidly and kill the virus.와 9행의 A fever also stops the growth of harmful bacteria ~.에서 열은 백혈구를 자극해 염증 부위의 바이러스를 죽이도록 하고, 해로운 바이러스의 성장을 막는다고 언급하였다.

4 (1) 1행의 Many physicians automatically prescribe aspirin or a similar painkiller to patients suffering from a cold or flu.에서 의사들은 감기나 독감에 아스피린과 진통제를 무의식적으로 처방한다고 했으므로, 맞는 문장이다.
(2) 5행의 ~ aspirin also lowers fever.에서 아스피린은 열을 낮춘다고 했으므로, 틀린 내용이다.
(3) 7행의 ~ higher temperature stimulates white blood cells to race to the site of an infection more rapidly and kill the virus.에서 고열이 백혈구가 활발해 지도록 자극한다고 했으므로 틀린 내용이다.

본문 해석

많은 의사들이 감기나 독감으로 고통을 겪는 환자들에게 아스피린이나 비슷한 진통제를 무의식적으로 처방한다. 진화 의학에 따르면, 그러한 치료법은 의도된 효과와 상반되는 효과를 낼 수도 있다. 아스피린은 환자의 불편함을 완화시키는 것 외에도 열을 낮추기도 한다. 그러나 과학자들은 적당한 열이 신체의 가장 인상적인 방어기제 중 하나임을 발견했다. 연구 결과에 따르면 더 높은 온도는 백혈구로 하여금 염증 부위로 더 빠르게 돌진해서 바이러스를 죽이도록 자극한다. 열은 또한 해로운 박테리아의 성장을 막는데, 이 박테리아는 백혈구와 달리 열에 노출되면 활성화(→ 비활성화)된다.
요지는 열을 내리기 위해 약을 복용하는 대신 몸의 방어기제가 그것의 임무를 수행하게 하는 것이다. 그것이 가장 효과적인 치료법일 수 있다.

지문 풀이

Many physicians automatically prescribe / aspirin or a similar painkiller / to patients / suffering from a cold or
많은 의사들이 자동적으로 처방한다 / 아스피린이나 비슷한 진통제를 / 환자들에게 / 감기나 감으로 고통을 겪는 /

flu. / According to Darwinian medicine, / such a therapy / may have an effect / opposite to the effect
진화 의학에 따르면 / 그러한 치료법은 / 효과가 있을 수도 있다 / 의도된 효과와 상반되는 /

intended. / ❶ **In addition to easing** a patient's discomfort, / aspirin also lowers fever. / However, / scientists
환자의 불편함을 완화시키는 것 외에도 / 아스피린은 열을 낮추기도 한다 / 그러나 / 과학자들은

have discovered / ❷ **that** a moderate fever / is one of the most impressive defense mechanisms of the body. /
발견했다 / 적당한 열이 / 신체의 가장 인상적인 방어기제 중 하나임을 /

According to their findings, / a higher temperature stimulates / white blood cells / to race to the site of an
연구 결과에 따르면 / 더 높은 온도는 자극한다 / 백혈구를 / 염증 부위로 돌진하도록 /

infection / more rapidly / and kill the virus. / A fever also stops the growth of harmful bacteria, / which,
감염 / 더 빠르게 / 그리고 그 바이러스를 죽이도록 / 열은 또한 해로운 박테리아의 성장을 막는다 / 그리고

unlike white blood cells, become inactive / ❸ when exposed to heat. /
그것은 백혈구와 달리 비활성화된다 / 열에 노출되면 /

The bottom line is to allow the body's defense mechanism / to carry out its mission / instead of taking
요지는 몸의 방어기제를 허락하는 것이다 / 그것의 임무를 수행하도록 / 약을 복용하는 대신 /

medicine / to reduce a fever. / It may be the most effective treatment. /
열을 내리기 위해 / 그것이 가장 효과적인 치료법일 수 있다 / .

❶ in addition to는 '~에 더하여, ~뿐만 아니라'의 뜻으로 전치사 to 뒤에는 명사나 동명사를 써야 한다.
　　ex. I minored in literature **in addition to** art.
　　　(나는 미술뿐만 아니라 문학도 부전공으로 공부했다.)

❷ that절은 discovered의 목적어로 쓰였다. 접속사 that이 이끄는 절은 명사처럼 쓰여 문장에서 주어, 목적어, 보어 역할을 한다. 목적어로 쓰인 접속사 that은 생략이 가능하다.

❸ 종속절의 주어가 주절의 주어와 같거나 문맥상 유추할 수 있으면 접속사 뒤에 오는 「주어 + be동사」는 생략할 수 있다.
　　ex. While (he was) hunting in the forest, the hunter ran into a huge bear.
　　　(숲에서 사냥을 하던 중에, 그 사냥꾼은 커다란 곰 한 마리와 마주쳤다.)

06　오래 살려면 분노는 금물!

문제 정답 | **1** ①　**2** ②　**3** ④　**4** (1) irritate　(2) hostility

문제 해설

1 스트레스보다 만성적 분노가 건강에 치명적일 수 있다는 내용으로, ① '분노: 조용한 살인자'가 글의 제목으로 적절하다.
　② 스트레스는 죽음의 진정한 친구
　③ 과로는 건강에 해가 된다
　④ 스트레스와 분노의 차이
　⑤ 화가 났을 때 빨리 진정하는 방법

2 적개심 테스트에서 높은 점수를 받은 사람들의 15% 이상이 50살쯤에 죽었다는 내용으로 보아 장수를 하고 싶다면, ② '화를 식혀라'가 빈칸에 들어갈 말로 적절하다.
　① 일을 줄여라　　　　　③ 노심초사를 하지 마라
　④ 밤에 숙면을 취하라　　⑤ 적대적인 사람들을 만나지 마라

3 hot-tempered types는 '화를 잘 내는 유형'의 사람을 의미하므로, ④가 이 유형에 해당되는 사람이다.

4 irritate: 짜증나게 하다 / hostility: 적개심
　(1) 누군가를 조급하고 화나게 하다
　(2) 불친절하거나 공격적인 감정이나 행동

10 | READER'S BANK

스트레스는 오랫동안 살인자로 지목되어 왔지만, 사실 노심초사를 포함한 대부분의 스트레스는 그 자체로 치명적이지는 않다. 진정한 악당은 만성적인 분노이다. 자신을 짜증나게 하고 성가시게 구는 사람들에게 자신도 모르게 끊임없이 고함을 지르는 사람은 심장에 문제가 있을 위험에 처해 있다. 듀크 대학의 스트레스 전문 교수인 Redford Williams(레드포드 윌리엄스) 박사는 다음과 같이 말했다. "분주하게 뛰어다니는 일 중독자는 스트레스가 분노의 자극제가 되지 않는 한 위험하지 않습니다." 그는 적개심 검사에서 높은 점수를 받은 25세의 의사와 변호사 중 15% 이상이 50세쯤에 사망했다고 지적했다.

화를 잘 내는 모든 사람들에게 전하는 메시지는 간단히 말해 다음과 같다. 장수하고 싶다면 화를 식혀라.

Stress ❶ **has** long **been fingered** / as a killer, / but the fact is / that most stress, / including constant worry, / is
스트레스는 오랫동안 지목되어 왔다 / 살인자로 / 그러나 사실은 / 대부분의 스트레스는 / 노심초사를 포함한 /

not fatal in itself. / The real villain / is chronic anger. / A person / who ❷ **finds himself** constantly **screaming**
그것 자체로 치명적이지는 않다 / 진정한 악당은 / 만성적인 분노이다 / 사람은 / 사람들에게 끊임없이 고함을 지르는 자기 자신을 발견하는 /

at the people / who irritate and annoy him / is the one who is at risk for heart trouble. / Dr. Redford
그를 짜증나게 하고 성가시게 구는 / 심장에 문제가 있을 위험에 처해 있는 사람이다 / Redford Williams

Williams, / a Duke University professor specializing in stress, / said, / "The rushing-around workaholic / is not
박사는 / 스트레스를 전문으로 하는 듀크 대학 교수인 / 말했다 / 분주하게 뛰어 다니는 일 중독자는 / 위험에

at risk / ❸ **as long as** stress is not a stimulus for anger." / He noted / that ❹ **more than 15 percent of the**
처하지 않는다 / 스트레스가 분노의 자극제가 되지 않는 한 / 그는 지적했다 / 25세의 의사와 변호사 중 15% 이상이

25-year-old doctors and lawyers / who scored high on hostility tests / **were** dead by 50. /
적개심 검사에서 높은 점수를 받은 / 50세쯤에 사망했다 /

The message to all you hot-tempered types / is simply this: / If you want to live / to a ripe old age, / cool your
화를 잘 내는 모든 사람들에게 전하는 메시지는 / 간단히 말해 다음과 같다 / 당신이 살고 싶다면 / 원숙한 노년까지 / 화를 식혀라 /

anger. /

❶ 'have[has] been p.p.'는 현재완료 수동태로, '~되어져 왔다'로 해석한다.

❷ 「find + 목적어 + 목적격보어」의 형태로, 목적어와 목적격보어의 관계가 능동일 경우 -ing를 사용한다. 여기서는 목적어가 자기 자신(himself)이므로 '자신 스스로가 소리 지르는 것을 발견하다'의 의미를 나타낸다.

❸ as long as는 조건의 부사절을 이끌어 '~하는 한'의 의미로 쓰인다.

❹ **more than 15 percent of the 25-year-old doctors and lawyers** who scored high on hostility tests **were** dead by 50.에서 주어는 more thant the 25-year old doctors and lawyers의 복수 명사이므로 복수 동사 were가 쓰였다.

---

07 유전자 변형 씨앗의 배신 pp. 26~27

문제 정답 | 1 ① 2 ③ 3 ④ 4 ③

문제 해설 1 종자 회사가 만들어낸 유전자 변형 종자는 기존의 종자들이 갖지 못한 장점을 갖추었지만, 사실상 농민들은 비싼 특허권 사용료와 매해 새로 심을 씨앗에 대한 비용을 감당해야 하는 이중적인 고통을 겪고 있다는 글이므로, 제목으로 ① 'GM 종자의 어두운 면'이 적절하다.
② 종자 회사들의 전략들　　　③ GM 종자: 건강에 대한 위협
④ 종자: 인간의 생명줄　　　⑤ 농업 혁명의 시작

2 (A) halt: 중단시키다 / enhance: 향상시키다

이제 Monsanto, Dupont, 그리고 Syngenta와 같은 거대한 종자 회사들은 이러한 관행들을 <u>중단시켰다</u>.

(B) sensitive: 민감한 / resistant: 저항력 있는

이런 GM 씨앗은 매우 빠르게 자라고 해충에 <u>저항력이 있다</u>.

(C) royalty: 특허권 / loyalty: 충성(심)

그러나 문제는 종자 회사들이 특허권을 소유하고 있기 때문에 농민들은 매년 이 종자들을 사용하기 위해 <u>특허권 사용료</u>를 지불해야 한다는 것이다.

3 13~14행의 'the GM crops produce lifeless seeds, so even if you plant the seeds, they don't sprout'에서 GM 농작물은 생명력이 없는 씨앗을 생산해서 싹을 내지 못한다고 했으므로 ④는 글의 내용과 일치하지 않는다.

4 blow: (커다란) 충격, 타격; 세게 때림; (입으로) 불다

- 아이들은 풍선을 <u>부는</u> 것을 좋아한다.
- George는 세게 맞아서 눈에 멍이 들었다.
- 실패는 우리에게 큰 <u>충격</u>이었다.

본문 해석 역사를 통틀어 농부들은 항상 다음 해에 약간의 씨앗을 심을 수 있도록 그들의 농작물에서 그것들을 따로 비축해 두었다. 최근까지만 해도 씨앗을 저장하는 이런 방식에 문제가 없었다.

이제 Monsanto(몬산토), DuPont(듀퐁), 그리고 Syngenta(신젠타)와 같은 거대한 종자 회사들은 이러한 관행들을 중단시켰다. 그들은 종자들을 유전적으로 변형시킴으로써 GM 종자를 개발했다.

이런 GM 종자는 매우 빠르게 자라고 해충에 저항력이 있어서, 농부들은 해충에 쉽게 피해를 받는 재래 씨앗보다 그것들을 더 선호한다. 그러나 문제는 종자 회사들이 특허권을 소유하고 있기 때문에 농민들은 매년 이 종자들을 사용하기 위해 특허권 사용료를 지불해야 한다는 것이다. 또 다른 문제는 GM 농작물은 죽은 씨앗을 만들어 내서, 당신이 그 씨앗을 심는다고 하더라도, 그것들이 싹을 내지 않는다는 것이다. 그러므로 농민들은 매년 새로운 씨앗을 사야만 한다. 이것은 전 세계적으로 소규모 농민들에게는 심각한 타격이다. 예를 들어, 인도의 가난한 목화 재배 농민들은 거대한 종자 회사에 빚을 졌다. 그들은 그 빚을 갚을 수 없어, 무수한 농민들이 자살했다.

거대한 종자 회사들은 GM 종자가 기아로부터 세상을 구할 수 있다고 주장해 오고 있다. 하지만 인도에서 그들은 그들을 믿고 GM 종자를 심은 농민들에게 막대한 손해를 입혔다. 인도 농민들의 비극은 세상이 GM 농작물에 대해 재고해보게 했다.

지문 풀이

Throughout history, / farmers have always set some seeds aside from their crops / ❶ **so that they can plant**
역사를 통틀어 / 농부들은 항상 그들의 농작물에서 약간의 씨앗들을 따로 비축해두었다 / 다음 해에 그것들을 심을 수 있도록 /

them the following year. / Until recently, / there was no problem / with this method of saving seeds. /
최근까지 / 문제가 없었다 / 씨앗을 저장하는 이런 방식에 /

Now, / ❷ **giant seed companies** / **such as** Monsanto, DuPont, and Syngenta / **have halted** this practice. / They
이제 / 거대한 종자 회사들은 / Monsanto, DuPont, 그리고 Syngenta와 같은 / 이러한 관행들을 중단시켰다 / 그들은

have created GM seeds / by modifying the seeds genetically. /
GM 종자를 개발했다 / 종자들을 유전적으로 변형시킴으로써 /

These GM seeds grow very quickly / and are resistant to pests, / so farmers prefer them / to their traditional
이런 GM 종자는 매우 빠르게 자란다 / 그리고 해충에 저항력이 있다 / 그래서 농부들은 그것들을 더 선호한다 / 그들의 재래 씨앗보다 /

seeds, / which are easily affected by harmful insects. / But the problem is / that farmers have to pay royalties /
그리고 그것들은 해충에 쉽게 피해를 받는다 / 그러나 문제는 / 농민들은 특허권 사용료를 지불해야 한다 /

to use these seeds every year / because the seed companies own the patents. / Another problem is / that the
매년 이 종자들을 사용하기 위해 / 왜냐하면 종자 회사들이 특허권을 소유하고 있기 때문에 / 또 다른 문제는 / GM 농작물은

GM crops produce lifeless seeds, / so even if you plant the seeds, / they don't sprout. / Therefore / the farmers
생명력이 없는 씨앗을 만들어 낸다 / 그래서 당신이 그 식물을 심는다고 하더라도 / 그것들은 싹이 나지 않는다 / 그러므로 / 농민들은 새로운

have to buy the new seeds / every year. / This is a serious blow / to small farmers / all over the world. / In
씨앗을 사야만 한다 / 매년 / 이것은 심각한 타격이다 / 소규모 농민들에게는 / 전 세계적으로 / 인도

India, / for example, / poor cotton farmers were in debt / to the giant seed companies. / They couldn't pay
에서 / 예를 들어 / 가난한 목화 재배 농민들은 빚을 졌다 / 거대한 종자 회사에 / 그들은 자신들의 빚을 갚을 수

their debts, / so hundreds of thousands of farmers committed suicide. /
없었다 / 그래서 무수한 농민들이 자살했다 /

Giant seed companies ❸ **have been claiming** / that GM seeds can save / the world from hunger. / In India,
거대한 종자 회사들은 주장해 오고 있다 / GM 종자가 구할 수 있다고 / 기아로부터 세상을 / 인도에서 /

however, / they caused a huge loss for farmers / who trusted them / and planted GM seeds. / The tragedy of
그러나 / 그들은 농민들에게 막대한 손해를 입혔다 / 그들을 믿었다 / 그리고 GM 종자를 심었다 / 인도 농민들의 비극은 /

Indian farmers / ❹ **made the world rethink** / about GM crops. /
세상이 재고해보게 했다 / GM 농작물에 대해 /

❶ 「so that + 주어 (can) 동사」 구문은 '~하기 위해서'라는 목적을 나타낸다.
　　ex. Please turn off the light **so that I can sleep**.
　　　(제가 잘 잘 수 있도록 불을 꺼 주세요.)

❷ such as 이하의 전치사구의 수식을 받아 주어가 길어진 형태로, giant seed companies가 주어, have halted가 동사이다.
　　Giant seed companies <u>such as Monsanto, Dupont, and Syngenta</u> <u>have halted</u> this practice.
　　　　　　S　　　　　　　전치사구　　　　　　　　V

❸ '(계속해서) 죽 ~해오고 있다' 의 의미를 나타내는 '현재완료 진행 시제'로 '주장해 오고 있다'로 해석한다.

❹ 「make + 목적어 + 동사원형」은 '~가 …하도록 하다'의 의미로, 사역동사 make의 목적격보어로 동사원형이 온다.
　　ex. I **made my brother carry** my suitcase.
　　　(나는 내 남동생에게 여행 가방을 들도록 했다.)

08 　자신의 강점을 따르면 진로가 보인다　　　　　　　　　　pp. 28~29

문제 정답 | **1** ② **2** ④ **3** ② **4** (1) distinguish (2) career

문제 해설 **1** 직업을 선택할 때 개인이 가진 강점이 열정과 흥미보다 더 중요하며 자신이 잘하는 것에 기초해 직업을 선택해야 한다는
　　　내용이므로, 필자가 주장하는 바로 ②가 가장 적절하다.

2 6행의 열정보다는 강점을 따르는 것이 중요하다는 글의 흐름에 맞게 직업 선택에 대한 연구 결과 내용을 언급한 빈칸에는
　　④ '여러분이 잘하는'이 들어가야 적절하다.
　　① 여러분이 가장 좋아하는　　　② 여러분이 해야 하는
　　③ 다른 사람들이 하지 않는　　　⑤ 여러분이 배우기를 원하는

3 자신의 고유한 강점을 잘 드러낼 수 있는 직업을 가질 것을 조언하는 글에 대한 구체적인 사례로 '② Andy: 나는 수학을
　　잘하니까 데이터 분석가가 되는 것이 꿈이다.'가 적절하다.
　　① Jim: 나는 식물을 키우는 것을 좋아해서 꽃을 만지는 사람이 되고 싶어.
　　③ Jake: 나는 피아노 연주하는 것을 즐기니까 오케스트라에서 직업을 얻길 바라.
　　④ Jessy: 나는 좋은 목소리를 갖고 있지는 못하지만 열심히 노력해서 성우가 되고 싶어.
　　⑤ Ricky: AI가 수요가 많으니까 나는 빅데이터 전문가가 되고 싶어.

4 distinguish: 구별하다 / career: 직업

   (1) 어떤 것들 사이에서 차이점을 인지하다

   (2) 당신이 일하는 동안 하는 직업 또는 일련의 직업들

틀림없이 우리 모두는 '당신의 열정을 따르라.'라는 조언을 들어왔다. 여러분이 대박을 터뜨리고 여러분의 강점과 열정을 섞어 주는 직업을 발견할 때, 그리고 오늘날의 아주 경쟁적인 국제 시장에서 수요가 있는 경우에 그것은 훌륭하다. 그러나 여러분의 목표가 무지개의 끝에 있는(이루고 싶어도 이루기가 어려운) 일자리를 얻는 것이라면, 여러분은 자신의 전공, 열정, 강점을 진로와 구분해야만 한다. 여러분의 강점이 여러분의 열정보다 더 중요하다. 연구는 가장 좋은 직업 선택은 여러분의 흥미와 열정보다 잘하는 것에 더 기반을 두는 경향이 있음을 보여 준다. 이상적으로 말하면, 여러분은 수요가 있는 진로에서 여러분의 강점과 가치관의 합류점을 발견해야 한다. 흥미는 왔다가 없어질 수 있다. 여러분의 강점은 여러분의 핵심이고, 여러분의 하드웨어에 내재된(본래 갖추고 있는) 자산이다.

지문 풀이

Sure, / we've all heard the advice: / "Follow your passion." / It's great / ❶ **when** you hit the jackpot / and find
틀림없이 / 우리 모두는 조언을 들어왔다 / '당신의 열정을 따르라' 라는 / 그것은 훌륭하다 / 여러분이 대박을 터뜨릴 때 / 그리고 직업을

a career / that melds your strengths and passions, / and ❷ **where** there is demand / in the highly competitive
발견할 때 / 여러분의 강점과 열정을 섞어 주는 / 그리고 수요가 있는 경우에 / 오늘날의 아주 경쟁적인 국제 시장에서 /

global marketplace of today. / But if your goal is / ❸ **to get a job** at the end of the rainbow, / you must
/ 그러나 만약 여러분의 목표가 / 무지개의 끝에 있는 일자리를 얻는 것이라면 / 여러분은 구분

distinguish / between your major, your passions, your strengths, and your career path. / Your strengths are
해야만 한다 / 여러분의 전공, 열정, 강점을 진로와 / 여러분의 강점이 더 중요하다

more important / than your passions. / Studies show / that the best career choices / tend to be grounded in
/ 여러분의 열정보다 / 연구는 보여 준다 / 가장 좋은 직업 선택은 / 것들에 기초를 두는 경향이 있다 /

things / ❹ **you're good at**, / more so than your interests and passions / Ideally, / you want to find / a
여러분이 잘하는 / 여러분의 흥미와 열정보다 더 많이 / 이상적으로 / 여러분은 발견해야 한다 / 여러

convergence of your strengths and your values / with a career path / that is in demand. / Interests can come
분의 강점과 가치관의 합류점을 / 진로에서 / 수요가 있는 / 흥미는 왔다가 없어질 수 있다 /

and go. / Your strengths are your core, / your ❺ **hard-wired** assets. /
/ 여러분의 강점은 여러분의 핵심이다 / 여러분의 하드웨어에 내재된 자산 /

❶, ❷ 접속사 when과 where가 이끄는 부사절이 It's great에 연결된 구조이다. when은 '~할 때'를 where는 '~한 경우에'를 의미하는 접속사이다.

❸ is의 주격보어 역할을 하는 to부정사구이다. to부정사구는 문장에서 주어와 목적어로도 쓸 수 있다.
  ex. **To make a cake** is exciting. 〈주어〉 (케이크를 만드는 것은 재미있다.)
  Do you want **to play computer games**? 〈목적어〉 (너는 컴퓨터 게임하는 것을 원하니?)

❹ your're good at이 앞에 나온 things를 수식한다. things 앞에는 목적격 관계대명사 what[which]가 생략되었다.
  ex. Pink is the color (**that**[**which**]) I like best. (분홍색은 내가 가장 좋아하는 색깔이다.)

❺ hard-wired는 '영구적으로 단단히 내장된, 타고난'의 의미로, '(철사로 감아) 내부에 설치하다, 내장시키다' 를 의미하는 wire에서 파생된 것으로 볼 수 있다.

문제 해설

1 나머지가 모두 '반의어'로 짝지어진 반면에, ③은 '익은; 성숙한; 원숙한'의 '유사어' 관계이다.
① 손실, 손해 – 이익　　② 급성의 – 만성적인　　④ 강점 – 약점

2 workaholic: 일 중독자, 일벌레
자신의 시간 대부분을 일하는 데 사용하고 다른 일에는 거의 관심이 없는 사람
① 내과 의사　　② 왕족; 특허권 사용료　　③ 해충, 유해 동물

3 competitive: 경쟁이 치열한
이기기를 또는 다른 사람보다 더 성공하기를 몹시 원하는
② 정반대의　　③ 저항력 있는, ~에 잘 견디는　　④ 끊임없는

4 modify: 수정하다, 변경하다
특히 더 개선하기 위해 뭔가를 살짝 바꾸다
① (고통을) 겪다, 당하다　　② 처방하다　　④ 중단시키다

5 note: 메모; ~에 주목하다; (중요한 것을) 언급하다
• 나는 수리될 필요가 있는 것들을 <u>메모</u>해 두었다.
• 우리가 토요일에는 문을 닫을 것임을 <u>주목해</u> 주세요.
• 그 사람들은 다음 미팅에서 무역의 성장을 <u>언급할</u> 것이다.

6 bottom line: 핵심, 요점

7 set A aside: (나중을 위해) A를 따로 떼어 두다

8 in demand: 수요가 많은

문제 해설

1 우리 몸의 '지방 저장 유전자'는 음식이 풍족하지 않았던 원시 시대에 생존을 위해 진화한 유전자로 여전히 현대인의 몸에 존재하여 비만의 원인이 된다는 내용이므로, ④ '당신은 비만인가? 원시 유전자를 원망하라'가 제목으로 적절하다.
① 풍족한 식량에 대한 인간의 적응
② 당신은 비만이면서도 여전히 건강할 수 있는가?
③ 굶주림과 비만: 식량의 역설
⑤ 지방 저장 유전자의 점진적 소멸

2 지방 저장 유전자는 원시 시대에 생존을 위해 진화한 유전자로, 식량이 풍부한 21세기에는 필요하지 않음에도 우리 몸에 남아 영향을 미치고 있다는 흐름이 되어야 하므로, ⓓ에 들어가는 것이 적절하다. ⓓ 다음에 나오는 문장의 these fat-saving genes는 주어진 문장의 the fat-saving genes를 받는 표현이다.

3 식량이 부족한 시기를 대비해 200만 년에 걸쳐 발전한 지방 저장 유전자는 상대적으로 짧은 100년간의 식량 풍족 시기에 적응하지 못해 오늘날에도 여전히 존재하고 있다.
지방 저장 유전자는 식량의 부족으로 인해 발전했고 그것은 식량의 풍족함에 적응할 시간이 충분하지 않았기 때문에 여전히 존재한다.

4 primitive: 원시의, 초기의
사람들이 기계나 문자 체계 없이 단순한 방식으로 생활하는, 매우 초기 발전 단계의 인간 사회와 관련된

본문 해석

1962년에 세계적으로 유명한 생물학자인 James Neel(제임스 닐)은 현대의 비만이 진화와 어떤 관련이 있는지 설명했다. 그에 의하면 비만은 식량을 항상 구할 수 없었던 원시 시대에 인간의 생존에 필수적이었다. 그 당시에 사람들은 종종 기아에 직면해야 했다. 그 결과, 그들은 '지방 저장 유전자'가 발전하도록 진화했는데, 이 유전자는 식량이 부족한 시기를 대비해 몸에 지방을 저장했다. 그러나 21세기에는 이제 식량이 풍족해 지방 저장 유전자가 더 이상 필요하지 않다. 그럼에도, 흔히 절약 유전자라고 알려진 이 지방 저장 유전자는 현대인의 인체 내에 계속 존재하면서 작용하고 있다. 왜 지방 저장 유전자는 더 이상 유용하지 않음에도 사라지지 않았을까? 굶주리고 식량이 부족했던 2백만 년의 인류 역사에 비해 식량이 풍족한 지난 100년은 너무 짧다. 그러므로 그 유전자는 이러한 갑작스러운 변화에 적응할 시간이 충분하지 않았다. 이제 여러분은 세계 인구의 1/3이 과체중인 이유를 알 수 있다.

지문 풀이

In 1962, / James Neel, / a world-famous biologist, / explained how modern obesity is related / to evolution. /
1962년에 / James Neel은 / 세계적으로 유명한 생물학자인 / 현대의 비만이 어떤 관련이 있는지 설명했다 / 진화와 /

According to him, / obesity was essential / to humans' survival / in primitive times / ❶ **when** food was not
그에 의하면 / 비만은 필수적이었다 / 인간의 생존에 / 원시 시대에 / 식량을 항상 구할 수 없었던 /

always available. / Back then, / humans often had to face hunger. / As a result, / they evolved / to develop the
그 당시에 / 사람들은 종종 기아에 직면해야 했다 / 그 결과 / 그들은 진화했다 / '지방 저장 유전자'가

"fat-saving genes," / ❷ **which** stored fat in their bodies / to prepare for times of food shortage. / In the 21st
발전하도록 / 그리고 그것은 그들의 몸에 지방을 저장했다 / 음식이 부족한 시기를 대비해 / 21세기에 /

century, / however, / food is now abundant, / so the fat-saving genes are no longer needed. / Still, / these fat-
그러나 /　　식량은 이제 풍부하다 /　　　　그래서 지방 저장 유전자는 더 이상 필요하지 않다 /　　　그럼에도 / 이 지방 저장

saving genes, / commonly ❸ **known as thrifty genes**, / continue to exist and work within modern human
유전자는 /　　흔히 절약 유전자라고 알려진 /　　　　　현대인의 인체 내에 계속 존재하면서 작용한다 /

bodies. / Why didn't the fat-saving genes disappear / even though they are not useful anymore? / ❹ **Compared**
　　　 왜 지방 저장 유전자는 사라지지 않았을까 /　　　 더 이상 그것들이 유용하지 않음에도? /　　　　　 2백만 년의

to 2 million years of human history / of hunger and food shortage, / the last 100 years of food abundance / is
인류 역사에 비해 /　　　　　　 굶주림과 식량 부족의 /　　　　 식량 풍족함의 지난 100년은 /

too short. / Therefore, / the genes did not have enough time / to adapt to this sudden change. / Now you can
너무 짧다 /　 그러므로 /　　 그 유전자는 시간이 충분하지 않았다 /　　 이러한 갑작스러운 변화에 적응할 만큼 /　　 이제 여러분은 알 수 있다 /

see / why one-third of the world's population is overweight. /
　　 왜 세계 인구의 1/3이 과체중인지 /

❶ when은 선행사가 시간을 나타낼 때 사용하는 관계부사로, 「전치사(in/on/at) + which」로 바꿔 쓸 수 있다.

❷ which는 주격 관계대명사의 계속적 용법으로 선행사에 대한 추가적인 설명이 필요할 때 사용한다. which는 「접속사 + 대명사」로 바꿔 쓸 수 있는데, 여기서는 and they(fat-saving genes)가 된다.

❸ 앞에 나온 these fat-saving genes를 수식하는 과거분사구로, 전치사 as는 자격, 신분 등을 나타내고 '로서'로 해석한다.

❹ compared to는 '~와 비교할 때'의 의미로 compared with나 in comparison to[with]로도 쓸 수 있다.

---

10   You Only Live Once!

문제 정답 | **1** ②   **2** ⑤   **3** (1) T (2) F (3) T   **4** ③

문제 해설   **1** 젊은 세대와 요즘 세대의 각기 다른 삶의 스타일을 언급한 후,18행의 People should choose what they believe is the most important to them.에서 자신이 가장 중요하다고 믿는 것을 선택해야 한다고 했으므로, 필자의 충고로 ②가 가장 적절하다.

2 젊은 사람들이 YOLO 생활 방식을 선택한 이유는 고학력임에도 취직이 힘들고, 집값의 급격한 상승으로 인해 집을 구매하는 것이 불가능하기 때문이므로, ⑤ '경제적 불확실성'이 가장 적절하다.
　① 사회적 정체성 　　　　　　　② 정치적인 불안정
　③ 문화적 선호 　　　　　　　　④ 개인적이 차이

3 1행의 People with this YOLO way of thinking seek to enjoy the present instead of worrying about future happiness.와 11행의 they prefer to spend money on unique experiences which give them immediate happiness.에서 YOLO는 미래를 걱정하기보다는 지금 이 순간의 행복을 즐기는 것임을 알 수 있다. 따라서(1)과 (3)은 YOLO 생활 방식이고, 미래를 위해 저축하는 내용을 담은 (2)는 그러한 방식이 아님을 알 수 있다.
(1) 나는 미래가 보장되어 있지 않아서 내가 가진 모든 것을 즐기고 멋진 경험을 추구하고 싶다.
(2) 나는 현재를 소중히 여기지만, 얼마간의 돈을 쓸 기회가 있기 전에 미래를 위해 그것을 따로 떼어 둔다.
(3) 나는 내 삶에서 날마다의 행복과 의미를 찾고 싶다. 나는 내가 은퇴하는 날까지 그 일을 미루고 싶지 않다.

정답과 해설 | 17

4 present: 현재, 지금; 선물; 참석한

① Brian은 나에게 선물로 콘서트 티켓을 주었다.

② 대통령은 그 회의에 참석하지 않았다.

③ 우리는 과거가 아닌 현재에서 사는 것을 배워야 한다.

YOLO는 'You Only Live Once'의 줄임말이다. 이 YOLO 사고 방식을 지닌 사람들은 미래의 행복에 대해 걱정하는 대신에 현재를 즐기려고 한다. 그들은 스포츠, 여행, 근사한 저녁 식사나 세련된 옷과 같이 즉각적인 즐거움을 가져다 줄 수 있는 것들에 돈을 소비한다.

사회 과학자들에 따르면, 젊은 세대는 경제적 불확실성으로 인해 YOLO 생활 방식을 선택했다. 많은 젊은이들이 고학력임에도 불구하고 일자리를 찾는 데 어려움을 겪고 있다. 게다가 지난 10년 동안 주택 가격이 급격히 상승하여 젊은이들이 집을 구매하는 것이 결코 가능하지 않다고 느낀다. 따라서 그들은 아주 협소한 생활 공간을 확보할 돈을 모으기 위해 자신들의 인생에서 가장 좋은 나날들을 낭비하는 대신에, 자신들에게 즉각적인 행복을 선사해주는 특별한 경험에 돈을 소비하는 것을 선호한다.

그러나 YOLO의 생활 방식은 어른 세대들에게 비판을 받는데, 그들은 재정적 자유와 미래의 안정성에 더 초점을 맞췄었다. 그들은 결국 인생에서 많은 멋진 경험을 놓칠 정도로 돈을 저축하려고 열심히 노력했다. 그렇다면 삶을 사는 올바른 방법은 무엇일까? 옳고 그른 답은 없다. 대신 그것은 우선순위의 문제이다. 사람들은 자신이 가장 중요하다고 믿는 것을 선택하면 된다.

지문 풀이

YOLO is short for "You Only Live Once." / People with this YOLO way of thinking / seek to enjoy the
YOLO는 'You Only Live Once'의 줄임말이다 /　　　이 YOLO 사고 방식을 지닌 사람들은 /　　　현재를 즐기려고 한다 /

present / instead of worrying about future happiness. / They ❶ **spend money** / **on things** that can bring
미래의 행복에 대해 걱정하는 대신에 /　　　　그들은 돈을 소비한다. /　　　즉각적인 즐거움을 가져다 줄 수 있는 것들에 /

immediate pleasure / like sports, travel, fancy dinners or fashionable clothes. /
즉각적인 즐거움을 /　　스포츠, 여행, 근사한 저녁 식사나 세련된 옷과 같이 /

According to social scientists, / the younger generation has adopted the YOLO lifestyle / due to economic
사회 과학자들에 따르면 /　　　　젊은 세대는 YOLO 생활 방식을 선택했다 /　　　경제적 불확실성으로 인해 /

uncertainty. / Many young adults have difficulty finding jobs / even if they are highly educated. / In
　　　많은 젊은이들이 일자리를 찾는 데 어려움을 겪고 있다 /　　고학력임에도 불구하고 /

addition, / housing prices have risen sharply / over the last decade, / so young adults feel / that buying a house
또한 /　　주택 가격이 급격히 상승했다 /　　지난 10년 동안 /　　그래서 젊은이들이 느낀다 /　　집을 사는 것이 결코 가능하지

is simply not possible. / Therefore, / instead of ❷ **wasting the best years of their lives** / **saving** money just to
않고 /　　따라서 /　　자신들의 인생에서 가장 좋은 나날들을 낭비하는 대신 /　　단지 아주 협소한 생활 공간을 확보할

secure a tiny living space, / they prefer to ❸ **spend money** / **on unique experiences** / which give them
돈을 모으기 위해 /　　그들은 돈을 쓰는 것을 선호한다 /　　특별한 경험에 /　　그들에게 즉각적인 행복을

immediate happiness. /
주는 /

However, / the YOLO way of living / is criticized by the older generation, / ❹ **who** focused more on financial
그러나 /　　YOLO의 생활 방식은 /　　어른 세대들에게 비판을 받는다 /　　그리고 그들은 재정적 자유와 미래의 안정성에 더

freedom and future stability. / They tried hard to save money / to the point that they ended up missing out on
초점을 맞췄다 /　　　그들은 돈을 저축하려고 열심히 노력했다 /　　그들이 결국 놓칠 정도로 /

many great experiences in life. / So what is the right way / to live life? / There is no right or wrong
인생에서 많은 멋진 경험을 /　　그렇다면 올바른 방법은 무엇일까 /　　삶을 사는? /　　옳고 그른 답은 없다 /

answer. / Instead, / it is a matter of priority. / People should choose / what ❺ **they believe** / is the most
대신 /　　그것은 우선순위의 문제이다 /　　사람들은 선택하면 된다 /　　그들이 믿기에 /　　본인들에게 가장

important to them. /
중요한 것을 /

❶, ❷ ❸ 「spend〔waste〕 + 목적어 + -ing」 구문은 '~하는 데 …을 쓰다〔낭비하다〕'의 의미이다. 뒤에 명사(구)가 올 때는 「spend〔waste〕 + 목적어 + on + 명사(구)」의 형태로 쓴다.

ex. The school **spends a lot of money buying** teaching materials.

(그 학교는 교수용 교재를 구입하는 데 많은 돈을 쓴다.)

The school **spends a lot of money on** teaching materials.

(그 학교는 교수용 교재에 많은 돈을 쓴다.)

❹ 계속적 용법의 관계대명사로, 앞에 선행사가 사람이므로 who로 썼다. 이는 and they(the older generation)로 바꾸어 쓸 수 있다.

❺ they believe는 문장 구성에 영향을 주지 않는 삽입절로 생략이 가능하다. 주어의 의견이나 기대를 표현할 때 쓰며, 주로 think, consider, believe, know 등의 동사가 온다.

---

11 역사의 한 페이지는 승자에게로부터! pp. 36~37

문제 정답 | **1** ③ **2** (1) T (2) F (3) T **3** lose, win **4** distortion

---

문제 해설 **1** (A) 승자에 따라 역사적 사실이 바뀔 수 있다는 내용 뒤에 링컨과 제2차 세계대전의 구체적인 사례가 언급되는 것으로 보아, For example이 적절하다.

(B) 승자가 패자가 되기도 하고, 패자가 승자가 되기도 한다는 내용이 앞에 온 후, 역사는 동기가 다른 가지각색의 사람들에 의해서 끊임없이 재구성, 재해석 된다는 글의 결과가 언급되고 있으므로, Therefore가 적절하다.

2 (1) 2행의~ history is often full of distortions and one-sided views에서 승자에 의해 역사는 왜곡되고 편향된 시각으로 가득하다고 했으므로,(1)은 맞는 내용이다.

승자는 종종 역사를 자신들에게 유리하게 왜곡한다.

(2) 3행의 So-called historical facts are determined by the winner, so if the winner changes, the facts may be completely altered.에서 승자에 따라 역사적인 사실도 바뀔 수 있다고 했으므로, (2)는 틀린 내용이다.

역사를 쓰는 사람들은 승자와 패자의 시각을 동등하게 반영한다.

(3) 12행의 ~ history is bound to be continuously reconstructed, and reinterpreted by all sorts of people with different motives에서 다른 동기를 가진 가지각색의 사람들에 의해 역사는 계속해서 재해석되고 재구성된다고 했으므로, (3)은 맞는 내용이다.

역사는 다음 세대에 의해 끊임없이 재평가된다.

3 vice versa는 '그 반대도 마찬가지이다' 의미이므로, 패자였던 사람들이 승자가 될 수 있다는 내용이 되어야 한다.

때때로 한 시대에 패하는 사람들이 다른 시대에는 승리할 것이다.

4 distortion: 왜곡; 뒤틀림

• 그녀가 말한 이야기는 사실이 왜곡된 것이다.

• TV 화면에 약간의 뒤틀림이 있다.

전쟁에서 이기는 자는 누구나 역사를 쓰게 된다. 승자는 무엇이 선인지 또는 악인지를 결정한다. 이런 이유로, 역사는 종종 왜곡과 편향된 시각으로 가득하다. 소위 역사적 사실이라는 것들은 승자에 의해 결정되므로, 승자가 바뀌면 그 (역사적) 사실은 완전히 달라질 수 있다. 예를 들어, 링컨이 남북 전쟁에서 패했었다면, 그는 국가 반역자로 여겨졌을 것이다. 일본이 2차 세계대전에서 승리를 했었다면, 많은 미국 장교들이 원자 폭탄으로 수십만 명의 일본의 민간인들을 살해한 전쟁범들로 간주되었을 것이다.

역사를 통틀어 승자는 끊임없이 변한다. 간혹 한 시대에 승리하는 사람들은 다른 시대에 패하기도 하고 그 반대이기도 하다. 그러므로, 역사는 반드시 다른 동기를 가진 가지각색의 사람들에 의해 지속적으로 재구성되고 재해석된다.

지문 풀이

❶ **Whoever** wins the war / gets to write history. / Winners decide / what is good or evil. / For this reason, /
전쟁에서 이기는 자는 누구나 / 역사를 쓰게 된다 / 승자는 결정한다 / 무엇이 선인지 또는 악인지 / 이런 이유로 /

history is often full / of distortions and one-sided views. / So-called historical facts are determined / by the
역사는 종종 가득하다 / 왜곡과 편향된 시각으로 / 소위 역사적 사실은 결정된다 / 승자에

winner, / so if the winner changes, / the facts may be completely altered. / For example, / ❷ **if** Lincoln **had**
의해 / 그래서 만약 승자가 바뀌면 / 그 (역사적) 사실은 완전히 달라질 수 있다 / 예를 들어 / 링컨이 남북 전쟁에서

lost the Civil War, / he **would have been viewed** / as a national traitor. / ❸ **If** Japan **had won** World War II, /
패했었다면 / 그는 여겨졌을 것이다 / 국가 반역자로 / 만약 일본이 2차 세계대전에서 승리를 했었다면 /

many American officers **would have been considered** / war criminals / for killing hundreds of thousands of
많은 미국 장교들이 간주되었을 것이다 / 전쟁범으로 / 수십만 명의 일본의 민간인을 살해한 /

Japanese civilians / with atomic bombs. /
원자 폭탄으로 /

Throughout history, / the winners constantly change. / Sometimes people who win in one era / would lose in
역사를 통틀어 / 승자는 끊임없이 변한다 / 간혹 한 시대에 승리하는 사람들은 / 다른 시대에 패하기도

another / and ❹ **vice versa**. / Therefore, / history is bound to be continuously reconstructed and reinterpreted / by
한다 / 그리고 그 반대도 마찬가지이다 / 그러므로 / 역사는 반드시 지속적으로 재구성되고 재해석된다 / 다른

all sorts of people with different motives. /
동기를 가진 가지각색의 사람들에 의해 /

❶ 복합관계대명사 whoever는 선행사를 포함하며 명사절을 이끌어 anyone who(~하는 사람은 누구나)의 의미를 갖는다. Whoever wins the war은 문장의 주어로 쓰였다.

❷, ❸ 가정법 과거 완료는 과거 사실의 반대를 가정하는 것이다. 「If + 주어 + had p.p. ~, 주어 + 과거형 조동사(would[should/could/might] + have p.p.」의 형태로 '(사실은 그렇지 않지만) ~했다면, …했을 텐데'의 의미이다.

❹ vice versa는 '그 반대도 사실이다, 그 반대의 경우도 마찬가지이다'의 의미이다.
ex. The key is useless without the lock, **and vice versa**. (열쇠는 자물쇠가 없으면 쓸모 없고, 그 반대도 마찬가지이다.)

---

12 설득이 필요하니? 감정 뇌에게 말해 봐! pp. 38~39

문제 정답 | **1** ③ **2** ④ **3** ② **4** (1) provoke (2) paralyze

---

문제 해설 **1** 인간의 뇌에는 두 종류 즉 정서 뇌인 변연계와 사고 뇌인 신피질이 있다는 주어진 글 다음에, 둘 중 어느 것이 더 강력한지를 설명한 (B)가 이어지고, 실제로 상대방을 설득할 때 작용하는 두 뇌의 기능을 구체적으로 설명한 (C)가 온 후, 마지막으로 효과적으로 설득하는 방법이 언급된 (A)로 글이 마무리되는 것이 흐름상 적절하다.

2 상대방을 설득하기 위해서는 더 강력한 힘을 가진 정서 뇌에 호소해야 설득 가능성이 높아진다는 내용이므로, 글의 제목으로 ④ '누군가를 설득하기 위해서는 정서 뇌에 호소하라'가 적절하다.

① 논쟁에서 이기기 위해 논리를 사용하라.

② 당신의 정서 뇌를 통제하는 방법

③ 논리적 추론의 중요한 역할

⑤ 우리 뇌의 두 개의 다른 부분은 같은 기능을 가지고 있다

3 11행의 ~ the emotional brain is much more powerful and influential than the thinking brain.에서 정서 뇌가 사고 뇌보다 더 강력하고 영향력이 있다고 했으므로, (A)에는 '통치자(ruler)', (B)에는 '신하(subject)'가 적절하다.

① 작가 – 독자   ③ 상담가 – 의뢰인   ④ 판사 – 변호사   ⑤ 판매자 – 구매자

4 provoke: 화나게 하다, (신경을) 건드리다 / paralyze: 마비시키다; 무력하게 만들다

(1) 어떤 반응, 특히 부정적인 것을 일으키다

(2) 어떤 것을 정상적으로 또는 효과적으로 완전히 작동할 수 없게 만들다

본문 해석

인간의 뇌에는 정서 뇌와 사고 뇌의 두 부분이 있다. 변연계라고 불리는 정서 뇌는 분노, 두려움 또는 사랑과 같은 감정을 담당한다. 신피질이라고 불리는 사고 뇌는 논리, 이성, 상상력 및 언어를 담당한다.

(B) 두 두뇌 중 어느 것이 당신의 생각과 행동에 더 큰 지배력을 갖는가? 일반적인 믿음과는 달리, 정서 뇌가 사고 뇌보다 훨씬 강력하고 영향력이 있다. 즉, 정서 뇌는 통치자와 같고 사고 뇌는 신하와 같다.

(C) 따라서 당신이 누군가를 설득하려면, 그들의 정서 뇌에 호소해야 한다. 당신이 그저 그들의 사고 뇌에 호소한다면, 아무런 도움이 되지 않을 것이다. 논리만을 사용하는 것은 논쟁에서 이기는 데는 도움이 될 수는 있지만 그들의 자존심을 상하게 하고 정서 뇌를 자극할 수 있다. 정서 뇌가 (뇌를) 장악하면, 그것은 논리적 사고를 담당하는 영역인 사고 뇌를 마비시킨다.

(A) 그러므로 누군가를 설득하고 싶을 때는 그저 논리적 추론에만 의존하는 대신에 자신의 생각과 감정을 침착하게 표현해 보라. 만약 당신이 그들을 비판하거나 그들의 정서 뇌를 자극하지 않으면 그들의 마음을 바꿀 수 있는 가능성이 더 높아진다.

지문 풀이

The human brain has two parts: / an emotional brain and a thinking brain. / The emotional brain, / called
인간의 뇌에는 두 부분이 있다 / 정서 뇌와 사고 뇌 / 정서 뇌는 / 변연계라고

the limbic brain, / is responsible for your feelings, / such as anger, fear, or love. / The thinking brain, / called
불리는 / 당신의 감정을 담당한다 / 분노, 두려움 또는 사랑과 같은 / 사고 뇌는 / 신피질이라고

the neocortex, / is responsible / for logic, reason, imagination, and language. /
불리는 / 담당한다 / 논리, 이성, 상상력 및 언어를 /

(B) Which of the two brains has more power / over your thoughts and behavior? / Contrary to popular belief, /
두 두뇌 중 어느 것이 더 큰 지배력을 갖는가 / 당신의 생각과 행동에? / 일반적인 믿음과는 달리 /

the emotional brain is / ❶ **much** more powerful and influential / than the thinking brain; / the emotional
정서 뇌가 / 훨씬 강력하고 영향력이 있다 / 사고 뇌보다 / 정서 뇌는 통치자와 같다

brain is like a ruler / and the thinking brain like a subject. /
그리고 사고 뇌는 신하와 같다 /

(C) So if you want to persuade someone, / you should appeal to their emotional brain. / ❷ **If you** just **appeal**
따라서 당신이 누군가를 설득하려면 / 당신은 그들의 정서 뇌에 호소해야 한다 / 당신이 그저 그들의 사고 뇌에

to their thinking brain, / you will likely get nowhere. / Using logic only / may ❸ **help you win** the
호소한다면 / 당신은 아무런 도움이 되지 않을 것이다 / 논리만을 사용하는 것은 / 당신이 논쟁에서 이기는 데는 도움이 될 수 있다 /

argument, / but it may hurt their pride / and provoke their emotional brain. / When their emotional brain
그러나 그것은 그들의 자존심을 상하게 한다 / 그리고 그들의 정서 뇌를 자극할 수 있다 / 정서 뇌가 (뇌를) 장악하면 /

takes over, / it paralyzes their thinking brain, / the area that is responsible for logical thinking. /
그것은 사고 뇌를 마비시킨다 / 논리적 사고를 담당하는 영역인 /

(A) Therefore, / when you want to persuade someone, / ❹ **try expressing** / your thoughts and feelings calmly /
그러므로 / 누군가를 설득하고 싶을 때는 / 표현해 보라 / 당신의 생각과 감정을 침착하게 /

instead of relying on logical reasoning alone. / If you don't criticize them or provoke their emotional
그저 논리적 추론에만 의존하는 대신 / 만약 당신이 그들을 비판하거나 그들의 정서 뇌를 자극하지 않으면 /

brain, / you have a better chance / of changing their mind. /
당신은 가능성이 더 높아진다 / 상대방의 마음을 바꿀 수 있는 /

❶ much는 '훨씬'이라는 뜻으로 비교급을 강조하는 부사이다. much 이외에도 even, far, a lot, still 등이 올 수 있다.

❷ 조건을 나타내는 접속사 if절은 동사의 현재 시제가 미래 시제를 대신한다.
　ex. **If you are** tired, we **will bring** you to the best local spas.
　　（여러분이 피곤하시다면, 저희가 최고의 지역 스파로 모셔다 드리겠습니다.）

❸ 「help + 목적어 + (to)동사원형」은 '~가 …하는 것을 돕다'의 의미를 나타낸다. 목적격보어로 동사원형과 to부정사를 모두 쓸 수 있다.

❹ 「try + -ing」는 '시험 삼아 해보다'의 의미이고, 「try + to부정사」는 '노력하다, 애쓰다'의 의미이다.
　ex. I **tried writing** an essay in English. （나는 시험 삼아 영어로 에세이를 썼다.）
　　Sam **tried to unlock** the door. （Julie는 문을 열기 위해 애썼다.）

REVIEW TEST

p. 40

문제 정답 | **1** ② **2** ③ **3** ④ **4** ① **5** ② **6** vice versa **7** out **8** to **9** as

문제 해설 **1** 나머지가 모두 '사람의 직업'을 의미하는 반면에, ②는 '반역자, 배반자'를 뜻한다.
　① 변호사　③ 상담자　④ 생물학자

2 나머지가 모두 '명사 – 형용사'로 짝지어진 반면에, ③은 '생존하다 – 생존'의 '동사 – 명사'의 관계이다.
　① 논리 – 논리적인　② 비만 – 비만의　④ 재정, 자금 – 재정(상)의

3 get nowhere: 아무런 도움이 안 되다, 아무런 효과가 없다
　우리는 오전 내내 그 쟁점을 논의했지만 아무런 도움이 안됐다.
　① 부족　② 추리, 추론　③ 동기, 이유

4 influential: 영향력 있는
　Sam은 이 지역의 영향력 있는 인물 중 한 명이다.
　② 현대의　③ 원시의, 초기의　④ 즉각적인

5 fancy: 값비싼, 고급의 / expensive, popular, and fashionable

6 vice versa: 그 반대도 마찬가지이다
　우리는 그 사람들을 신뢰하지 않고, 그들도 우리를 신뢰하지 않는다[그 반대도 마찬가지이다].

7 miss out on: (소중한 것을) 놓치다, 잃다
　우리는 새롭고 신나는 경험을 놓치기 원하지 않는다!

8 be bound to: 반드시 ~하다
　계속 노력하면, 당신은 반드시 해답을 찾는다.

9 view A as B: A를 B라고 여기다 / A is viewed as B: A가 B라고 여겨지다
　그 기계가 처음 만들어 졌을 때, 디자인이 매우 독창적이라고 여겨졌다.

| **13** | 나의 능력은 어디까지일까? | pp. 42~43 |

문제 정답 | **1** ③　　**2** 자신의 능력을 지나치게 과신하는 것　　**3** (1) T (2) T (3) F　　**4** (1) exaggerate (2) confidence

문제 해설

1 자신의 능력을 과대평가할 경우 결국 자신이 잘하던 분야에서조차 자신감을 잃어 실패로 이어질 수 있으므로 자신의 능력에 대한 현실적인 평가를 토대로 꿈을 이루어 나가야 한다는 내용이므로, ③ '당신의 능력의 실제적인 평가'가 적절하다.
① 훌륭한 과거의 성공 이력
② 당신의 미래에 대한 구체적인 계획
④ 비범한 지식의 깊이
⑤ 당신의 성취에 대한 과소 평가

2 4~5행에서 언급된 an exaggerated sense of your capabilities와 convince yourself you are super-human과 같이 자신의 능력을 과대평가하는 태도를 의미한다.

3 (1) 3행 참조　(2) 4~6행 참조　(3) 8~9행 참조

4 (1) exaggerate: 과장하다
　　어떤 것을 실제보다 더 크고 더 대단하다고 생각하거나 설명하다
(2) confidence: 자신감, 확신
　　어떤 것을 잘 하거나 성공할 수 있는 느낌이나 믿음

본문 해석　어느 동기부여 도서든 펼치기만 하면, 당신이 가지고 있는 놀라운 능력과 당신이 이룰 수 있는 대단한 업적에 대한 모든 것을 들려줄 것이다. 자기 자신에 대해 믿음을 가져야 함은 사실이다. 이런 면에서 이 메시지들은 당신에게 도움이 된다. 그러나 당신의 능력에 대한 과장된 느낌(과신)은 결국에는 (마치) 그것에 대한 제한된 느낌(열등감)이 가치가 없듯이 가치가 없다. 당신은 스스로를 초인적이라고 확신하려 해서는 안 된다. 당신은 너무 많은 강점을 가지고 있다고 주장함으로써 스스로를 실패로 몰아갈 수 있다. 그러한 태도는 결국 당신이 뛰어난 분야에서조차 자신감을 약하게 할 수 있다. 최고의 자신감은 당신의 능력에 대한 실제적인 평가를 토대로 해야 하며, 그것이 당신의 모든 꿈으로 가는(꿈을 이루는) 길을 밝혀 줄 거라는 것을 기억해라.

지문 풀이

If you open any motivational book, / you will hear all / about the wonderful powers / ❶ **you possess** / and the
당신이 어느 동기부여 도서든 펼치기만 하면 / 당신은 모든 것을 들을 것이다 / 놀라운 힘에 관해 / 당신이 가진 / 그리고

amazing achievements / **you are capable of.** / It is true / ❷ **that you must believe in yourself.** / In this way, /
대단한 업적들 / 당신이 할 수 있는 / ~은 사실이다 / 당신이 자신을 믿어야만 한다는 것은 / 이런 면에서 /

such messages are useful to you. / But an exaggerated sense / of your capabilities / is ❸ **no more valuable** / in
그런 메시지들은 당신에게 유용하다 / 그러나 과장된 느낌은 / 당신의 능력에 대한 / 가치가 없다 /

the long run / **than** a limited sense of them. / You should not try to convince yourself / you are super-human. /
결국에는 / (마치) 제한된 자신감이 (가치가 없듯이) / 당신은 스스로를 확신하려고 하지 말아야 한다 / 당신이 초인적이라고 /

You will push yourself / to failure / by claiming too many strengths. / Such an attitude will ultimately weaken /
당신은 자신을 몰 것이다 / 실패로 / 너무 많은 강점을 가지고 있다고 주장함으로써 / 그런 태도는 결국 약하게 할 것이다 /

your confidence / even in the areas / that you do excel in. / Remember / that your best confidence is based
당신의 자신감을 / 그 분야에서 조차 / 당신이 정말로 뛰어난 / 기억하라 / 당신의 최고의 자신감은 토대로 한다는 것을 /

on / a realistic evaluation of your abilities, / and it highlights the path to all your dreams. /
당신 능력의 실제적인 평가에 / 그리고 그것은 당신의 꿈으로 향하는 길을 밝혀 준다 /

❶ you possess와 you are capable of 앞에는 각각 관계대명사 that이 생략되었다.

ex. All the products (**that**) we made are cooked, cut and frozen. 저희가 만든 모든 제품은 조리되고, 잘라진 후 얼려집니다.

❷ It is true that you must believe in yourself.
　　가주어　　　　진주어 (주어가 너무 길어 뒤로 보낸 경우)

❸ no more A than B: B가 아니듯 A도 아니다

ex. Hands-free cell phone use while driving is **no more safe than** using a hand-held phone.
운전 중에 핸즈프리 휴대전화를 사용하는 것이 안전하지 않은 것은 마치 손으로 휴대전화를 들고 운전하는 것이 안전하지 않은 것과 같다.

14 　아카시아와 개미의 공생　　　　　　　　　　　　　　　pp. 44~45

문제 정답 | **1** ④　　**2** ④　　**3** (A) nectar　(B) attack　　**4** ④

문제 해설

1 식물과 동물의 공생 관계에 관한 글로 아카시아 나무와 개미의 관계를 그 예로 들고 있으므로, ④ '개미와 아카시아 나무의 협력'이 가장 적절하다.
① 아카시아 나무가 개미들을 끌어들이는 방법들
② 개미: 지구상에서 가장 강한 종
③ 개미가 공격하면 그 어떤 것도 그것들을 막을 수 없다
⑤ 어떻게 유해한 곤충들에 대비해 방어하는가

2 10행에서 곤충이 나무를 침입하거나 공격할 때, 개미가 맹렬히 공격한다고 하였으므로, 빈칸에 들어가기에 가장 적절한 것은 ④ '집 주인에 의해 고용된 충성스러운 전사'이다.
① 다른 종을 지배하고 싶어 하는 침입자들
② 적의 뒷마당에 숨은 사냥꾼들
③ 평화 수호를 위해 자원해서 나서는 군인들
⑤ 전쟁터에서 잡힌 죄수들

3 첫 번째 문단에서 개미는 아카시아 나무로부터 꿀을 얻어 유충을 키우는 데 사용한다고 했으며, 두 번째 문단에 그 답례로 개미가 아카시아 나무를 침입하는 곤충들의 공격에서 보호한다는 내용이 나와 있다.
아카시아 나무는 개미에게 꿀을 제공하고, 개미는 유해한 곤충의 공격으로부터 아카시아 나무를 보호해 주는 것으로 그 은혜를 갚는다.

4 주어 the ants가 복수 명사이며, 동사 climb과 bite가 접속사 and에 의해 연결되어 있는 구조이므로 bites는 복수 동사 bite로 고쳐야 한다.

자연에서는 식물과 동물이 살아남기 위해 그들이 필요로 하는 것을 얻고자 서로 의지한다. 한 가지 좋은 예가 아카시아 나무와 그곳에 거주하는 개미 사이의 관계에서 발견될 수 있다. 개미의 한 종들은 아카시아 나무의 속이 빈 가시 안에 산다. 개미들은 나무 줄기와 잎에서 만들어지는 꿀을 먹는다. 그 꿀은 단백질과 지방이 풍부해서 그것들의 유충을 키우는 데 사용된다. 그렇다면 나무는 이 특별한 선물에 대한 대가로 개미에게 무엇을 기대하는 걸까?

개미는 그 크기와 상관없이 다른 모든 곤충들에게 매우 공격적이다. 그래서 '적' 곤충이 나무를 공격하거나 침범하면 개미는 나무 줄기를 내려와 그것들을 맹렬히 물어 버린다. 연구에 따르면 개미가 서식하지 않는 아카시아 나무는 개미가 서식하는 나무와 비교해서 해충의 공격으로부터 더 많이 고통 받는다. 연구원들은 개미들이 <u>집주인에 의해 고용된 충성스러운 전사</u>와 같다고 결론을 내렸다.

In nature, / plants and animals ❶ **depend on** each other / for the things they need / to stay alive. / One good
자연에서는 / 식물과 동물이 서로 의지한다 / 그들이 필요로 하는 것을 위해 / 살아남기 위해 / 한 가지 좋은

example can be found / in the relationship / between acacia trees and their resident ants. / A species of ant
예가 발견될 수 있다 / 관계에서 / 아카시아 나무와 거주하는 개미 사이의 / 개미의 한 종이

lives / inside the hollow thorns / of the acacia tree. / The ants eat the nectar / ❷ **produced** from the tree's
산다 / 속이 빈 가시 속에 / 아카시아 나무의 / 개미는 꿀을 먹는다 / 나무 줄기와 잎에서 만들어지는

trunk and leaves. / The nectar is very rich in protein and fat, / so the ants use it / to nurture their larvae. / So
그 꿀은 단백질과 지방이 풍부하다 / 그래서 개미들은 그것을 사용한다 / 그것들의 유충을 키우기 위해 / 그래서

what does the tree expect / from the ants / in return for this special present? /
그 나무는 무엇을 기대하는가 / 개미로부터 / 이 특별한 선물에 대한 대가로

The ants are very aggressive / against all other insects / regardless of its size. / So when 'enemy' insects attack
개미들은 매우 공격적이다 / 모든 다른 곤충들에게 / 그것들의 크기와 상관없이 / 그래서 '적' 곤충이 나무를 공격하거나 침범할 때

or invade the tree, / the ants climb down the trunk / and bite them fiercely. / Studies have shown that / acacia
개미는 줄기를 내려온다 / 그리고 그것들을 맹렬히 문다 / 연구들은 보여주어 왔다 / 아카시아

trees / without any resident ants / ❸ **suffer** more / **from** attacks / by harmful insects / compared with
나무들은 / 살고 있는 개미가 없는 / 더 고통을 받는다 / 공격으로부터 / 유해한 곤충들에 의한 / 나무와 비교해서

trees / hosting the ants. / Researchers have concluded that / the ants are like loyal fighters / ❹ **hired** by their
개미가 살고 있는 / 연구원들은 결론을 내렸다 / 개미들은 충실한 전사와 같다고 / 그들의 집주인에 의해

house owners. /
고용된

❶ depend on은 '~에 의존하다'의 뜻으로 전치사 on은 '~에 기본/바탕을 둔'의 의미로 사용된다.
   ex. rely on ~에 의존하다 / hang on 매달리다, 의존하다 / count on 믿다, 의존하다 / bet on 믿다, 기대하다

❷, ❹ The ants eat <u>the nectar produced from the tree's trunk and leaves</u>.
                        명사를 뒤에서 수식하는 과거 분사구

~ the ants are like <u>loyal fighters hired by their house owners</u>.
                          명사를 뒤에서 수식하는 과거 분사구

❸ suffer from: (병, 고통, 슬픔 등) 시달리다, 고통 받다
   ex. He **suffers from** asthma. 그는 천식으로 고생하고 있다.

문제 정답 | **1** ③ **2** ③ **3** (1) T (2) F (3) F **4** honor

문제 해설

1 6명의 귀족들이 칼레를 포위한 영국군에 사형되는 것을 마다하지 않고 나서서 그 마을을 구했다는 내용이므로, 글의 제목으로 가장 적절한 것은 ③ '칼레를 구한 칼레의 귀족들'이다.
① 칼레의 귀족들을 구한 필리파
② 에드워드 3세는 칼레를 헛되이 침략했다
④ 1347년 칼레 전투에서 누가 승리를 했는가?
⑤ 칼레의 귀족들이 영국의 침략자들을 패배시켰다

2 (A) '칼레의 시민들이 항복하다'라는 능동의 의미가 되어야 하므로 surrender가 적절하다.
(B) 귀족들이 '스스로' 영국 왕에게 항복하면 시민들의 목숨을 살려준다는 내용이 되어야 하므로 themselves가 적절하다.
(C) 귀족들의 죽음이 뱃속의 아이에게 불운을 가져올 거라고 '주장하면서'의 능동의 의미가 되어야 하므로 claiming이 적절하다.

3 (1) 에드워드 3세는 그 시의 여섯 명의 지도자들이 그에게 굴복하면 칼레의 시민들의 목숨을 구해줄 것을 제안했다. (6~8행 참조)
(2) 가장 부유한 마을의 지도자들 중 한 명이 자원을 했고 다른 누구도 그와 함께하겠다고 결심하지 않았다. (10~12행 참조)
(3) 귀족들은 영국 여왕의 강한 반대에도 불구하고 목숨을 구했다. (13~16행 참조)

4 honor: 기리다, ~에게 경의를 표하다; 명예; 존경, 경의
• 전 세계의 사람들이 3월 17일에 아일랜드의 성인을 기리기 위해 성 패트릭의 날을 기념한다.
• 그 작가는 "감사합니다. 이 상을 수상하게 되어 영광입니다. 이 상은 매주 계속 글을 쓸 수 있도록 저에게 동기부여를 해 줍니다."라고 말했다.

본문 해석 1346년, 영국의 왕인 에드워드 3세는 그의 군대로 프랑스 도시인 칼레를 포위했다. 프랑스 왕인 필립 6세는 칼레의 시민들에게 무슨 수를 써서라도 저항할 것을 명령했다. 그러나 그들은 영국군을 이겨낼 수 없었고, 굶주림으로 인해 결국 굴복하게 되었다.

그때 에드워드 왕이 특이한 제안을 했다. 만약 6명의 지도자가 스스로 항복하여 사형에 처해지면 그 시민들을 살려주겠다고 제안했다. 그는 그들이 밧줄을 목에 매고 그 도시와 성의 열쇠를 지닌 채 걸어 나올 것을 요구했다. 가장 부유한 마을의 지도자들 중 한 사람인 우스타쉬 드 생 피에르가 맨 먼저 지원을 했고, 다른 5명의 귀족들도 그와 함께 했다.

그 귀족들은 처형될 것이라 예상했지만 영국 여왕인 필리파의 개입으로 목숨을 건질 수 있었다. 그녀는 그들의 죽음이 태아에게 불운을 가져다 줄 수 있다고 주장하면서 남편을 설득하여 자비를 베풀도록 하였다.

500년이 지난 후에, 칼레의 시민들은 그 귀족들을 기리기 위해 조각상을 세우기로 결정했다. 그 조각상을 만든 예술가는 로댕이었다.

지문 풀이

In 1346, / Edward III, the King of England, surrounded / the French city of Calais / with his army. / Philip VI,
1346년에　영국의 왕인 에드워드 3세는 포위했다 /　　프랑스 도시인 칼레를 /　　그의 군대로 /　　프랑스 왕인

the King of France, ❶ **ordered** / the citizens of Calais / **to hold out** / at all costs. / However, they could not get
필립 6세는 명령했다 /　　칼레의 시민들에게 /　　저항하라고 /　무슨 수를 써서라도 /　그러나, 그들은

through the English army, / and starvation eventually ❷ **forced** them **to surrender**. /
영국군을 극복할 수 없었다 /　　　　　그리고 굶주림이 결국 그들로 하여금 항복하도록 만들었다 /

Then Edward made an unusual proposal. / He offered / to spare the people of the city / if six of its leaders
그때 에드워드는 특이한 제안을 했다 /　　　　그는 제안했다　도시의 사람들을 살려줄 것을 /　　　만약 6명의 지도자들이 스스로

would surrender themselves to him, / presumably to be executed. / ❸ He **demanded** / that they **walk** out /
그에게 항복하여 /　　　　　　아마 사형에 처해지면 /　　　그는 요구했다 /　　　　그들이 걸어서 나올 것을 /

❹ **wearing** ropes around their necks / and **carrying** the keys to the city and castle. / ❺ **One of the wealthiest**
밧줄을 목에 매고 /　　　　　　그 도시와 성의 열쇠를 가지고 /　　　가장 부유한 마을의 지도자들 중 한

town leaders, / **Eustache de Saint Pierre,** / volunteered first, / and five other nobles joined him. /
사람인 /　　　우스타쉬 드 생 피에르가 /　　맨 먼저 지원했다 /　　　그리고 다른 5명의 귀족들이 그와 함께 했다 /

The nobles expected / to be executed, / but their lives were spared / by the intervention / of ❻ **England's**
그 귀족은 예상했다 /　　처형될 것이라고 /　　그러나 그들의 목숨은 구해졌다 /　　개입으로 /　　영국 여왕인 필리파의 /

Queen, Philippa. / She ❼ **persuaded** her husband **to show** mercy, / claiming that / their lives would be bad
　　　　　　그녀는 그녀의 남편을 설득했다 /　　자비를 베풀라고 /　주장하면서 /　그들의 죽음이 불운이 될 수 있다고 /

luck / for her unborn child. /
　　그녀의 태아에게 /

Five hundred years later, / the citizens of Calais decided / to erect a statue of the nobles / to honor them. / The
500년이 지난 후에 /　　　　칼레의 시민들은 결정했다 /　　귀족들의 조각상을 세우기로 /　　그들을 기리기 위해 /

artist / who created the statue / was Rodin. /
예술가는 /　그 조각상을 만든 /　로댕이었다 /

---

❶. ❷. ❼ order, force, persuade는 목적격 보어로 to부정사를 취하는 5형식 동사이다. remind, urge, invite, tell, advise, encourage, allow, ask, expect 등도 이 동사에 속한다.

❸ 당위성을 나타내는 동사(주장: insist, urge / 요구: demand, request, ask / 명령: order, command / 제안: suggest, propose) 뒤에 이어지는 that절은 '주어 + (should) 동사원형'의 형태로 쓴다.
　ex. The community **requested that** the animals in the forest **(should) be** protected.
　　　그 단체는 숲의 동물들이 보호되어야 한다고 요구했다.

❹ wearing과 carrying은 동시에 이루어지는 동작을 나타내는 분사구문으로 쓰였다.

❺. ❻ 명사 사이의 콤마(,)가 동격 관계임을 나타낸다.
　One of the wealthiest town leaders, Eustache de Saint Pierre
　　　　　　　　　　　　　　└── 동격 ──┘

　England's Queen, Philippa
　　　　　　　└── 동격 ──┘

---

16 기억을 꺼내는 실마리

pp. 48~49

문제 정답 │ **1** ② 　**2** ⑤ 　**3** (1) F (2) T 　**4** (1) cue (2) compete

---

문제 해설 **1** 점심에 대한 기억이 사라진 것이 아니라 단지 기억할 수 있을 정도로 특별할 것이 없는 점심이었기 때문이라는 내용이 되어야 하므로, ② '수많은 점심 시간에 대한 기억으로부터 그 기억을 끌어내는 적절한 단서'가 적절하다.
　① (기억이) 일상적인 기억의 웅덩이로 흘러 들어가게 하는 수로
　③ 기억을 또 하나의 점심 기억에 붙여주는 접착제
　④ 잠자는 기억들이 담긴 상자를 유지해 줄 기억의 용량
　⑤ 주목을 받기 위한 전쟁터에 있는 많은 경쟁자들

2 수많은 점심 중 하나의 점심을 떠올리는 것을 예시로 들며, 많은 기억에서 하나를 꺼내려면 정확한 단서가 필요하다는 내용의 글이므로, 글의 제목으로 가장 적절한 것은 ⑤ '기억의 창고에서 어떤 것을 기억해 내는 방법'이다.

　① 당신은 정말 당신이 기억하는 것이다
　② 나이가 들면서 기억력이 약해지는가?
　③ 무언가를 기억하는 방법: 당신 스스로 터득하라
　④ 장기 기억에 영향을 미치는 요인들

3 (1) 4~5행 참조　(2) 5~7행 참조

4 (1) cue: 힌트, 단서
　　　어떤 일이 일어날 징후
　(2) compete: 경쟁하다
　　　다른 누구보다 더 성공하려고 노력하다

본문 해석

지난 주에 먹은 점심을 얼마나 많이 기억하십니까? 오늘 먹은 것은 기억하십니까? 그렇기를 바랍니다. 어제는요? (기억하는 데) 아마 시간이 좀 걸렸을 것입니다. 그리고 그저께는 어떻습니까? 일주일 전은 어떻습니까? 지난주 점심에 관한 기억이 사라진 것은 아닙니다. 그것을 어디서 먹었는지 또는 그것을 누구와 먹었는지와 같은 정확한 단서가 주어진다면, 당신은 접시에 무엇이 담겨 있었는지 기억할 가능성이 높습니다. 좀 더 정확히 말하면, 지난주에 먹은 점심을 기억하기가 어려운데, (그것은) 당신의 뇌가 그저 또 다른 점심으로서 당신이 지금까지 먹었던 다른 점심들과 함께 따로 저장했기 때문입니다. 우리가 '점심'이나 '와인'과 같이 사례가 빈번한 카테고리에서 무언가를 떠올리려 할 때, 많은 기억들이 우리의 주목을 받으려고 경쟁합니다. 물론 지난 수요일 점심의 기억이 사라진 것은 아닙니다. 점심시간에 대한 기억의 바다로부터 그 기억을 끌어내는 적절한 단서가 부족하기 때문입니다. 그러나 말하는 와인, 그것은 유일무이합니다. 그것은 경쟁자가 없는 기억입니다.

지문 풀이

How many of the lunches / that you ate over the last week / can you recall? / Do you remember / what you
얼마나 많은 점심을 /　　　　당신이 지난 주에 먹은 /　　　　기억하십니까? /　　　기억하십니까 /　　　당신이 오늘 먹은

ate today? / I hope so. / Yesterday? / I bet / it takes a moment's effort. / And what about the day before
것은? /　　그럴 것이라 희망합니다 / 어제는요? / 제가 장담하건대 / 그것은 잠시의 노력이 들었을 겁니다 /　그리고 그저께는 어떻습니까? /

yesterday? / What about week ago? / It's not so much / that your memory of last week's lunch has
일주일 전은 어떻습니까? /　　　~은 아닙니다 /　　　지난 주 점심에 관한 기억이 사라진 것이 /

disappeared; / ❶ **if provided** with the right cue, / like where you ate it, or whom you ate it with, / you **would**
정확한 단서가 제공된다면 /　　　　　　당신이 그것을 어디서 먹었는지를 또는 그것을 누구와 먹었는지와 같은 /　당신은 기억할

likely **recall** / what had been on your plate. / Rather, / it's difficult / to remember last week's lunch / because
가능성이 높습니다 / 접시에 무엇이 있었는지를 / 좀 더 정확히 말하면 / 그것이 어렵습니다 / 지난 주에 먹은 점심을 기억하기가 /　당신의

your brain has filed it away / with ❷ **all the other lunches** / **you've ever eaten** / as just another lunch. / When
뇌는 따로 저장했기 때문입니다 /　　다른 모든 점심들과 함께 /　　당신이 지금까지 먹었던 /　그저 또 다른 점심으로서 /　우리가

we try to recall something / from a category / that includes / as many instances / as "lunch" or "wine," / many
무언가를 떠올리려 할 때 /　어떤 카테고리에서 /　포함하는 /　많은 경우를 /　'점심'이나 '와인'만큼 /　많은

memories compete / for our attention. / The memory of last Wednesday's lunch / ❸ **isn't necessarily** gone; /
기억들이 경쟁합니다 /　우리의 주목을 끌려고 /　지난 수요일 점심의 기억이 /　반드시 사라진 것은 아닙니다 /

it's that you lack the right hook / to pull it out of a sea of lunchtime memories. / But a wine that talks: /
적절한 단서(갈고리)가 부족하기 때문입니다 /　그것을 점심시간에 대한 기억(의 바다)에서 끄집어낼 /　그러나 말하는 와인 /

That's unique. / It's a memory without rivals. /
그것은 유일무이합니다 /　이것은 경쟁자가 없는 기억입니다 /

❶ 가정법 과거 「If + 주어 + 과거형 동사, 주어 + would/could + 동사원형」구문이 쓰였으며, If와 provided 사이에 「주어 + be동사」 you were가 생략되었다.

❷ all the other lunches (that[which]) you've ever eaten: 목적격 관계대명사절에서 관계대명사 that[which]이 생략되었다.

❸ not necessarily: 반드시 ~한 것은 아니다 (부분 부정)
ex. Biggest **doesn't necessarily** means best. 가장 큰 것이 반드시 가장 좋은 것을 의미하는 것은 아니다.

REVIEW TEST

p. 50

문제 정답 | **1** ③   **2** ④   **3** ①   **4** ②   **5** ②   **6** ②   **7** ③   **8** ③

문제 해설

1 ①, ②, ④는 유의어 관계이고, ③은 반의어 관계이다.
① 예 – 예   ② 사납게 – 공격적으로   ③ 공급 – 수요   ④ 마침내 – 결국

2 in the long run: 결국에는

3 attach: 붙이다
신청서에 최근 사진을 붙이는 것을 잊지 마십시오.
② 처형하다   ③ 사라지다   ④ 확신시키다

4 surrender: 항복하다
군인들은 침략자에게 항복하느니 차라리 죽음을 택할 것이다.
① 소유하다   ③ 결론짓다   ④ 강조하다

5 nurture: 키우다, 양육하다
아이나 식물이 자라는 동안 먹이고 돌보아 주다
① 과장하다   ③ 주장하다   ④ 약화시키다

6 intervention: 개입
일어난 일을 변화시키기 위해 상황에 관여하는 행위
① 주의   ③ 성취   ④ 평가

7 lack: 부족, 결핍; ~이 없다, ~이 모자라다
• Jessy의 유일한 문제점은 자신감의 부족이다.
• 이 집에 모자란 것은 물건을 보관할 공간이다.
① 물린 곳; 물다   ② 주인; 주최하다   ④ 내기; 내기하다

8 spare: ~의 목숨을 살려 주다; 나누어주다; 절약하다; 남은, 여분의
• 그들은 그에게 여자들과 아이들을 살려 달라고 부탁했다.
• 우리와 하룻밤을 보내고 싶으시다면 여분의 방이 있습니다.
① 나무의 몸통   ② 고용하다   ④ 세우다

17 배경도 함께 기억하는 우리의 두뇌 pp. 52~53

문제 정답 | **1** ② **2** ④ **3** (1) T (2) F (3) T **4** trigger

문제 해설

1 11~14행에서 공부를 한 방에서 기억 회상 시험을 본 아이들이 기억을 더 잘해냈다는 내용이 있으므로, 빈칸 (A)에는 recalled가, 빈칸 (B)에는 learned가 들어가는 것이 적절하다.

정보는 그것이 원래 <u>학습된</u> 곳과 같은 환경에서 더 잘 <u>기억나는</u> 경향이 있다.

	(A)	(B)		(A)	(B)
①	잊혀진	– 학습된	②	기억나는	– 학습된
③	기억나는	– 시험이 치뤄진	④	전달된	– 시험이 치뤄진
⑤	전달된	– 합쳐진			

2 시험을 위해 공부를 한 시점이 시험을 본(tested) 시점보다 더 이전에 일어난 일이므로 과거완료(had p.p.) 형태인 had learned로 고쳐야 한다.

3 (1) 1~4행 참조

나는 시험 장소에서 앉은 비슷한 의자에 앉아서 시험 공부를 한다.

(2) 시험 공부를 할 때 음악을 듣는 것일 뿐, 그 음악이 과거의 특정 기억을 떠오르는 매개체는 아니다.

나는 내가 어렸을 때 들었던 같은 음악을 들으면서 시험 공부를 한다.

(3) 5~6행 참조

시험 장소에서, 나는 시험 공부를 하는 동안 먹었던 것과 똑같은 사탕을 먹는다.

4 trigger: (기억, 사건 등을) 촉발시키다; (방아쇠를) 당기다; 방아쇠

• 당신이 총을 발사하기 위해 누르는 총의 한 부분

• 잊어버렸던 사건이나 상황이 생각나다

본문 해석 당신이 젊은 시절의 일부를 보냈던 곳을 다시 찾아갈 때, 수년 동안 보지 못했을 거리나 건물을 단지 보는 것에서 촉발되어 오래된 기억들이 물밀듯이 되살아나곤 한다. 때로는 특정 음악이 오래된 기억들을 떠오르게 할 수 있다. 심지어 냄새나 맛이 과거로부터의 기억들을 되살아나게 도울 수 있다.

한 실험에서 미국 심리학자들은 한 방에서 동일한 시험 자료로 공부했던 두 그룹의 아이들의 기억력을 시험했다. 그러나 한 그룹은 공부를 했던 그 방으로 돌아가서 (기억) 회상 시험을 본 반면, 다른 그룹은 다른 방에서 시험을 봤다. 같은 방에서 공부를 하고, 회상 시험을 본 그룹이 다른 방에서 시험을 본 그룹보다 더 잘 (기억을) 회상하는 것으로 드러났다. 왜 이런 일이 일어날까? 우리의 뇌가 주위 환경과 함께 정보를 저장하기 때문이다.

지문 풀이

When you revisit some place / where you spent part of your earlier life, / old memories tend to come flooding
당신이 어떤 장소를 재방문할 때 / 당신의 젊은 시절의 일부를 보냈던 / 오래된 기억들이 물밀듯이 되살아나는 경향이 있다 /

back, / triggered / by the mere sight of a street or a building / that you may not have seen / for many
촉발되어 / 거리나 건물을 단지 보는 것에서 / 당신이 보지 못했을 / 수년 동안 /

years. / Sometimes a particular piece of music / may bring back old memories. / Even a smell or a taste can
때로는 특정 음악이 /　　　　　　　　　　　　　오래된 기억들을 떠오르게 할 수 있다 /　　　심지어 냄새나 맛도 도울 수 있다 /

help / to revive memories from the past. /
과거로부터의 기억들을 되살아나게 하는 것을 /

In one experiment, / American psychologists tested / the recall of two groups of children / who had learned
한 실험에서 /　　　　미국 심리학자들이 테스트를 했다 /　　　두 그룹의 아이들의 기억력을 /　　　　　　　　같은 시험 자료로 공부했던 /

the same test material / in the same room. / However, / for the retrieval test / one group returned to the
같은 방에서 /　　　　　　같은 방에서 /　　　그러나 /　　기억 회상 테스트를 위해 /　　한 그룹은 그 방으로 돌아갔다 /

room / where they had carried out the learning. / ❶ whereas the other group were tested / in a different
그들이 공부를 했던 /　　　　　　　　　　　　　반면 다른 그룹은 테스트를 보았다 /　　　　다른 방에서 /

room. / It was found / that the group ❷ whose learning and retrieval took place in the same room / showed
~임이 드러났다 /　　같은 방에서 공부와 기억 회상 시험이 일어났던 그룹이 /　　　　　　　　　　더 잘 (기억을)

better retrieval / than those who were tested in a different room. / Why does this happen? / It's because our
복구하는 것을 보여준다는 것이 / 다른 방에서 테스트를 받은 그룹보다 /　　　　왜 이런 일이 일어날까? /　　우리의 뇌가 정보를 저장하기

brain saves information / along with its surrounding environment. /
때문이다 /　　　　그것의 주변 환경과 함께 /

❶ whereas는 대조 부사절을 이끌어 '~인 반면에'의 의미를 나타낸다.

❷ 소유격 관계대명사 whose가 이끄는 관계절이 the group을 수식하며, whose는 'A whose B'의 형태로 오며 'A의 B'라고 해석한다.
　ex. This is a new cellular phone whose design is very innovative.
　　　이것은 디자인이 매우 혁신적인 새로운 휴대전화이다.

18 요행만 바라는 바닷가재

pp. 54~55

문제 정답 | **1** ⑤ **2** ② **3** ⑤ **4** (1) stuck (2) indecision

문제 해설

1 Get into the water!는 행운이 오기를 수동적으로 기다리지 말고 위험을 감수하더라도 직접 찾아 나서야 한다는 뜻을 의미하므로, ⑤가 가장 적절하다.

2 바닷가재는 바다에 직접 가지 않고 파도가 와서 자기를 바다로 데려가 주기를 기다리는 ② '수동적인' 성향을 가지고 있다.
　① 주의 깊은　③ 참을성 있는　④ 긍정적인　⑤ 비관적인

3 which의 선행사인 waves가 복수 명사이므로 관계사절의 동사 is는 are로 고쳐야 한다.

4 (1) stuck: 갇힌, 끼인; 빠진
　　움직이거나 움직여지지 않는
　(2) indecision: 망설임, 주저함
　　무엇을 해야 할 지 결정할 수 없는 상태

본문 해석 바닷가재가 높고 물기가 없는 바위 틈에 내버려지면, 바다로 돌아가지 않고 바다가 오기를 기다린다. 간혹 물을 향해 몇 인치 움직이기도 하지만 다시 뒤로 기어간다. 보기에는 물에 들어갈 것인지 아니면 계속 기다릴 것인지 주저하는 것 같다. 바닷가재는 어떻게 할지 결코 결정하지 못하는 듯 기다리면서 마음을 정하는 데 일생을 보낸다. 파도가 오지 않으면 바닷가재는 그곳에 그대로 있다가 죽게 된다. 약간의 노력으로 파도에 닿을 수도 있는데, 그 파도는 아마도 약 1야드 이내에 있음에도 불구하고 바닷가재는 전혀 움직이지 않는다.

불행히도 이 세계는 바닷가재 인간으로 가득하다. 우유부단함과 미루기라는 바위 위에 끼어 꼼짝 않고 있는 사람들 말이다. 그들은 위험을 감수하는 대신 그들을 뜨게해 줄 행운을 기다리고 있다. 행운은 기다리는 사람에게 결코 오지 않을지도 모르기 때문에 그들은 실망할지도 모른다. 바위에서 내려오라! 물 속으로 들어가라!

If a lobster is left / high and dry among the rocks, / it does not work its way back / to the sea, / but waits for
바닷가재를 내버려지면 / 높고 물기가 없는 바위 틈에 / 그것은 돌아가지 않는다 / 바다로 / 그러나 바다를

the sea / to come to itself. / Sometimes it moves a few inches / toward the water / but it crawls back again, /
기다린다 / 스스로에게 오기를 / 때때로 몇 인치 움직이기도 한다 / 물을 향해 / 그러나 다시 뒤로 기어간다 /

seemingly in doubt / about whether to go into the water / or to continue to wait. / It never seems able to
보기에는 주저하면서 / 물에 들어갈 것인지에 대해 / 아니면 계속 기다릴 것인지에 대해 / 그것은 결코 결정하지 못하는 듯하다 /

decide / just what to do, / and it spends its entire life / waiting and trying to make up its mind. / If the wave
정말 어떻게 할지 / 그리고 그것은 일생을 보낸다 / 기다리면서 그리고 그것의 마음을 정하면서 / 파도가 오지 않으면

does not come, / the lobster remains where it is / and dies. / ❶ Although the slightest effort would enable it /
바닷가재는 그곳에 그대로 있는다 / 그리고 죽는다 / 최소의 노력이 그것을 할 수 있게 해주더라도 /

to reach the waves, / ❷ which is perhaps within a yard of it, / the lobster doesn't move at all. /
파도에 닿게 / 그것은 아마도 약 1야드 이내에 있는 / 바닷가재는 전혀 움직이지 않는다 /

Unfortunately, / the world is filled with human lobsters: / people who are stuck on the rocks / of indecision
불행히도 / 이 세계는 바닷가재 인간으로 가득하다 / 바위 위에 꼼짝 않고 있는 사람들 / 우유부단함과

and procrastination. / They are just waiting for ❸ good fortune / to set them afloat / instead of taking a
미루기라는 / 그들은 그저 행운을 기다리고 있다 / 그들을 뜨게해 줄 / 위험을 감수하는 것 대신에 /

risk. / They may be disappointed / because good fortune may never come / to those who wait. / Get off the
그들은 실망할지도 모른다 / 행운은 결코 오지 않을지도 모르기 때문에 / 기다리는 사람에게는 / 바위에서 내려오라!

rocks! / Get into the water! /
물 속으로 들어가라! /

❶ although는 양보 부사절을 이끄는 접속사로 '비록 ~이지만'의 의미이다. Though, even if, even though 등도 이에 속한다.

❷ 관계대명사의 계속적 용법으로 쓰인 which의 선행사는 waves이며, 이어지는 관계절에서 waves에 대한 추가 정보를 제공하고 있다.
   cf. He's feeling a bit down, which is pretty understandable. (앞 문장 전체가 선행사)
   그는 마음이 울적했는데, 그것이 상당히 이해가 간다.

❸ good fortune to set them afloat
   (to부정사의 형용사적 용법)

---

19 식물, 곤충의 전화기가 되다
pp. 56~57

문제 정답 | **1** ① **2** ③ **3** (1) T (2) F (3) T **4** 자신이 차지한 식물에서 당장 떠나라는 개미의 경고

문제 해설 **1** 땅 밑에 있는 개미가 지상에 있는 애벌레에게 자신이 식물의 주인임을 알리기 위해서 식물을 이용해 애벌레에게 경고 메시
지를 전달한다는 내용이므로, 이 글의 주제로 가장 적절한 것은 ① '식물을 통한 곤충의 의사소통'이다.
② 식물과 곤충 사이의 의사소통
③ 곤충들 사이의 다양한 종류의 의사소통
④ 동물의 의사소통에 사용되는 서로 다른 신호들
⑤ 식물들 사이 의사소통의 특별한 방법

2 (A) mates: 짝 / enemies: 적
반딧불이는 짝을 유혹하기 위해서 번쩍이는 불빛을 이용한다.

(B) occupied: 차지된 / surrendered: 양도된

이 식물은 <u>차지되어</u> 있어.

(C) share: 공유하다 / raise: 키우다

애벌레가 이 메시지를 받으면 애벌레는 같은 식물을 <u>공유하고</u> 싶어 하지 않기 때문에 바로 그 식물을 떠난다.

3 (1) 3~5행 참조 (2) 8~9행 Stay away from it and go find your own plant!로 보아 개미는 식물을 같이 공유하는 것을 원치 않음을 알 수 있다. (3) 15~17행 참조

4 "This plant is occupied! Stay away from it and go find your own plant!"를 지칭하는 것으로 자신이 차지한 식물에서 당장 떠나라고 개미가 경고하는 것을 의미한다.

본문 해석

곤충은 인간처럼 그들만의 방식으로 의사소통을 한다. 벌들은 다른 벌들에게 꽃이 있는 곳을 알려주기 위해 특별한 춤을 춘다. 반딧불이는 짝을 유혹하기 위해서 번쩍이는 불빛을 이용한다. 현재 과학자들은 곤충들이 의사소통을 하는 다른 방법을 발견했다. 즉 '식물 전화기'라는 것으로 오직 식물을 먹는 곤충들에 의해서만 사용되는 것이다.

가령 개미 한 마리가 어떤 식물의 뿌리를 먹고 있었는데, 후에 애벌레가 같은 식물의 잎을 먹으러 온다고 가정해 보자. 그 개미는 애벌레에게 경고를 할 필요가 있다. "이 식물은 <u>점유되어</u> 있어! 멀리 떨어져, 그리고 가서 너만의 식물을 찾아!"라고 말이다. 불행히도 뿌리를 먹는 개미는 땅 속에 있고, 잎을 먹는 애벌레는 위에 있다. 그들은 서로 볼 수 없기 때문에 춤을 추거나 빛을 비추는 것으로는 의사소통을 할 수가 없다. 이것이 바로 개미가 식물 전화기에 의존하는 이유이다. 개미가 경고 신호를 발산하면, 그 신호는 뿌리, 줄기, 가지를 따라 잎으로 전해지게 된다. 마치 전화 메시지처럼 말이다. 애벌레가 이 메시지를 받으면 애벌레는 같은 식물을 <u>공유하고</u> 싶어 하지 않기 때문에 바로 그 식물을 떠난다. 곤충들이 식물을 전화기처럼 사용해 서로에게 메시지를 보내는 것은 얼마나 놀라운 일인가!

지문 풀이

Insects have their own ways of communicating / just like humans. / Bees perform special dances / ❶ **to tell**
곤충은 의사소통을 하는 그들만의 방식이 있다 / 인간처럼 / 벌들은 특별한 춤을 춘다 / 다른 벌들에게

other bees / where flowers are. / Fireflies use flashes of light / ❷ **to attract** mates. / Now scientists have
알려주기 위해 / 꽃이 어디 있는지 / 반딧불이는 번쩍이는 불빛을 이용한다 / 짝을 유혹하기 위해 / 현재 과학자들은 발견해냈다 /

discovered / another way insects communicate: / the "plant telephone," / which is used by plant-eating insects
곤충들이 의사소통을 하는 다른 방법을 / 바로 "식물 전화기" / 그것은 식물을 먹는 곤충들에 의해 사용된다 /

only. /

Suppose / an ant is eating the roots of a plant, / and later a caterpillar comes / to eat the leaves of the same
가정해 보자 / 개미 한 마리가 식물의 뿌리를 먹고 있다 / 그런데 나중에 애벌레가 먹으러 온다 / 같은 식물의 잎을 먹으려고 /

plant. / The ant needs to warn the caterpillar: / "This plant is occupied! / Stay away from it / and go find your
개미는 애벌레에게 경고를 할 필요가 있다 / "이 식물은 (나에게) 차지되었어! / 거기에서 멀리 떨어져 / 그리고 가서 너만의 식물을

own plant!" / Unfortunately, / the root-eating ant is below the ground, / and the leaf-eating caterpillar is
찾아"라고 / 불행히도 / 뿌리를 먹는 개미는 땅 속에 있다 / 그리고 잎을 먹는 애벌레는 위에 있다 /

above. / ❸ **Since** they cannot see each other, / they cannot communicate / by dancing or flashing lights. /
그들은 서로 볼 수 없기 때문에 / 의사소통을 할 수가 없다 / 춤을 추거나 빛을 비추는 것으로는 /

That's why / the ant turns to the plant telephone. / If the ant emits warning signals, / they travel / through the
이것이 이유이다 / 바로 개미가 식물 전화기에 의지하는 / 만약 그 개미가 경고 신호를 발산하면 / 그것들은 전해지게 된다 / 뿌리, 줄기, 가지를

roots, stem, branches, / and into the leaves, / much like a telephone message. / When the caterpillar receives
따라 / 그리고 잎으로 / 마치 전화 메시지와 같이 / 애벌레가 이 메시지를 받으면 /

this message, / it leaves the plant right away / because the caterpillar doesn't want to share the same
그것은 바로 그 식물을 떠난다 / 같은 식물을 공유하고 싶어하지 않기 때문에 /

plant. / ❹ **How marvelous it is** / that insects can send messages to each other / by using plants / as a
얼마나 놀라운 일인가 / 곤충들이 서로에게 메시지를 보내는 것이 / 식물을 사용함으로써 / 전화기로 /

telephone! /

- **①**, **②** to tell ~이하와 to attract ~는 목적을 나타내는 to부정사의 부사적 용법으로 쓰였다.

- **③** since는 이유를 나타내는 접속사로 '~때문에'의 의미이다. 참고로 since는 이유를 이미 알고 있는 상태에서 '결과'가 중요할 때 쓰이고, because는 행동이나 사건에 대한 '이유'가 중요할 때 쓰인다.

- **④** It is marvelous that insects~.의 평서문을 감탄문으로 바꾼 문장으로, 감탄문은 자신의 감정이나 느낌을 강하게 표현하고자 할 때 쓰며 형태는 「How + 형용사/부사(+ 주어 + 동사)!」이다. 또한 it은 가주어로 쓰여 진주어 that insects ~ 이하의 내용을 대신하고 있다.

20 위험의 역설

pp. 58~59

문제 정답 | **1** ② **2** ① **3** ④ **4** 교통 안전장치들을 없애고 로터리를 만들며 길을 더 좁게 만드는 것

문제 해설

1 주위 환경이 안전한 공항과 위험한 공항 중 어디가 더 위험한지 의문을 제기하는 주어진 글 뒤에, 공항의 환경이 위험할수록 조종사가 주의를 더 기울여서 안전하다는 내용의 (B)가 오며, 이 원리를 교통에도 적용하여 거리를 더 위험하게 만들었다는 내용의 (A)가 연결된다. 이어 운전자들이 주의를 더 기울인 덕분에 사고 횟수가 현저히 줄었고, 다른 도시에서도 이를 적용하기 시작했다는 (C)로 이어지는 것이 자연스럽다.

2 주위 환경이 안전한 공항이 위험한 공항보다 사고가 날 확률이 더 높은데, 이것은 조종사가 안전한 조건에서 주의를 덜 기울이기 때문이다.
안전하다는 느낌은 무모한 행동을 증가시킬 수 있다.

	(A)	(B)		(A)	(B)
①	안전	무모한	②	위기	무모한
③	안전	조심스러운	④	위기	부주의한
⑤	안전	사려 깊은			

3 반대되는 내용을 연결할 때 쓰는 but 뒤에 로터리를 만들고 거리를 좁히는 실험은 매우 성공적이었다는 내용이 나오는 것으로 보아, 앞에는 그 아이디어가 불합리한(unreasonable) 듯 보였다는 것이 문맥상 적절하다.

4 6~8행, 13행의 내용으로 보아 오히려 사고가 적은 위험한 공항처럼 거리에도 위험한 환경을 조성하는 것인 교통 안전장치를 없애고, 로터리를 만들거나 길을 좁히는 방법을 말한다.

본문 해석 어느 공항이 사고가 더 적은가? 평평하고, 가시성이 좋고, 날씨가 좋은 "쉬운" 공항인가? 아니면 언덕이 있고, 바람이 강하며, 진입 지점이 어려운 "위험한" 공항인가?

(B) 아이러니하게도, 그 답은 위험한 공항이다. 왜 그럴까? 조종사가 위험한 공항으로 가야 할 때 그들은 더 주의를 기울이며 집중하기 때문이다. 조종사는 맑게 개이고 평탄한 상태일 때는 특별히 주의를 기울이지 않아도 된다고 느낀다고 한다.

(A) 안전에 대한 같은 원리가 거리의 교통에도 적용된다. 네덜란드 정부는 한때 특이한 교통 실험을 한 적이 있다. 그들은 거리를 더 위험하게 보이도록 만들었다. 그들은 모든 교통 안전 장치를 없앴다. 더 이상 신호등, 정지 신호, 횡단 보도 또는 특별 자전거 도로가 없는 것이다.

(C) 대신 그들은 로터리를 추가하고 거리를 좁혔다. 그들의 아이디어는 합리적인(→ 불합리한) 듯 보였지만 교통 실험은 매우 성공적이었다는 것이 드러났다. 운전자들은 교통 안전 조치가 없기 때문에 더욱 주의를 기울였다. 이것 덕분에 사고 횟수는 전에 비해 현저하게 감소했다. 그 실험이 대성공을 거두었기 때문에 런던과 베를린 같은 다른 도시들도 같은 방법을 거리에 적용하기 시작했다.

Which airport has fewer accidents: / an "easy" ❶ one / that is flat, / with good visibility and weather
어느 공항이 사고가 더 적은가? / "쉬운" 공항 / 평평하고 / 가시성과 날씨가 좋은 /

conditions, / or a "dangerous" ❷ one / with hills, strong wind, / and difficult entry points? /
아니면 "위험한" 공항? / 언덕이 있고, 바람이 강하며, / 어려운 진입 지점을 가진? /

(B) Ironically, / the answer is the dangerous ❸ one. / Why? / Because / when pilots have to fly into dangerous
아이러니하게도 / 그 답은 위험한 공항이다 / 왜일까? / ~이기 때문이다 / 조종사가 위험한 공항으로 가야 할 때 /

airports, / they are more alert and focused. / Pilots report / that the clear, smooth conditions ❹ make them
그들은 더 주의를 기울이며 집중한다 / 조종사는 전한다 / 맑게 개이고 평탄한 상태일 때는 그들이 느끼게 한다 /

feel / like they don't have to take extra caution. /
특별히 그들이 주의를 기울이지 않아도 되는 것처럼 /

(A) The same principle about safety / applies to street traffic. / The Dutch government once made an unusual
안전에 대한 같은 원리가 / 거리의 교통에도 적용된다 / 네덜란드 정부는 한때 특이한 교통 실험을 한 적이 있다 /

traffic experiment. / ❺ They made the streets seem more dangerous. / They got rid of all traffic safety
그들은 거리를 더 위험하게 보이게 만들었다 / 그들은 모든 교통 안전 장치를 없앴다 /

features: / no more / traffic lights, / stop signs, / pedestrian crossings, / or special bike paths. /
더 이상 ~없다 신호등 / 정지 신호 / 횡단 보도 / 또는 특별 자전거 도로 /

(C) Instead, / they added roundabouts / and made the streets narrower. / Their idea seemed unreasonable, / but
대신 / 그들은 로터리를 추가했다 / 그리고 거리를 더 좁게 만들었다 / 그들의 아이디어는 불합리한 듯 보였다 / 그러나

the traffic experiment turned out / to be very successful. / Drivers became extra careful / due to the lack
교통 실험은 드러났다 / 매우 성공적이라고 / 운전자들은 더욱 주의를 기울였다 / 교통 안전 조치의 부족

of traffic safety measures. / ❻ Thanks to this, / the number of accidents decreased / significantly compared
때문에 / 이것 덕분에 / 사고 횟수는 감소했다 / 현저하게 전에 비해 /

to before. / ❼ Since the experiment was such a big success, / other cities like London and Berlin started /
그 실험이 대성공을 거두었기 때문에 / 런던과 베를린 같은 다른 도시들도 시작했다 /

to apply the same method / to their streets. /
같은 방법을 적용하는 것을 / 그들의 거리에 /

---

❶, ❷, ❸ one = airport(앞에 나온 명사의 반복을 피하기 위해 사용된 부정대명사 one)

❹, ❺ make + 목적어 + 목적격 보어(동사 원형): ~가 …하게 하다
ex. This music always makes me feel relaxed. 이 음악은 나를 편안하게 느끼도록 만들어 준다.

❻ 「Thanks to + ((대)명사/동명사)」는 '~덕분에, ~때문에'의 의미로 쓰인다. to 뒤에는 '원인'이 오며, 좋은 원인으로 좋은 결과를 가져왔을 경우뿐만 아니라 부정적인 상황에서도 사용된다.
ex. Thanks to you, I have realized my hidden talents. 당신 덕분에 저의 숨겨진 재능을 발견했어요.

❼ Since는 이유, 원인을 나타내는 접속사로 부사절을 이끈다.
ex. Since you are late today, you have to go later. 너는 오늘 늦게 왔으니, 더 늦게 가야 한다.

문제 해설

1 branch: 나뭇가지

그네는 나무의 <u>가지</u>에 걸려 있다.

① 결핍   ② 마당   ③ 자료, 소재

2 crawl: 기다, 기어가다

나는 아기가 벽난로를 향해 <u>기어가는</u> 것을 보고 놀랐다.

① 경고하다   ③ (기억이) 되살아나다; 의식을 회복하다

④ 촉발시키다; 방아쇠를 당기다

3 entire: 전체의

Gary는 너무 배가 고파서 저녁 식사로 닭 한 마리를 <u>통째로</u> 다 먹었다.

① 납작한   ② 단순한   ④ 좁은

4 suppose: 가정하다

어떤 것이 아마도 사실이라고 생각하다

① 방출하다   ② 기억하다   ③ 마음을 끌다

5 measure: 조치

누군가가 문제를 처리하기 위해 취하는 공식적인 행동

① 짝   ② 위기   ④ 망설임, 주저함

6 make up one's mind: 결심하다

7 light: (전)등; (색깔이) 연한

• 나는 침실의 <u>등</u>을 켰다.

• Ellen의 눈은 파랗고 머리카락은 <u>연한</u> 갈색이다.

① 줄기   ② 움직일 수 없는   ④ 시력

8 piece: (자른 것의) 한 조각; (미술, 음악 등의) 작품

• 작은 <u>조각</u>을 원하십니까? 큰 <u>조각</u>을 원하십니까?

• 그들은 특이한 예술 <u>작품</u>을 만들었다.

② 인치   ③ 위험   ④ 번쩍임

21 두뇌를 쉬게 하라

pp. 62~63

문제 정답 | **1** ④　　**2** ③　　**3** (1) F　(2) F　(3) T　　**4** channel

---

문제 해설

1 문제를 효과적으로 해결하기 위해서는 문제와 거리를 두면 오히려 해결책이 보일 수 있다는 내용의 글이므로, ⓓ '우리가 직면한 문제를 더 면밀히 조사하기 위해 더 많은 노력을 기울여야 한다'는 글의 전체 흐름과 관계가 없다.

2 문제에 너무 집중하기 보다는 거리를 둘 때 문제의 해결책이 나타난다는 내용의 글이므로, ③이 글의 요지로 가장 적절하다.

3 (1) 나는 아이디어가 떨어지면 전문가를 방문하여 조언을 구한다. (6~7행 참조)
(2) 나는 해결책이 떠오를 때까지 문제에 집중한 채로 있다. (7~8행, 10~11행 참조)
(3) 내가 열심히 일한 후에도 해결책을 찾을 수 없으면, 기분 전환을 위해 여행을 떠난다. (10~11행 참조)

4 channel: (텔레비전, 라디오) 채널; (의사, 감정 표현의) 수단, 경로
  • 당신이 가장 좋아하는 스포츠 채널은 무엇인가요?
  • 음악은 당신의 감정을 표출하는 좋은 수단이다.

본문 해석

우리가 어떤 문제를 지속적으로 고심한다면, 우리는 지혜와 상식의 통로를 차단해 버린다. 대부분의 사람들은 문제에 오랫동안 주의 깊게 집중하는 것이 문제를 해결하는 최고의 방법이라고 생각하는 듯하다. 실제로, 이렇게 해서 보통 얻게 되는 전부는 많은 스트레스의 생산뿐이다. 우리의 마음은 편안하고 스트레스가 없을 때 문제를 해결할 수 있는 능력이 훨씬 더 많아진다. 현재의 문제를 효과적으로 해결하려면, 문제와 거리를 두어야 한다. 무엇이든 너무 가까울 때마다 맑은 눈으로 보기 어렵다. (그러므로 우리는 우리가 직면하는 모든 문제를 면밀히 조사하기 위해 더 많은 노력을 기울여야 한다.) 우리가 문제를 내려 놓을 때 이전에는 볼 수 없었던 해답이 저절로 떠오를 것이다.

지문 풀이

If we continually struggle / with a problem, / we block / our channel of wisdom and common sense. / Most
우리가 지속적으로 고심한다면 /　　　어떤 문제로 /　　　우리는 차단한다 / 지혜와 상식의 통로를 /　　　　　　　대부분의

people seem to think / that focusing sharply on a problem / for a long time / is the best way / to solve it. / In
사람들은 생각하는 것처럼 보인다 /　　문제에 주의 깊게 집중하는 것이 /　　　오랫동안 /　　　최고의 방법이라고 /　　그것을 해결하는 /

fact, / all this usually accomplishes / is the creation of a lot of stress. / Our minds have much more ability / to
실제로 / 이 모든 것이 보통 해내는 것은 /　　　많은 스트레스의 생산이다 /　　　우리의 마음은 훨씬 더 많은 능력을 가지고 있다 /

solve problems / if they are relaxed and stress-free. / ❶ To effectively solve a current problem, / we need to
문제를 해결하는 /　　　편안하고 스트레스가 없을 때 /　　　　현재의 문제를 효과적으로 해결하려면 /　　　　우리는 우리 스스로를

distance ourselves from it. / Whenever anything is too close to us, / ❷ it is difficult / to see with clear eyes.
문제로부터 멀리할 필요가 있다 /　　　어떤 것이든 우리와 너무 가까울 때마다 /　　　보는 것이 어렵다 / 맑은 눈으로 /

(Therefore, / we need to make greater efforts ❸ to closely examine ❹ every problem / we encounter.) / As we
그러므로 /　　우리는 더 많은 노력을 기울일 필요가 있다 /　　　모든 문제를 면밀히 조사하기 위해 /　　　우리가 직면하는 /　　우리가

let go of the problem, / the answer / we couldn't see before / will present itself. /
문제를 놓아버릴 때 /　　해답이 /　　우리가 전에 볼 수 없었던 /　　스스로 나타날 것이다 /

① , ❸ 부사와 부정사가 밀접하게 연관된 것을 강조하며, 의미를 명확히 전달하기 위해 to와 동사 사이에 부사를 삽입하는 분리 부정사가 쓰였다.

ex. She was able **to patiently wait** in the cold outside for two hours.

그녀는 추운 바깥에서 두 시간 동안 참을성 있게 기다릴 수 있었다.

❷ ~, it is difficult to see with clear eyes (= to see with clear eyes is difficult)
　　　가주어　　　　　진주어 (주어가 너무 길어서 뒤로 보낸 경우)

❹ every problem (that) we encounter: 목적격 관계대명사 that이 생략되었다.

ex. He gave me a letter **(that)** his friend had written. 그는 그의 친구가 쓴 편지를 나에게 주었다.

---

22 나비들의 생존 방법　　　　　　　　　　　　　　pp. 64~65

문제 정답 | **1** ①　**2** ⑤　**3** ②, ③　**4** (1) mimic (2) toxic

문제 해설

1 제왕 나비와 총독 나비가 포식자로부터 자신들을 보호하기 위한 방법을 설명하는 글이므로, 이 글의 제목으로 가장 적절한 것은 ① '제왕 나비와 총독 나비가 포식자를 피하는 방법'이다.
② 몇몇 동물의 보호색
③ 나비들이 서로를 돕는 방법
④ 총독 나비: 모방의 대가
⑤ 동물은 공격함으로써 스스로를 방어한다

2 ⓐ, ⓑ, ⓒ, ⓓ는 모두 제왕 나비를 가리키는 반면, ⓔ는 나비의 포식자인 새를 가리킨다.

3 these features는 총독 나비가 자신을 보호하기 위해 제왕 나비를 따라서 가진 두 가지 특성을 의미하는 것이므로, 이에 해당되는 것은 색상(bright orange and black colors)과 끔찍한 맛(horrible tastes)이다.
① 크기　② 색상　③ 맛　④ 소리　⑤ 수

4 (1) mimic: 모방하다
　　다른 사람이 말하고, 움직이고, 행동하는 방식을 따라 하다
(2) toxic: 독성의
　　독성 물질을 포함하고 있는

본문 해석　새 한 마리가 형형색색의 맛있어 보이는 나비를 보고 그것을 잡아먹으려 한다. 아 이런! 끔찍한 맛이군! 그래서 그 새는 나비를 뱉어서 놓아 준다. 이 운이 좋은 녀석은 바로 제왕 나비이다. 이 나비는 포식자로부터 자신을 보호하기 위해 몸 안에 독성 물질을 축적하는 것으로 알려져 있다. 이전에 제왕 나비를 먹으려고 시도한 적이 있는 새는 다시는 같은 종을 공격하지 않는데, 그 끔찍한 독한 맛을 기억하기 때문이다.

흥미롭게도, 포식자를 피하기 위해 제왕 나비를 흉내내는 나비들이 있다. 총독 나비는 제왕 나비의 밝은 주황색과 검정색을 모방한다. 한때 총독 나비는 제왕 나비의 색만을 모방하도록 진화했다고 생각되었다. 그러나, 보다 최근의 연구는 총독 나비 역시 포식자에게 끔찍한 맛이라는 것을 보여 주었다. 이러한 특징들 덕분에 총독 나비는 독성의 제왕 나비를 경험했던 포식자에게 잡아 먹힐 가능성이 줄어든다.

A bird sees / a colorful, delicious looking butterfly / and tries to eat it. / Oh no! / It tastes terrible! / So the
새 한 마리가 본다 / 형형색색의 맛있어 보이는 나비를 / 그리고 그것을 잡아먹으려 한다 / 아 이런! / 끔찍한 맛이군! / 그래서 그

bird spits out the butterfly / and ❶ lets it go. / This lucky guy / is a monarch butterfly. / It is known / to build
새는 나비를 뱉는다 / 그리고 그것을 놓아 준다 / 이 운 좋은 녀석은 / 제왕 나비이다. / 이것은 알려졌다 / 독성 물질을

up toxic substances / in its body / to defend itself / against predators. / ❷ Any bird / that once tried to eat the
축적하는 것으로 / 몸 안에 / 자신을 보호하기 위해 / 포식자로부터 / 어느 새든 / 제왕 나비를 먹으려고 시도한 적이 있는

monarch butterfly / in the past / will never attack / the same species again / because it remembers / the
제왕 나비를 / 과거에 / 공격하지 않을 것이다 / 같은 종을 다시는 / 그것이 기억하기 때문이다 / 그

terrible toxic taste. /
그 끔찍한 독한 맛을 /

Interestingly, / there are ❸ butterflies / that mimic monarch butterflies / to avoid predators. / Viceroy
흥미롭게도 / 나비들이 있다 / 제왕 나비를 흉내내는 / 포식자를 피하기 위해 / 총독 나비는

butterflies copy / the monarch butterfly's bright orange and black colors. / It was once thought / that the
모방한다 / 제왕 나비의 밝은 주황색과 검정색을 / 한때 생각되었다 / 총독 나비가

viceroy evolved to mimic / just the color of the monarch. / However, / more recent research / has shown / that
모방하도록 진화했다고 / 그저 제왕 나비의 색을 / 그러나 / 더 최근의 연구는 / 보여주었다 / 총독

the viceroy also tastes horrible / to predators. / Thanks to these features, / viceroy butterflies are less
나비 역시 끔직한 맛이 난다고 / 포식자에게 / 이러한 특징들 덕분에 / 총독 나비는 가능성이 줄어든다

likely / ❹ to be eaten by predators / which have experienced toxic monarch butterflies. /
/ 포식자에게 잡아 먹힐 / 독성의 제왕 나비를 경험했던 /

❶ let (사역동사) + 목적어 + 목적격보어 (동사원형): ~가 …하게 허락하다 / let go: 풀어주다, 놓아주다

❷, ❸ 주어인 any bird와 butterflies는 각각 주격 관계대명사 that 이하의 수식을 받고 있다. 선행사가 동물, 사물일 때는 which/that을 쓰며 사람일 때는 who/that을 쓴다.

❹ to부정사의 수동태는 의미상의 주어와의 관계를 파악하여 정하며, 형태는 'to + be + p.p.'로 나타낸다. 총독 나비는 '먹혀지는' 대상이므로 to eat이 아닌 to be eaten으로 쓰였다.
    ex. They want the house to be built in their village. 그들은 마을에 그 집이 지어지기를 바란다.

---

23 나무에 새겨진 이름, Jim

pp.66~67

문제 정답 | 1 ④   2 ⑤   3 ③   4 ②

문제 해설

1 Taylor가 운영하는 농장에서 일손이 급해 한 소년을 일꾼으로 채용하게 되었다는 주어진 글 뒤에 Jim이 농장에서 봄과 여름 내내 일을 했으며, 일하던 와중 Taylor의 딸과 사랑에 빠져 Taylor에게 결혼 허락을 구했다는 내용의 (C)가 오고, Taylor는 장래 전망이 없어 보이는 Jim을 사위로 거절했다는 내용의 (A) 다음에 30년 후 새로운 헛간을 짓기 위해 오래된 헛간을 허무는 과정에서 오래된 나무 들보 위에 현재 미국 대통령이 된 Jim의 이름인 James A. Garfield (제임스 A. 가필드)를 발견했다는 내용의 (B)가 오는 것이 가장 적절하다.

2 16~17행 'He kept very much to himself.'로 보아 다른 사람들과 잘 어울리지 않았음을 알 수 있으므로 ⑤ extrovert (외향적인 사람)는 '내성적인 사람'의 의미를 가진 introvert로 고쳐야 한다.

3 8행에서 Taylor가 거절을 하자 Jim은 아무 말도 하지 않았다고 했으므로, ③은 본문의 내용과 일치하지 않는다.

4 자신의 사위가 될 자격이 없다고 생각했던 Jim이 미국의 대통령이 된 것을 알게 된 상황이므로, 글에 드러난 Taylor의 심경으로 가장 적절한 것은 ② '그는 Jim을 얕본 것에 대해 후회했다'이다.

① 그는 예측이 맞았다는 것에 만족했다.

③ 그는 그의 딸이 Jim을 사랑하지 않아서 기뻤다.

④ 그는 Jim에 대한 그의 판단이 맞았다고 생각했다.

⑤ 그는 Jim이 약속을 지키지 않아 화가 났다.

본문 해석 1847년 어느 봄, Worthy Taylor(월씨 테일러)라는 남자의 부유한 농장에 한 소년이 나타났다. 그 소년은 일자리를 찾고 있었다. Taylor는 그 소년에 대해 아는 것이 없었으나 최근 일꾼 한 명을 해고했고 대신할 사람이 필요했기 때문에 그 소년을 채용했다. 소년의 이름은 Jim(짐)이며, 그것은 James(제임스)의 약자였다.

(C) Jim은 봄과 여름 내내 그 농장에서 일했다. 그는 좋은 일꾼이었지만, 다소 <u>외향적인 사람(→내성적인 사람)</u>이었다. 그는 다른 사람과 어울리지 않았다. 그러나 여름이 끝나기 전 Jim은 자기 또래의 예쁜 소녀인 Taylor의 딸과 사랑에 빠졌다. 마침내 Jim은 용기를 내어 Taylor에게 그의 딸과 결혼을 허락해 달라고 간절히 요청했다.

(A) Taylor는 그의 제안을 거절했다. 그는 장래 전망이 없는 Jim과 같은 소년은 그의 사위가 될 자격이 없다고 생각했다. Jim은 아무 말도 하지 않았다. 그러나 그날 밤 그는 많지 않은 그의 짐을 챙겨 사라졌다. 아무도 그를 다시 보지 못했다.

(B) 약 30년 후 Taylor는 새로운 헛간을 짓기 위해 오래된 것을 허물고 있었다. Taylor는 Jim이 잠을 자곤 했던 곳 위의 오래된 나무 들보 중 하나에서 칼로 나무에 새겨진 그의 이름(James A. Garfield)을 보았다. "Jim"은 그 당시의 미국 대통령이었다.

지문 풀이

One spring, / in 1847, / a boy appeared / at the prosperous farm of a man / named Worthy Taylor. / The boy
어느 봄 / 1847년에 / 한 소년이 나타났다 / 한 남자의 부유한 농장에 / Worthy Taylor라고 불리는 / 그 소년은

was looking for work. / Taylor didn't know / anything about the boy, / but / because he had recently fired a
일자리를 찾고 있었다 / Taylor는 몰랐다 / 그 소년에 대해 어떤 것도 / 그러나 / 그는 최근 일꾼 한 명을 해고했기 때문에

worker / and was in need of a replacement, / Taylor hired the boy. / The boy's name was Jim, / ❶ **which** was
그리고 대신할 사람이 필요했다 / Taylor는 그 소년을 채용했다 / 그 소년의 이름은 Jim이었고 / James를 줄인

short for James. /
것이었다 /

(C) Jim worked on the farm / all through that spring and summer. / He was a good worker, / but he was kind
Jim은 그 농장에서 일했다 / 봄과 여름 내내 / 그는 좋은 일꾼이었다 / 그러나 그는 다소 내성적인

of an introvert. / He kept very much to himself. / Before the end of the summer, / however, / Jim had
사람이었다 / 그는 다른 사람과 어울리지 않았다 / 여름이 끝나기 전 / 그러나 / Jim은

fallen in love / with Taylor's daughter, / a pretty girl / his own age. / At last / Jim gathered his courage /
사랑에 빠졌다 / Taylor의 딸과 / 예쁜 소녀인 / 자기 또래의 / 마침내 / Jim은 용기를 냈다 /

and earnestly asked Mr. Taylor / for permission / to marry his daughter. /
그리고 Taylor에게 간절히 요청했다 / 허락해 달라고 / 그의 딸과 결혼할 것을 /

(A) Taylor turned down his proposal. / He thought / that a boy like Jim / with no future prospects / didn't
Taylor는 그의 제안을 거절했다 / 그는 생각했다 / Jim과 같은 소년은 / 장래 전망이 없는 /

deserve to be his son-in-law. / Jim said nothing, / but that night / he packed his few belongings / and
그의 사위가 될 자격이 없다고 / Jim은 아무 말도 하지 않았다 / 그러나 그날 밤 / 그는 많지 않은 그의 짐을 쌌다 / 그리고

disappeared. / No one ever saw him again. /
사라졌다 / 아무도 그를 다시 보지 못했다 /

(B) About thirty years later, / Taylor was tearing down his old barn / ❷ **in order to** construct a new one. / On
약 30년 후 / Taylor는 오래된 헛간을 허물고 있었다 / 새로운 헛간을 짓기 위해 /

one of the old wooden beams / above the place / where Jim ❸ **used to sleep**, / Taylor ❹ **noticed his**
오래된 나무 대들보 중 하나에 / 장소 위에 / Jim이 자곤 했던 / Taylor는 그의 이름을 보았다 /

name / **carved** onto the wood / with a knife, / James A. Garfield. / "Jim" was currently the president of
나무 위에 새겨진 / 칼로 / James A. Garfield / "Jim"은 현재(당시의) 미국 대통령이었다 /

the United States. /

❶ 관계대명사의 계속적 용법: 관계대명사 앞에 콤마(,)가 있으며, 『접속사 + 대명사』로 바꿀 수 있다.
 · The boy's name was Jim, **which** was short for James.
 = The boy's name was Jim, <u>and it</u> was short for James.

❷ in order to는 '~하기 위해서'라는 의미로 '목적'을 나타낸다.

❸ used to + 동사원형: ~하곤 했다 (과거 일정기간 동안의 행동이나 상태를 나타냄.)
 ex. This shopping mall **used to be** a cinema. 이 쇼핑몰은 예전에는 극장이었다.
 cf. be used to + 동사원형: ~하기 위해 사용되다, ~에 쓰이다
  ex. The tool **is used to monitor** energy consumption. 이 도구는 에너지 소비를 모니터링하는 데 사용된다.
 cf. be used to + -ing: ~에 익숙하다
  ex. The client **is used to receiving** prompt attention. 그 고객은 즉각적인 응대를 받는 것에 익숙하다.

❹ 「notice(지각동사) + 목적어 + 목적격 보어」 목적어인 his name은 조각하는 행위의 대상이 되므로, 수동의 뜻인 과거분사 carved가 쓰였다. 목적어와 목적격 보어의 관계가 능동인 경우 현재분사로 쓴다.
 ex. I **heard the drum tapped** gently. 나는 드럼이 가볍게 두드려지는 소리를 들었다.

---

24 | 카메라의 '인상적인' 등장

pp. 68~69

문제 정답 | **1** ④ **2** ⑤ **3** (1) F (2) T (3) T **4** challenge

문제 해설

1 사진술이 발명되어 사물과 자연을 있는 그대로 표현할 수 있게 되자 그림은 추상적인 것이나 내면을 표현하는 쪽으로 발전하게 되었다는 흐름이므로, ④ '20세기 화가들이 사물을 있는 그대로의 모습으로 표현하는 데 초점을 맞추었다'는 전체 흐름과 관계가 없다.

2 사진술의 등장이 그림에 미치게 된 영향을 설명하는 내용의 글이므로, ⑤ '전통적인 그림에 끼친 사진술의 영향'이 주제로 적절하다.
 ① 전통적인 그림의 한계
 ② 그림에 있어서 인상파의 공헌
 ③ 있는 그대로 사물을 표현하는 것의 중요성
 ④ 그림에 사진술을 적용하는 것의 어려움

3 (1) 11행 참조 (2) 1~2행 참조 (3) 7~9행 참조

4 challenge: (사람의 능력을 시험하는) 도전; (의문을 제기하는) 도전하다
 · 그 역할은 그녀의 연기 경력에 가장 큰 <u>도전</u>이었다.
 · 그는 그의 권위에 <u>도전하려는</u> 사람을 좋아하지 않는다.

19세기에 사진술이 등장했을 때 그림은 위기에 처했다. 사진은 여태까지 화가가 할 수 있었던 것보다 자연을 모방하는 일을 더 잘 하는 것처럼 보였다. 몇몇 화가들은 이 발명품을 실용적으로 이용했다. 자신들이 그리고 있는 모델이나 풍경을 대신해서 사진을 사용하는 인상파 화가들이 있었다. 그러나 대체로 사진은 그림에 대한 도전이었고, 그림이 직접적인 묘사와 재현에서 멀어져 20세기의 추상화로 이동하게 된 하나의 원인이기도 했다. (그러므로, 그 세기의 화가들은 자연, 사람, 도시를 실제로 존재하는 대로 표현하는 것에 더 집중했다.) 사진이 세상에 존재하는 대로 사물을 잘 표현했기 때문에 화가들은 자유로이 내면을 바라보며 상상 속에서 존재하는 대로 사물을 표현할 수 있게 됐고, 화가의 그림 고유의 색, 양감, 선 그리고 공간적 배치로 감정을 표현하였다.

지문 풀이

When photography came along / in the nineteenth century, / painting was put in crisis. / The photograph, / it
사진술이 등장했을 때 / 19세기에 / 그림은 위기에 처했다 / 사진은 /

seemed, / did the work of imitating nature better / than the painter ever could. / Some painters made practical
~인 듯했다 / 자연을 모방하는 일을 더 잘 하는 / 여태까지 화가가 할 수 있었던 것보다 / 일부 화가들은 실용적으로 이용했다 /

use / of the invention / There were Impressionist painters / who used a photograph / in place of the model or
이 발명품을 / 인상파 화가들이 있었다 / 사진을 사용했던 / 모델이나 풍경을 대신해서 /

❶ landscape / **they were painting.** / But by and large, / the photograph was a challenge / to painting / and was
그들이 그리고 있는 / 그러나 대체로 / 사진은 도전이었다 / 그림에 대한 / 그리고 그림이

one cause of painting's moving away / from direct representation and reproduction / to the abstract painting
이동하게 된 원인이었다 / 직접적인 묘사와 재현으로부터 / 20세기의 추상화로 /

of the twentieth century. / (Therefore, / the painters of that century / put more focus / on expressing nature,
그러므로 / 그 세기의 화가들은 / 더 집중했다 / 자연, 사람, 도시를 표현하는 것에 /

people, and cities / ❷ **as** they were in reality.) / Since photographs did such a good job / of representing
실제로 존재하는 대로 / 사진이 잘 했기 때문에 / 사물을 표현하는 것을 /

things / ❸ **as** they existed in the world, / painters were freed to look inward / and represent things / ❹ **as** they
이 세상에 존재하는 대로 / 화가들은 내면을 바라보는 데 자유로워졌다 / 그리고 사물을 재현했다 / 그들의 상상

were in their imagination, / ❺ **rendering** emotion / in the color, volume, line, and spatial configurations /
속에서 존재하는 대로 / 감정을 표현하면서 / 색, 양감, 선 그리고 공간적 배치에서 /

❻ **native** to the painter's art. /
화가의 그림에 고유한 /

---

❶ landscape (that) they were painting: they 앞에 목적격 관계대명사 that이 생략되었다.

❷. ❸. ❹ as 접속사: ~처럼 ~대로
  ex. Focus on the people who like you **as you are**. 당신의 모습 그대로 당신을 좋아하는 사람들에게 집중하세요.

❺ rendering은 동시에 이루어지는 동작을 나타내는 분사구문으로 쓰였으며, 해석은 '~하면서'로 한다.

❻ 선행사인 configurations와 형용사 native 사이에는 「주격 관계대명사 + be동사」 which were가 생략되었다.
  ex. Look at the dog **(which is)** surrounded by the kids. 아이들로 둘러싸인 개를 봐.

문제 정답 | **1** ② **2** ③ **3** ③ **4** ① **5** replacement **6** feature **7** ① **8** ④

문제 해설

1 ①, ③, ④는 반의어 관계이고, ②는 유의어 관계이다.
① 공격하다 – 방어하다   ② 모방하다 – 흉내내다
③ 외향적인 사람 – 내성적인 사람   ④ 쌓아 올리다 – 무너뜨리다

2 by and large: 대체로

3 substance: 물질
나뭇잎들은 이상한 끈적 끈적한 물질로 덮여 있었다.
① 전문가   ② 특징   ④ 재생

4 beam: 들보, 기둥
이 마루는 강철 기둥으로 지탱되고 있다.
② 종   ③ 경관   ④ 제안

5 replacement: 대체물; 대신할 사람
이전에 있었던 물건이나 사람을 대신할 새로운 물건이나 사람

6 feature: 특징, 기능
어떤 것의 특징이나 중요한 부분

7 present: 있는; 현재의; 보여주다; 제시하다
• 온 가족이 모두 있었다.
• 때때로 기회는 스스로 모습을 드러낸다.
② 직접적인   ③ 현실성 있는   ④ 평범한

8 fire: 화재, 불; 해고하다
• 공장은 화재로 완전히 파괴되었다.
• 항공사는 술에 취했다는 이유로 그 조종사를 해고하기로 결정했다.
① 전망; 조사하다   ② 도전; 도전하다   ③ 석방; 풀어 주다

25 뇌를 편안하게 만드는 법 pp. 72~73

문제 정답 | **1** ② **2** ④ **3** (1) T (2) T (3) F **4** meditation

문제 해설

1 ⓑ 앞에는 뇌가 알파파 상태인 경우 창의적인 생각이나 영감을 얻기 쉽다는 내용이 나오고, ⓑ 다음에는 알파파를 증가시키기 위한 활동의 몇 가지 예가 나오는 것으로 보아, '그렇다면 어떻게 알파파를 높일 수 있을까?'는 ⓑ에 들어가는 것이 가장 적절하다.

2 7~10행에서 뇌에 저장된 정보들은 활발하게 결합되고 동화된다고 했으므로 ④는 틀린 내용이다.
① 4~5행 참조 ② 6행 참조 ③ 6~7행 참조 ⑤ 9~10행 참조

3 (1) 차분하고 편안한 상태를 유지하는 명상을 함으로써 알파 상태로 만들 수 있다.(11행 참조)
나는 조용하고 차분한 마음의 상태를 유지하려고 노력한다.
(2) 눈을 감고 시각화를 해 보라고 했으므로 맞는 활동이다. (13~14행 참조)
나는 눈을 감고 숲 속을 걷고 있는 것을 상상한다.
(3) 간단한 운동을 하고 위안을 주는 음악을 들으라고 했으므로 알파 상태로 만드는 활동에 해당하지 않는다. (16~17행 참조)
나는 조용한 노래를 듣는 동안 활동적으로 운동을 한다.

4 meditation: 명상
긴장을 풀기 위해 또는 종교적인 훈련으로 일정 기간의 시간 동안 조용하고 차분한 상태를 유지하는 활동

본문 해석
우리의 뇌 세포는 전파로 서로 소통한다. 이 의사소통이 모든 생각과 감정의 근원이다. 뇌파들 중에서 사람들의 특별한 주목을 받고 있는 하나는 알파파이다. 당신의 뇌가 알파 상태인 경우, 외부로부터의 감각 입력이 최소화되고, 뇌에 원치 않는 생각과 불안이 없어져서 차분하고 편안해진다. 당신은 또한 백일몽을 꾸게 되고, 상상력이 활발해진다. 이러한 정신 상태에서 당신의 뇌에 저장된 정보들은 활발하게 결합되고 동화되기 때문에, 당신은 창의적인 생각이나 영감을 떠올릴 수 있다.
그렇다면 어떻게 알파파를 높일 수 있을까? 어떤 사람들은 명상이나 요가를 통해서 그것을 한다. 또 다른 사람들은 이완 운동, 특히 스트레칭이나 심호흡을 통해 그것을 얻는다. 편안하게 앉아서, 눈을 감고, 약간의 시각화(그림으로 떠올리기)를 해 보아라.
최근 연구자들은 일부 유형의 위안을 주는 음악이 같은 결과를 얻을 수 있다는 것을 발견했다. 다음에 창의적인 아이디어가 떠오르지 않으면 간단한 운동을 하고 위안을 주는 음악을 들어 보아라. 아마 알파 뇌파가 작동하며 좋은 대답을 떠오르게 할지도 모른다!

지문 풀이

Our brain cells communicate / with each other / by electric waves. / This communication is the origin / of all
우리의 뇌 세포들은 소통한다 / 서로 / 전파에 의해 / 이 의사소통은 시작이다 / 당신의

your thoughts and emotions. / One of the brain waves / that receive people's special attention / is alpha
모든 생각과 감정들의 / 뇌파들 중 하나가 / 사람들의 특별한 주목을 받고 있는 / 알파파이다 /

waves. / If your brain is in a state of alpha waves, / your sensory inputs from outside / are minimized, / and
당신의 뇌가 알파파 상태인 경우 / 당신의 외부로부터의 감각 입력은 / 최소화된다 / 그리고

your brain is clear of unwanted thoughts and anxiety, / so you feel calm and relaxed. / You also daydream /
당신의 뇌에 원치 않는 생각과 불안이 없어진다 / 그래서 당신은 차분하고 편안한 기분을 느낀다 / 당신은 또한 백일몽을 꾼다 /

and your imagination becomes active. / ❶ **Since the facts stored in your brain** are actively combined and
그리고 당신의 상상력은 활발해진다 / 당신의 뇌에 저장된 정보들이 활발하게 결합되고 동화되기 때문에 /

assimilated / in this state of mind, / you are able to come up with / a creative idea or inspiration. /
이러한 정신 상태에서 / 당신은 내놓을 수 있다 / 창의적인 생각과 영감을 /

Then how do you boost alpha waves? / ❷ **Some** people do it with meditation or yoga. / **Others** achieve it / by
그렇다면 어떻게 알파파를 높일 수 있을까? / 어떤 사람들은 명상이나 요가를 통해서 그것을 한다 / 또 다른 사람들은 그것을 얻는다 /

doing relaxation exercises, / especially stretching and deep breathing. / Sit comfortably, / close your eyes / and
이완 운동을 함으로써 / 특히 스트레칭과 심호흡 / 편안하게 앉아라 / 눈을 감아라 / 그리고

do some visualization. /
약간의 시각화를 하라 /

Recently / researchers found / that some types of soothing music / can achieve the same results. / ❸ **Next time**
최근 / 연구자들은 발견했다 / 일부 유형의 위안을 주는 음악이 / 같은 결과를 얻을 수 있다는 것을 / 다음에 창의적인

you run out of creative ideas, / ❹ **try doing** a simple exercise / and **listening** to soothing music. / Maybe alpha
아이디어가 떨어지면 / 간단한 운동을 시도해 보아라 / 그리고 위안을 주는 음악을 들어 보아라 / 아마 알파 뇌파가

brain waves may work / to pop up a good answer! /
작용할지도 모른다 / 좋은 대답을 갑자기 떠오르도록! /

❶ the facts stored in your brain
since는 '~때문에'라는 의미의 접속사로 쓰였다.
cf. since의 다른 쓰임
  • 현재완료와 함께 쓰이는 경우 대부분 '~이래로'의 의미이다.
    ex. She has read a book **since** this morning. 그녀는 오늘 아침부터 책을 읽고 있다.
  • 부사로 쓰여 '그 후로'의 뜻으로 쓰인다.
    ex. He left early and I haven't seen him **since**. 그는 일찍 떠났고, 그 이후로 그를 본적이 없다.

❷ 부정대명사 some ~, others ... 구문으로 '어떤 사람(것)은 ~, 다른 사람(것)은 …'으로 해석한다.
cf. the others ~는 '나머지 모두는 ~.'의 의미이다
  ex. There are three cats. One is white, and **the others** are black.
  고양이 세 마리가 있다. 하나는 하얀색이고 나머지는 검은색이다.

❸ 'next time ~'은 '다음에 ~할 때'의 의미로 접속사처럼 쓴다.

❹ 「try + 동명사」는 '~를 시도해 보다, (시험 삼아) ~해보다'의 의미이고, 「try + to부정사」는 '노력하다, 애쓰다'의 의미이다. do와 listen이 try 뒤에 동명사로 쓰였다.

---

26 사랑에 빠지게 하는 세 가지   pp. 74~75

문제 정답 | **1** ⑤   **2** ①   **3** (1) F (2) F (3) T   **4** chemistry

문제 해설 **1** 사람 사이의 화학 반응(chemistry) 이외에 사랑을 위해 필요한 세 가지 주요 요인에 대한 글로 ⑤ '당신이 누군가를 사랑
하게 만드는 것'이 이 글의 주제로 적절하다.
① 오래 지속되는 사랑의 가치   ② 행복한 삶의 비결
③ 당신을 유명하게 만드는 요인   ④ 친구를 사귀고 유지하는 방법

2 (A) 빈칸 뒤에 동일한 취미를 공유할수록 사랑에 빠지기 쉽다는 내용이 이어지므로, interests(관심사, 취미)가 적절하다.

(B) 빈칸 뒤에 내성적인 사람과 외향적인 사람이 만날 경우 서로 다르기 때문에 새롭고 흥미로운 경험이 될 수 있다는 내용의 예가 이어지므로, complements(보완하다)가 적절하다.

① 관심사 － 보완하다　　　② 관심사 － 반영하다

③ 추억 － 격려하다　　　④ 추억 － 반영하다

⑤ 습관 － 보완하다

3 (1) 사람 사이의 화학 반응은 중요한 역할을 하지만 그것만으로는 충분하지 않다고 했으므로 일치하지 않는다. (3~5행 참조)

(2) 많이 볼수록 상대에게 더 끌린다고 했으므로 일치하지 않는다. (8~9행 참조)

(3) 내성적인 사람과 외향적인 사람이 만나면 서로에게 새롭고 흥미로울 수 있듯이 한 사람의 성격이 우리 자신의 성격을 얼마나 잘 보완하는가가 주요 요소라고 했다. (12~14행 참조)

4 chemistry: (사람 사이의) 화학 반응

두 사람이 서로에게 끌리고 서로를 매우 좋아할 때 나타나는 특징

본문 해석

누군가를 보고 갑자기 전기가 몸의 모든 부분으로 흐르는 것처럼 느낀 순간이 있었는가? 사람들은 이런 갑작스러운 끌림을 '화학 반응'이라고 부른다. 화학 반응은 사랑에 있어 중요한 역할을 하지만, 화학 반응 하나만으로는 오래 지속되는 사랑을 이루는 데 충분하지 않다. 그렇다면 중요한 다른 요인으로 무엇이 있을까?

심리학자인 Hobart(호바트) 박사에 따르면 사랑에는 세 가지 주요 요인이 있다. 첫 번째는 얼마나 자주 그 사람을 보는가이다. 우리는 누군가를 자주 보면 볼수록 그 사람에게 더 끌리게 된다. 두 번째는 얼마나 많은 관심사를 공유하는가이다. 그 누군가가 우리와 같은 취미를 가지고 있다면 우리는 그 사람과 사랑에 빠지기가 더 쉽다. 세 번째 요인은 한 사람의 성격이 우리 자신의 성격을 얼마나 잘 보완하는가이다. 예를 들어, 내성적인 사람이 외향적인 사람을 만나는 것은 두 사람 모두에게 새롭고 흥미로운 경험이 될 수 있다. Hobart 박사는 잠재적인 짝이 이 세 가지 범주에서 높은 점수를 받는다면 사랑에 빠질 가능성이 높다고 말한다.

지문 풀이

❶ **Have you ever had** a moment / when you look at someone / and all of a sudden / feel like electricity is
순간이 있었는가 / 당신이 누군가를 본 / 그리고 갑자기 / 전기가 흐르는 것처럼 느낀 /

running through / every part of your body? / People call this sudden attraction "chemistry." / Chemistry plays
당신 몸의 모든 부분으로? / 사람들은 이런 갑작스러운 끌림을 '화학 반응'이라고 부른다 / 화학 반응은 중요한 역할을

an important role / in love, / but chemistry alone is not enough / to get people to achieve a long-lasting
한다 / 사랑에 있어 / 그러나 화학 반응 하나만으로는 충분하지 않다 / 사람들이 오래 지속되는 사랑을 이루도록 하는 데 /

love. / So what are other important factors? /
그렇다면 다른 중요한 요인들로 무엇이 있을까? /

According to Dr. Hobart, / a psychologist, / love has three main factors. / The first is ❷ **how often we see a**
Hobart 박사에 따르면 / 심리학자인 / 사랑은 세 가지 주요 요인을 갖고 있다 / 첫 번째는 얼마나 자주 우리가 그 사람을 보는가이다 /

person. / ❸ **The more** we see someone, / **the more** we become attracted to that person. / The second
우리는 누군가를 더 자주 보면 볼수록 / 우리는 그 사람에게 더 끌리게 된다 / 두 번째는 /

is / ❹ **how many interests we share.** / If someone has the same hobbies / as we do, / we are more likely to fall
얼마나 많은 관심사를 공유하는가이다 / 누군가가 같은 취미를 가지고 있다면 / 우리가 가지고 있는 / 우리는 사랑에 빠지기가 더 쉽다 /

in love / with that person. / The third factor is / ❺ **how well a person's personality complements our**
그 사람과 / 세 번째 요인은 / 한 사람의 성격이 우리 자신의 성격을 얼마나 잘 보완하는지이다 /

own. / For example, / an introvert meeting an extrovert / can be a new and exciting experience / for both of
예를 들어 / 내성적인 사람이 외향적인 사람을 만나는 것은 / 새롭고 흥미로운 경험일 수 있다 / 그들 둘 모두에게 /

them. / Dr. Hobart says / that if a potential mate / scores high in these three categories, / there is a good
Hobart 박사는 말한다 / 만일 잠재적인 짝이 / 이 세 가지 범주에서 높은 점수를 받는다면 / 사랑에 빠질 가능성이 높다 /

❻ **chance of falling in love.** /

❶ 어떤 행동이나 사건이 과거에서 현재까지 연결되어 영향을 미칠 때 현재완료(have[has] + 과거완료)를 쓴다. 현재완료의 의문문은 「Have[Has] + 주어 + (ever) + 과거분사」으로 쓰여 '~한 적이 있었는가?'라는 의미로 현재완료의 경험을 나타낸다.

❷, ❹, ❺ 간접의문문은 의문문이 문장의 일부가 되어, 주어, 목적어, 보어의 역할을 한다. 의문문이 문장의 일부가 될 때에는 「의문사 + 동사 + 주어」의 어순이 「의문사 + 주어 + 동사」의 어순이 된다. how가 이끄는 명사절이 문장에서 보어의 역할을 하고 있다.

    ex. Do you know? + Where are you going to?
      = Do you know **where you are** going to?
      어디로 가고 있는지 아니?

❸ 「the 비교급~, the 비교급…」은 '~하면 할수록 더욱 더 …'의 의미로 보통 「the more 주어 + 동사, the more 주어 + 동사」로 쓰이며 비교급 자리에 형용사나 부사가 들어간다.

    ex. **The higher** you go up a mountain, **the less crowded** it becomes.
      산 위로 올라갈수록, 덜 혼잡해진다.

❻ chance, hope, possibility, likelihood 등의 명사 뒤에 of가 쓰여 of 뒤의 내용이 앞의 명사를 보충 설명하는 동격의 of이다.

---

27 남의 둥지에 알을 낳는 새
pp. 76~77

문제 정답 | **1** ⑤   **2** ⑤   **3** ②   **4** deposit

문제 해설

1 ⓐ~ⓓ는 모두 둥지의 주인을 지칭하는 반면, ⓔ는 그 둥지에 기생하는 새끼 뻐꾸기를 가리킨다.

2 (A) 숙주의 알과 동등한 대접을 받기 위해서 그 숙주의 알과 닮은 알을 낳는다는 내용이므로 resemble이 적절하다.

    (B) 숙주의 알보다 더 일찍 부화한 뻐꾸기의 알은 경쟁자를 없애기 위해서 숙주의 알을 둥지 밖으로 밀어낸다는 내용이므로 '경쟁자'라는 의미의 competition이 적절하다.

    (C) 탁란을 하는 새가 특정 뻐꾸기에게만 한정되는 것이 아니라 80종에 이른다는 내용이므로 '한정된'의 의미인 limited가 적절하다.

3 5~7행에서 양부모의 알과 같은 대우를 받기 위해서 양부모의 알과 비슷한 알을 낳는다고 했으므로, ②는 일치하지 않는다.

    ① 1~2행 참조   ② 7~9행 참조   ③ 7~8행 참조   ⑤ 12~13행 참조

4 deposit: (알을) 낳다; (돈을) 예금하다; (홍수 등이 흙을) 쌓이게 하다

    • 대부분의 나비는 알을 식물 위에 낳는다.
    • 그녀는 계좌에 1,000달러를 예금할 것이다.
    • 폭풍우로 인해 일부 지역에 3피트에 달하는 눈이 쌓일 수 있다.

본문 해석

유럽 뻐꾸기들은 다른 새의 둥지에 알을 낳고 비자발적인 숙주에게 육아를 맡기는 습성으로 악명 높다. 뻐꾸기는 주인이 막 알을 낳기 시작한 둥지를 골라, 그 알 중 하나를 제거한 후 자신의 알을 대신 낳는다. 그것은 심지어 자신의 알이 양부모의 알과 동일하게 대해지는 것을 확실하게 하기 위해서 숙주의 알과 비슷하게 생긴 알을 낳는다. 이 알은 둥지 주인의 다른 알보다 약간 더 일찍 부화해서 숙주의 나머지 알들을 둥지 밖으로 밀어내 경쟁자를 제거함으로써 그 기생 동물이 전체 둥지를 완전히 차지할 수 있도록 한다.

탁란으로 알려진 이 전략이 특정 뻐꾸기들에게만 한정되는 것은 아니다. 몇몇 오리, 찌르레기 그리고 꿀잡이새를 포함한 거의 80종의 새들이 다른 종의 둥지에 알을 낳는다.

The European cuckoo is notorious / for the habit / of depositing its eggs / in the nests of other birds / and
유럽 뻐꾸기들은 악명 높다 / 습성으로 / 그것의 알을 낳는 / 다른 새들의 둥지에 / 그리고

leaving the work of childcare / to the involuntary host. / The cuckoo chooses a nest / ❶ **whose owner has just**
육아를 맡기는 / 비자발적인 숙주에게 / 뻐꾸기는 둥지를 고른다 / 그것의 주인이 막 알을 낳기 시작한 /

started laying eggs. / takes away one of their eggs / and lays her own in place of the egg. / It even lays
그들의 알 중 하나를 제거한다 / 그리고 그 알 대신 자신의 알을 낳는다 / 그것은 심지어 알을

eggs / that resemble ❷ **those** of its host / to make sure / its eggs are treated like **those** of the foster
낳는다 / 그의 숙주의 그것들(알)과 비슷하게 생긴 / 확실하게 하기 위해서 / 그것의 알들이 양부모의 그것들(알)처럼 대해지도록 /

parent. / This egg hatches a little earlier / than the other eggs of the nest owner, / and eliminates
이 알은 약간 더 일찍 부화한다 / 둥지 주인의 다른 알들보다 / 그리고 경쟁자를 제거한다 /

competition / by pushing the rest of the host's eggs / out of the nest, / ❸ **so that** the parasite can exclusively
나머지 숙주의 알들을 밀어냄으로써 / 둥지 밖으로 / 그래서 기생 동물이 전체 둥지를 독점적으로 차지할 수 있도록 /

occupy the whole nest. /

❹ **This strategy,** / **known** as brood parasitism, / is not limited to certain cuckoos. / Nearly 80
이 전략은 / 탁란이라 알려진 / 특정 뻐꾸기들에게만 한정된 것은 아니다 / 거의 80종의 다른

others, / including some ducks, cowbirds, and honeyguides, / lay eggs in the nests of other species.
새들이 / 몇몇 오리, 찌르레기, 그리고 꿀잡이새를 포함한 / 다른 종의 둥지에 알을 낳는다 /

❶ 명사 뒤에 소유격 관계대명사 whose가 올 경우, whose 뒤에 완전한 문장이 온다. whose는 사람, 사물에 상관없이 모든 소유격(my, your, his, her, their, its)의 역할을 대신한다.
   ex. The laptop **whose** color is blue is my sister's.
   색깔이 파란색인 휴대용 컴퓨터는 내 여동생 것이다.

❷ those는 반복을 피할 때 쓰는 대명사로 eggs를 의미한다. 앞에 나오는 명사가 단수일 경우에는 대명사 that으로 앞에 나온 명사를 대신한다.

❸ 「~, so that 주어 + 동사」는 결과를 나타내어 '그래서 ~하다'의 의미이다. that은 생략 가능하다.
   ex. My cellphone was broken, **so that** I had to buy a new one.
   핸드폰이 고장 나서 새 것을 사야 했다.
   cf. 「so (that) + 주어 + 동사」는 목적을 나타내어 '~하기 위해서, ~하도록'의 의미이다. 이때 so that은 to, so as to, in order to, in order that으로 바꿔쓸 수 있다.
   ex. I started saving money **so that** I could buy a new car.
   나는 새 차를 사기 위해서 돈을 저축하기 시작했다.

❹ 명사를 뒤에서 수식하는 과거분사로 분사구의 길이가 길 경우 뒤에서 명사를 수식한다. strategy와 known 사이에는 「주격 관계대명사 + be동사」가 생략되어 있다.

---

28 도축장과 자동차 공장의 공통점
pp. 78~79

문제 정답 | **1** ② **2** ④ **3** ⑤ **4** ①

문제 해설 **1** 저조한 생산성으로 인해 어려움을 겪던 Ford 자동차 회사의 직원이 시카고의 도축장을 방문하게 되면서 모든 것이 바뀌기 시작했다는 내용에 이어 도축장을 방문한 직원이 분업화된 도축 과정을 보게 된 (B)가 먼저 오는 것이 자연스럽다. 그 직원의 아이디어로 Ford 사의 첫 조립 라인을 만들어 놀라운 성공을 거뒀다는 (A)가 이어지며 이것이 바로 유사성 찾기에 의해 발명을 한 좋은 예라는 내용의 (C)가 연결된다.

2 도축의 공정을 보고 유사성을 찾아 효율적인 자동차 생산 공정을 만들었다는 내용이므로, ④ '도축 공정의 유사성 찾기에 의한 Ford의 혁신'이 글의 제목으로 적절하다.

　① 노력을 통해 만들어진 위대한 발명품

　② 유사성 찾기: 에디슨의 위대한 발명품들의 비밀

　③ Ford 자동차 회사의 효과적인 생산

　⑤ Ford의 조립 라인: 많은 기업의 모델

3 7~8행에서 도축 공정과 반대의 순서로 된 공정을 사용하여 자동차를 만들었다고 했으므로 ⑤는 틀린 내용이다.

　① 2행 참조　　② 4~5행 참조　　③ 8~9행 참조　　④ 14~16행 참조

4 analogy는 다른 사물에서 유사성을 찾는 것으로 ①이 그 예로 가장 적절하다.

본문 해석

Ford(포드) 자동차 회사는 세계적으로 유명한 회사이다. 그러나 1913년에 낮은 생산성으로 어려움을 겪고 있었다. 한 명의 근로자가 모든 자동차 부품을 조립해야 했기 때문에 자동차를 생산하기 위해 오랜 시간이 걸렸다. 그러나 한 Ford 직원이 시카고 도축장을 방문한 후 모든 것이 바뀌었다.

(B) 그곳에서 그는 산업화된 도축 공정을 목격하였다. 돼지와 소의 몸은 컨베이어 벨트 위에 놓였다. 컨베이어 벨트를 따라 도축업자가 기다리고 있고, 그들 각자는 몸 특정 부위를 자르는 책임이 있었다. 그래서 컨베이어 벨트가 계속 움직이면서 도축업자는 아무것도 남지 않을 때까지 동물의 몸 부위를 하나하나씩 잘랐다.

(A) 그 Ford 직원이 이 긴 공정을 지켜보는 동안, 갑자기 좋은 아이디어를 생각해냈다. 우리는 동물을 자르기 위한 그 공정을 거꾸로 사용한다면 더 빨리 자동차를 만들 수 있다. 그는 이 아이디어를 Ford 관리자에게 가져갔고, 그들은 이를 채택하기로 결정했다. 이렇게 Ford의 최초 조립 라인이 탄생하게 되었다. 그것은 엄청난 성공이었다. 그것은 Ford의 생산성을 크게 증가시켰고 자동차의 가격은 반으로 낮아졌다.

(C) Ford의 조립 라인은 유사성 찾기에 의한 즉 두 개의 다른 것들 사이에 유사점을 발견하여 발명한 아주 좋은 예이다. 사실 위대한 발명품들 중 많은 것들의 아이디어는 유사성 찾기에서 비롯되었다. 토마스 에디슨이 언젠가 말했듯이, 발명가의 가장 중요한 자질 중 하나는 유사성 찾기를 할 수 있는 논리적 사고이다.

지문 풀이

Ford Motor Company is a world-famous company. / In 1913, / however, / it was struggling / because of low
Ford 자동차 회사는 세계적으로 유명한 회사이다 /　　　　　　1913년에 /　그러나 /　그것은 어려움을 겪고 있었다 /　낮은 생산성 때문에 /

productivity. / ❶ **Since** one worker had to put all of the car parts together, / ❷ **it** took a long time / to produce
　　　　　한 명의 근로자가 모든 자동차 부품을 조립해야 했기 때문에 /　　　　　오랜 시간이 걸렸다 /　자동차를 생산하기

a car. / However, / everything changed / after a Ford employee visited a Chicago slaughterhouse. /
위해 /　그러나 /　모든 것이 변했다 /　한 Ford 직원이 한 시카고 도축장을 방문한 후에 /

(B) There, / he witnessed / the industrial butchering process. / Bodies of pigs and cows were placed / on a
그곳에서 /　그는 목격했다 /　산업화된 도축 공정을 /　돼지와 소의 몸은 놓였다 /　컨베이어

conveyor belt. / There were ❸ **butchers** / **waiting** along the conveyor belt, / each responsible for / chopping
벨트 위에 /　도축업자들이 있었다 /　컨베이어 벨트를 따라 기다리는 /　각각은 책임이 있었다 /　몸 특정 부위를

off a particular body part. / So as the conveyor belt continued to move, / the butchers cut off / the body
자르는 것에 /　그래서 컨베이어 벨트가 계속 움직이면서 /　도축업자들은 잘랐다 /　동물들의 몸

parts of the animals / one by one / until there was nothing left. /
부위를 /　하나하나씩 /　아무것도 남지 않을 때까지 /

(A) ❹ **As** the Ford employee watched this long process, / he suddenly thought of a great idea: / We can build
그 Ford 직원이 이 긴 공정을 지켜보는 동안 /　그는 갑자기 좋은 아이디어를 생각해냈다 /　우리는 더 빨리 자동차를

cars faster / if we use their process / for cutting up animals, / but in reverse order. / He took this idea to
만들 수 있다 /　만약 우리가 그들의 공정을 사용한다면 /　동물을 자르기 위한 /　그러나 역 순서로 /　그는 이 아이디어를 Ford 관리자에게

the Ford managers, / ❺ **who** decided to adopt it. / This is how Ford's very first assembly line was
가져갔다 /　그들은 그것을 채택하기로 결정했다 /　이렇게 Ford의 최초의 조립 라인이 탄생하게 되었다 /

created. / It was an amazing success. / It greatly increased Ford's productivity, / and reduced the price of a
그것은 엄청난 성공이었다 / 그것은 Ford의 생산성을 크게 증가시켰다 / 그리고 자동차의 가격을 줄였다 /

car / by half. /
반으로 /

(C) Ford's assembly line is a great example of invention / **❻ by analogy,** / **or finding similarities** / **between two**
Ford의 조립 라인은 발명의 아주 좋은 예이다 / 유사성 찾기에 의한 / 즉 유사점을 발견하는 것 / 두 개의 다른 것들

different things. / In fact, / the ideas for many of the greatest inventions / resulted from analogies. / **❼ As**
사이에서 / 사실 / 위대한 발명품들 중 많은 것들의 아이디어는 / 유사성 찾기에 인한 것이었다 / 토마스

Thomas Edison once said, / one of the most important qualities / of an inventor / is a logical mind that
에디슨이 언젠가 말했듯이 / 가장 중요한 자질 중 하나는 / 발명가의 / 유사성 찾기를 볼 수 있는 논리적

sees analogies.
사고이다 /

❶ since는 '~때문에'라는 의미의 접속사로 쓰였다.

❷ 비인칭 주어 It으로 시간, 요일, 계절, 거리, 상황, 명암 등을 나타내는 문장에서 주어로 쓰인다. It은 해석하지 않는다.
ex. It is Saturday today. 오늘은 토요일이다. (요일)
It is about 5km to the mountain. 산까지 약 5km이다. (거리)
It gets bright before 5. 5시 이전에 밝아진다. (명암)

❸ waiting은 butchers를 수식해 주며 '기다리고 있는'의 의미가 되어야 하므로 현재분사가 쓰였다. waiting과 butchers 사이에는 「주격
관계대명사 + be동사」가 생략되어 있다.
butchers (who were) waiting ~

❹ as는 '~할 때[동안]'이라는 의미의 접속사로 쓰였다.

❺ who는 계속적 용법의 관계대명사로 선행사인 the Ford managers를 보충 설명해 주고 있다. 계속적 용법은 관계사 앞에 ,(comma)
가 있고, 관계사의 생략이 불가능하다. 「접속사(and, but, for, though) + 대명사」로 바꿔쓸 수 있다.
→ He took this idea to the Ford managers **and they** decided to adopt it.

❻ 전치사 by 다음에 명사인 analogy와 동명사구인 finding similarities between two different things가 or에 의해 연결되어 있는
구조이다. or은 '즉'의 의미로 analogy와 뒤의 동명사 구가 동격임을 나타낸다.

❼ as는 '~처럼'이라는 의미의 접속사로 쓰였다.

REVIEW TEST

p. 80

문제 정답 | **1** ② **2** ④ **3** ③ **4** ④ **5** reverse **6** potential **7** industrial **8** ②

문제 해설 **1** lay eggs: 알을 낳다

2 similarity: 유사성, 닮은 점
그들은 쌍둥이였기 때문에, Tony와 그의 형제의 외모 사이에는 닮은 점이 아주 많다.
① 명상 ② 전략 ③ 영감

3 productivity: 생산성
직장에서 낮잠을 자면 생산성을 향상시키는 데 도움이 된다고 알려져 있다.
① 경쟁자; 경쟁 ② 반복 ④ 전기

4 involuntary: 비자발적인, 본의 아닌
자신을 통제할 수 없어서 의도치 않게 본의 아니게 행해진
① 감각의   ② 편안한   ③ 반대의

5 reverse: 반대의, 역으로 된
그 실험은 의도했던 것과 <u>반대의</u> 효과를 얻었다.

6 potential: 잠재적인
처음으로 그녀는 자신이 처한 상황에 대해 <u>잠재적</u> 위험을 알아차렸다.

7 industrial: 산업화한, 산업의
<u>산업</u> 공해는 환경에 심각한 문제가 되어 왔다고 한다.

8 extrovert: 외향인 사람 / personality: 개성, 성격 / employee: 직원
  • 그는 친절하고 수다스럽다. 그는 <u>외향적인 사람</u>이다.
  • Amy는 <u>개성</u>이 강하고 항상 자기 의견을 얘기한다.
  • 모든 <u>직원</u>들은 매월 1일에 급여를 받을 것이다.
  ② 백일몽을 꾸다

Unit 08

29 흙을 밟으며 살아야 하는 이유 pp. 82~83

문제 정답 | **1** ② **2** ③ **3** (1) T (2) F (3) T **4** transfer

문제 해설

1 야외 활동보다는 실내에서 기계를 만지며 대부분의 시간을 보내는 현대인들에게 건강을 위해 흙을 가까이 하라는 내용의 글로, ②가 글의 주장으로 가장 적절하다.

2 ⓒ 앞에는 유해한 전자로 인해 다양한 질병에 걸릴 수 있다는 내용이 나오고, ⓒ 뒤에는 해결 방법이 언급되고 있으므로 주어진 문장인 '그러나 해로운 전자가 몸에 쌓이는 것을 막는 좋은 방법이 있다'는 ⓒ에 들어가는 것이 가장 적절하다.

3 (1) 우리 몸이 신진대사 과정에서 많은 유해한 전자들을 생성할 수 있다고 했다. (3~4행 참조)
　　 유해한 전자들이 우리 몸의 신진대사 과정에서 만들어질 수 있다.
(2) 우리 몸에 쌓인 전자는 양전자라고 했으므로 일치하지 않는다. (7~8행 참조)
　　 우리 몸 안의 해로운 전자는 음전자이다.
(3) 규칙적으로 맨발로 걷거나 흙에 앉으면 해로운 전자들을 제거하고 더 건강해질 수 있다고 했다. (9~12행 참조)
　　 흙 위를 맨발로 걸으면 건강에 좋다.

4 transfer: (파일을) 전송하다; (계좌 등으로) 옮기다; 갈아타다
　• 나는 내 핸드폰에서 내 컴퓨터로 파일을 <u>전송할</u> 수가 없었다.
　• 내 딸의 계좌로 1,000 달러를 <u>옮기고</u> 싶다.
　• 전철에서 버스로 <u>갈아타야</u> 한다.

본문 해석 오늘날 많은 사람들이 자연과 떨어져 살고 있다. 그들은 흙이나 식물을 거의 만지지 않는다. 대신 대부분의 시간을 실내에서 기계와 함께 보낸다. 이런 생활 습관은 우리에게 해로운 영향을 끼친다. 우리의 몸은 신진대사 과정에서 많은 유해한 전자를 생성한다. 만일 그것들이 축적되면 결국 다양한 질병을 초래할 수 있다. 그러나 해로운 전자가 몸에 쌓이는 것을 막는 좋은 방법이 있다. '접지', 즉 흙을 만지는 것으로 우리 몸 안에 있는 해로운 전자를 흙으로 보낼 수 있다. 우리 몸에 쌓인 전자는 양전자이다. 그것들이 흙 속에 있는 음전자를 만나면 서로 중화가 된다. 맨발로 밖에서 걸어 보거나, 흙에 앉아 얼마간 시간을 보내 보아라. 규칙적으로 이것을 하면, 당신의 몸에 있는 해로운 전자를 없애고 더 건강해질 수 있다.

지문 풀이

Today, / many people live / separated from nature. / They ❶ **rarely touch** / soil or plants. / Instead, / they
오늘날 / 많은 사람들이 산다 / 자연과 떨어져 / 그들은 좀처럼 만지지 않는다 / 흙이나 식물들을 / 대신 / 그들은

spend most of their time indoors / with technology. / This lifestyle has harmful effects on us. / Our bodies
대부분의 그들의 시간을 실내에서 보낸다 / 기계와 함께 / 이런 생활 습관은 우리에게 해로운 영향을 끼친다 / 우리의 몸은 만든다 /

produce / a lot of harmful electrons / during their metabolic processes. / If they build up, / they can eventually
많은 해로운 전자들을 / 신진대사 과정 동안 / 만일 그것들이 쌓이면 / 결국 원인이 될 수 있다 /

cause / various diseases. / However, / there is a good way / to ❷ **prevent harmful electrons** / **from building**
다양한 질병의 / 그러나 / 좋은 방법이 있다 / 해로운 전자들을 막는 / 쌓이는 것으로부터 /

up. / By "earthing," or touching soil, / we can transfer / the harmful electrons in our body / to the earth. /
'접지', 즉 흙을 만지는 것으로 / 우리는 이동시킬 수 있다 / 몸 안에 있는 해로운 전자들을 / 흙으로 /

The electrons built up in our bodies / are positive(+). / If they meet negative (−) electrons / in the earth, / they
우리 몸에 쌓인 전자들은 / 양전자이다 / 만일 그것들이 음전자들을 만나면 / 흙 속에 있는 / 그것들은

neutralize each other. / ❸ **Try walking** outside / barefoot, / or **spending** some time / **sitting** on the soil. / If
서로 중화가 된다 / 밖에서 걸어 보아라 / 맨발로 / 아니면 얼마간 시간을 보내 보라 / 흙에 앉아서 / 만일

you do this / on a regular basis, / you can clear your body of harmful electrons / and become healthier. /
이것을 하면 / 규칙적으로 / 당신의 몸에 해로운 전자들을 없앨 수 있다 / 그리고 더 건강해 질 수 있다 /

❶ rarely와 같은 준부정사들은 이미 부정의 의미를 내포하고 있기 때문에, not, never 등의 부정 부사와 함께 사용하지 않는다. 준부정사는 be동사와 조동사 뒤, 일반 동사 앞에서 쓰인다. 준부정사에는 다음과 같은 것들이 있다.
- rarely, seldom: 빈도를 나타내어 '좀처럼 ~않다'의 의미이다.
  ex. I have **rarely** seen someone eat so much.
  나는 누군가가 그렇게 많이 먹는 것을 좀처럼 본적이 없다.
- hardly, scarcely: 정도를 나타내어 '거의 ~않다'의 의미이다.
  ex. I can **hardly** believe it.
  나는 그것을 거의 못 믿겠다.

❷ 「prevent A from B」 구문으로 'B로부터 A를 막다'의 의미이다. 전치사 from 뒤에 동명사 building이 쓰였다.

❸ walking과 spending은 동명사로 「try + -ing」의 구조로 쓰여, '(시험 삼아) ~ 해 보다'의 의미로 쓰였다. sitting은 부대상황을 나타내는 현재분사이다. *cf.* 「try + to부정사」 ~하기 위해 노력하다, 애쓰다

30 동물들의 짝짓기 여행 pp. 84~85

문제 정답 | **1** ⑤ **2** ③ **3** (1) F (2) T (3) F **4** (1) migrate (2) adaptive

문제 해설 **1** 코끼리와 사자 수컷은 번식 적령기가 되면 근친교배를 최소화하여 짝짓기를 하기 위해 무리를 떠난다는 내용으로, ⑤ '동물들은 번식 적령기에 무리를 떠난다'가 글의 제목으로 적절하다.
① 동물들의 생활에서의 성 역할
② 코끼리와 사자의 가족 생활
③ 동물들 사이의 근친교배의 문제점
④ 자연의 변화에 대한 동물들의 적응

2 (A) 수컷이 번식기에 자신의 무리를 떠나 다른 무리의 암컷과 짝짓기를 하는 것은 근친교배를 '최소화하여' 건강한 자손을 보려는 행동 패턴이므로 minimize가 적절하다.
(B) 공동체 밖에서 짝짓기를 할 경우 건강한 자손을 낳을 수 있지만 근친교배를 할 경우 신체적 '결함'이 있는 자손을 낳을 수 있다가 적합하므로 defects가 적절하다.
(C) 수컷이 번식기에 무리를 떠난다고 해서 공동체 생활을 '완전히' 하지 않는 것이 아니라 다른 무리를 만들어 생활하기도 하므로 altogether가 적절하다.

3 (1) 번식 적령기에 무리를 떠나는 것은 수컷이다. (1~2행 참조)
(2) 자신의 공동체 밖에서 짝짓기를 하면 더 건강하고 강한 자손을 낳을 가능성이 높아진다고 했다. (11~13행 참조)
(3) 무리를 떠난 수컷들은 자신의 원래 가족이 아닌 다른 가족과 합치거나 가족에서 가족으로 이동한다고 했다. (15~17행 참조)

4 (1) migrate: 이동하다

한 장소에서 다른 장소로 옮기다

(2) adaptive: 적응성이 있는

다른 조건에 맞추기 위해서 변하려는 능력을 가진

코끼리와 사자의 경우, 수컷은 번식 적령기가 가까워질 때 무리를 떠난다. 그들은 새로운 생활 공동체를 찾기 위해 가족 무리를 떠난다. 수컷은 때때로 홀로 이동한다. 때로는 작고 불안정한 수컷 독신 무리를 형성한다.

이런 행동의 이유는 무엇일까? 생물학적 견해에서 그것은 근친교배를 최소화하려는 적응행동 양식인데, 그것(근친교비)은 같은 가족 내에서, 예를 들어 엄마와 아들 사이나, 아빠와 딸 사이에 짝짓기를 하는 것을 말한다.

생물학자들은 근친교배가 신체적 결함이 있는 자손을 낳기가 쉽다고 한다. 반면에 공동체 밖에서 짝짓기를 하면 더 건강하고 강한 자손을 낳을 가능성이 높아질 것이다.

비록 수컷은 번식기에 무리를 떠나지만 완전히 가족 생활을 떠나는 것은 아니다. 대신 그들 중 일부는 떠나서 다른 가족과 합치거나 가족에서 가족으로 이동할 수도 있다.

For elephants and lions, / ❶ **when** males approach / their breeding age, / they ❷ **leave their herds**. / They **leave**
코끼리와 사자의 경우 / 수컷들은 가까워질 때 / 그들의 번식 적령기가 / 그들은 그들의 무리를 떠난다 / 그들은 그들의

their family group / to search for a new living community. / The males sometimes migrate alone. / Other
가족의 무리를 떠난다 / 새로운 생활 공동체를 찾기 위해 / 수컷들은 때때로 홀로 이동한다 / 다른

times / they form small, unstable bachelor groups. /
때에는 / 작고 불안정한 수컷 독신 무리를 형성한다 /

What's the reason / for this behavior? / From a biological viewpoint, / it is an adaptive behavioral pattern / to
이유는 무엇일까 / 이런 행동의? / 생물학적 견해에 따르면 / 그것은 적응성 있는 행동 양식이다 /

minimize inbreeding, / which is the mating of animals / from the same family: / for example, / between
근친교배를 최소화하기 위한 / 그것은 동물들과 짝짓기를 하는 것이다 / 같은 가족 출신의 / 예를 들어 / 엄마와

mother and son / or between father and daughter. /
아들 사이 / 또는 아빠와 딸 사이 /

Biologists say / that inbreeding ❸ **is more likely to produce** / offspring with physical defects. / On the other
생물학자들은 말한다 / 근친교배는 더 낳기가 쉽다 / 신체적 결함이 있는 자손을 / 반면에 /

hand, / if the animals mate / outside of their community, / they will have a better chance / of producing
그 동물들이 짝짓기를 한다면 / 그들의 공동체 밖에서 / 그들은 더 좋은 기회를 가질 것이다 / 더 건강하고 더 강한

healthier and stronger offspring. / Although males leave their herds / at their breeding age, / they don't leave
자손을 낳을 / 비록 수컷들은 그들의 무리를 떠나지만 / 그들의 번식 적령기에 / 그들이 완전히 가족 생활을

family life altogether. / Instead, / some of them might move off / and join another family / or move from
떠나는 것은 아니다 / 대신 / 그들 중 일부는 떠날 수도 있다 / 그리고 다른 가족과 합친다 / 또는 가족에서 가족으로

family to family. /
이동한다 /

❶ when은 시간을 나타내는 접속사로 '~할 때'의 의미이다. when절과 주절에서 일어나는 일이 거의 동시에 일어날 때 쓰는 접속사이다.
ex. The telephone always rings **when** I don't feel like talking. 내가 얘기하고 싶지 않을 때 늘 전화가 온다.

❷ 완전 타동사로 쓰인 leave는 '~를 떠나다'의 의미로 자동사로 혼동하여 뒤에 전치사 from을 쓰지 않도록 유의한다. '~에 가까워지다, 다가가다'의 의미인 approach도 자동사로 혼동하기 쉬운 타동사 뒤에 전치사 to를 쓰지 않도록 유의해야 한다. 이 외에도 자동사로 착각하기 쉬운 타동사로 enter, join, reach 등이 있다.

❸ be동사 more likely to는 '더 ~하기 쉽다, 더 ~하는 경향이 있다, ~할 가능성이 높다'의 의미로 쓰인다.
ex. People who sleep less than 8 hours a day **are more likely to** suffer from depression.
하루 8시간 이하로 자는 사람들이 우울증을 겪기 더 쉽다.

문제 정답 | 1 ④　**2** ⑤　**3** ⑤　**4** immunity

문제 해설

1 소화기관에 있는 박테리아의 기호에 따라 나의 식습관이 정해질 수 있고, 나의 식습관에 따라 박테리아의 기호도 변할 수 있다는 내용으로, ④ '당신의 장내 박테리아와 당신의 식습관은 서로를 통제한다'가 글의 제목으로 가장 적절하다.
① 박테리아는 어떻게 형성되는가
② 장내 박테리아가 어떻게 당신의 생활 습관에 영향을 미치는가
③ 당신의 장내 박테리아는 과일과 채소를 좋아한다
⑤ 비만인 사람의 박테리아 대 날씬한 사람의 박테리아

2 사람의 식습관에 따라 박테리아의 식습관이 바뀔 수 있으며 채식주의자의 경우를 그 예로 들고 있다. 이에 체형에 따라 장내 박테리아의 구성 요소도 다르다는 내용의 흐름에서 ⑤ '결과적으로, 이것이 장내 박테리아의 능력을 향상시킬 것'이라는 내용은 적합하지 않다.

3 12~13행에서 비만인 사람과 그렇지 않은 사람의 박테리아 성분이 다르다고 했으므로, ⑤는 틀린 내용이다.
① 3행 참조　② 3~4행 참조　③ 4행 참조　④ 5행 참조

4 immunity: 면역력
질병에 영향을 받는 것으로부터 당신을 보호하는 힘

본문 해석

생물학자들에 따르면, 당신의 소화관 안에는 수십억 개의 박테리아가 있다. 그들은 생체 기능과 건강을 유지하는 데 중요한 역할을 한다. 그들은 음식을 소화시키고, 외부의 유해한 미생물로부터 몸을 보호하며, 면역력을 향상시킨다.

최근 생물학자들은 장내 박테리아는 식습관에도 영향을 미친다는 것을 발견했다. 다른 균종마다 기호가 다르다. 어떤 것은 설탕과 고기를 선호하고, 또 다른 것들은 과일과 채소를 좋아한다. 장내 박테리아는 당신이 어머니의 자궁에 있는 동안 형성되었다.

그러나 그것들은 당신의 생활 습관에 따라 변할 수 있다. 다시 말해서, 당신의 식습관이 박테리아의 식습관을 형성하는 것이다. 예를 들어, 당신이 채식주의자이면 박테리아 역시 채식주의자가 된다. 따라서 비만인 사람의 장내 박테리아 구성 요소와 날씬한 사람의 것은 다르다. (결과적으로 이것이 장내 박테리아의 능력을 향상시킬 것이다.)

이런 식으로 당신과 당신의 장내 박테리아는 서로 영향을 준다. 처음에는 박테리아가 당신의 식습관을 통제하지만 나중에는 당신의 식습관이 장내 박테리아를 통제한다.

지문 풀이

❶ **According to biologists,** / there are billions of bacteria / inside your gut. / They play an important role / in
생물학자들에 따르면 / 수십억 개의 박테리아가 있다 / 당신의 소화기관 안에 / 그것들은 중요한 역할을 한다 /

maintaining / your bodily functions and health. / ❷ **They digest** food, / **protect** your body / against outside
유지하는 데 / 당신의 생체 기능과 건강을 / 그것들은 음식을 소화시키고 / 당신의 몸을 보호한다 / 외부의 유해한 미생물

harmful microbes, / **and improve** immunity. /
로부터 / 그리고 면역력을 향상시킨다 /

Recently, / biologists found / that gut bacteria also affect your diet. / Different bacterial species / have different
최근 / 생물학자들은 발견했다 / 장내 박테리아는 또한 당신의 식습관에 영향을 미친다는 것을 / 다른 균종은 / 다른 기호를 가지고

tastes; / ❸ **some** prefer sugar and meat, / and **others** love fruits and vegetables. / The bacteria in your
있다 / 어떤 것은 설탕과 고기를 선호하고 / 또 다른 것은 과일과 채소를 좋아한다 / 장내 박테리아는 /

gut / were formed / ❹ **while** you were in your mother's womb. /
형성되었다 / 당신이 어머니의 자궁에 있는 동안 /

However, / they can change / depending on your lifestyle. / In other words, / your diet forms / the bacteria's
그러나 / 그것들은 변할 수 있다 / 당신의 생활 습관에 따라 / 다시 말해서 / 당신의 식습관은 형성한다 / 박테리아의 식습관을 /

eating habits. / For example, / if you're vegetarian, / the bacteria also become vegetarian. / So, the gut
예를 들어 / 당신이 채식주의자이면 / 박테리아 역시 채식주의자가 된다 / 따라서 비만인

bacterial composition of obese people / differs from / ❺ that of slender people. /
사람들의 장내 박테리아 구성 요소는 / 다르다 / 날씬한 사람들의 것과 /

This way, / you and your gut bacteria / influence each other. / At first / your bacteria control your diet, / but
이런 식으로 / 당신과 당신의 장내 박테리아는 / 서로 영향을 준다 / 처음에는 / 당신의 박테리아가 당신의 식습관을 통제한다 / 하지만

later / your diet controls your gut bacteria. /
나중에는 / 당신의 식습관이 장내 박테리아를 통제한다 /

❶ according to는 문맥에 따라 '~에 따르면'이나 '~에 따라'로 쓰인다.
   ex. **According to** the news, one billion people use the website.
    뉴스에 따르면 10억 명의 사람들이 웹사이트를 사용한다.
    He filled out the application form **according to** the instructions.
    그는 지시에 따라 신청서를 작성했다.

❷ 주어는 박테리아를 지칭하는 They이고, digest, protect, improve 세 개의 동사가 and에 의해 연결된 병렬 구조이다.

❸ 「some ~, others ...」는 '일부는 ~이고, 또 다른 일부는 …이다'의 의미이다.

❹ while은 시간을 나타내는 접속사로 '~동안에'의 의미이다.
   cf. while이 대조의 접속사로 쓰이면 '~에 반하여'의 의미로 쓰인다.
    ex. **While** I am very good at singing, my sister is not.
     나는 노래를 잘하는 데 반하여 내 여동생은 그렇지 않다.

❺ that은 앞의 'the gut bacterial composition'의 반복을 피해서 쓴 대명사이다.

---

32   생산성은 숫자 게임   pp. 88~89

문제 정답 | **1** ④   **2** ④   **3** (1) T (2) F (3) T   **4** generate

문제 해설

1 창의력은 특이한 재능이라기 보다 다양한 아이디어를 많이 시도해 본 후에 얻어질 수 있다는 내용이므로, ④ '생산성'이 빈칸에 가장 적절하다.
  ① 감수성   ② 우월성   ③ 상상력   ⑤ 성취

2 좋은 아이디어는 실패를 많이 해봐야 얻어질 수 있다는 내용이므로, ④ '많이 실패하라. 쓰레기에서 금이 나올 것이다'가 글의 제목으로 적절하다.
  ① 천재는 많은 것을 하지 않는다.   ② 창의력은 특이한 재능에서 비롯된다.
  ③ 회사 내에서 공동체 정신의 중요성   ⑤ 좋은 아이디어와 나쁜 아이디어를 구별하는 방법

3 (1) 천재라고 반드시 다른 사람보다 성공률이 높은 것은 아니라고 했다. (3~4행 참조)
  (2) 어떤 것이 성공할 아이디어인지, 실패할 아이디어인지 처음에는 알 수 없다고 했다. (9~10행 참조)
  (3) 나쁜 아이디어를 많이 만들지 않고 많은 좋은 아이디어를 만드는 것은 불가능하다고 했다. (7~8행 참조)

4 generate: 만들어 내다; (전기 열 등을) 일으키다
  • 새로운 공장은 만 개의 새로운 일자리를 <u>창출할(만들어 낼)</u> 것이다.
  • 풍력 발전소는 많은 양의 전기를 <u>생산할</u> 수 있다.

창의력에 대한 무언의 진실 하나는, 그것이 특이한 재능에 관한 것이라기보다 생산성에 관한 것이라는 점이다. 효과가 있는 몇몇 아이디어를 찾기 위해 효과가 없는 많은 시도를 해 볼 필요가 있다. 그것은 완전한 숫자놀음이다. 천재들이 반드시 다른 창작자들보다 성공률이 높은 것은 아니다. 그들은 단지 더 많이 시도한다. 그리고 그들은 일련의 여러가지 일들을 한다. 그들은 성공도 많이 하고 실패도 많이 한다. 그것은 팀과 회사에도 또한 적용된다. 좋지 않은 아이디어를 많이 만들어내지 않고 좋은 아이디어를 많이 만들어내는 것은 불가능하다. 창의력에 관한 한 처음에는 어떤 아이디어가 성공할지 어떤 것이 실패할지 알 수 없다. 따라서 당신이 할 수 있는 유일한 것은 다음 아이디어로 넘어갈 수 있도록 더 빨리 실패하려고 노력하는 것이다.

One unspoken truth about creativity / — ❶ it **isn't** about wild talent / **so much as** it is about productivity. / To
창의력에 대한 무언의 진실 하나는 / 그것이 특이한 재능에 관한 것이라기보다는 / 생산성에 관한 것이라는 점이다 /

find a few ideas that work, / you need to try a lot / that don't. / It's a pure numbers game. / ❷ Geniuses **don't**
효과가 있는 몇몇 아이디어를 찾기 위해 / 당신은 많이 시도해 볼 필요가 있다 / 효과가 없는 / 그것은 완전한 숫자놀음이다 / 천재들이라고 반드시

necessarily have / a higher success rate / than other creators; / they simply do more — and they do a range
가지고 있는 것은 아니다 / 더 높은 성공률을 / 다른 창작자들보다 / 그들은 단지 더 많이 한다 / 그리고 그들은 일련의 여러가지

of different things. / They have more successes / and more failures. / That goes for / teams and companies
일들을 한다 / 그들은 더 많은 성공을 한다 / 그리고 더 많은 실패를 한다 / 그것은 적용된다 / 팀과 회사에도 또한

too. / ❸ It's impossible / **to generate a lot of good ideas** / **without also generating a lot of bad ideas.** / The
그것은 불가능하다 / 좋은 아이디어를 많이 만들어내는 것 / 좋지 않은 많은 아이디어도 많이 만들어내지 않고는 /

thing about creativity / is that at the outset, / you can't tell / which ideas will succeed / and which will fail. /
창의력에 대한 것을 / 처음에는 / 당신은 알 수 없다 / 어떤 아이디어가 성공할지 / 그리고 어떤 것이 실패할지 /

So the only thing you can do / is try to fail faster / ❹ **so that** you can move onto the next idea. /
따라서 당신이 할 수 있는 유일한 것은 / 빨리 실패하려고 노력하는 것이다 / 당신이 다음 아이디어로 넘어갈 수 있도록 /

❶ not A so much as B 'A라기 보다는 B이다'

= not so much A as B

= B rather than A

ex. The river wasn't pretty **so much as** awesome.

　그 강은 예쁘기보다는 멋졌다.

　= The river wasn't **so much** pretty **as** awesome.

　= The river was awesome **rather than** pretty.

❷ not necessarily는 부분 부정의 표현으로 '반드시 ~는 아니다'의 의미이다. 부분 부정은 「부정어 + 전체를 의미하는 단어」로 표현한다.

ex. I did **not** invite **all** my friends. 내 친구를 모두 초대한 것은 아니다.

　Both of his parents did **not** approve of her.

　그녀의 부모 모두 그녀를 인정한 것은 아니었다.

　Not every boy likes sports.

　모든 남자 아이들이 스포츠를 좋아하는 것은 아니다.

　Expert opinion is **not always** right.

　전문가의 의견이 항상 맞는 것은 아니다.

❸ 가주어는 It이고, 진주어는 to generate a lot of good ideas without also generating a lot of bad ideas이다. 진주어가 길어져 뒤로 보내고 그 자리에 가주어 It이 왔다.

❹ 「so that + 주어 + 동사」 구문으로 '~할 수 있도록'의 의미이다.

문제 해설

1 ①, ③, ④은 반의어 관계이고, ②는 유의어 관계이다.
   ① 결점 – 장점　　　　　　　　② 만들어 내다 – 생산하다
   ③ 비만인 – 날씬한　　　　　　④ 최소화하다 – 극대화하다

2 move off the land: 육지를 떠나다

3 biological: 생물학의
   생물에 의해 수행되는 자연적 과정과 관련된
   ① 야생의　　② 긍정적인　　③ 무언의

4 viewpoint: 관점
   문제나 주제에 대한 특정한 사고 방식
   ① 식단　　② 떼　　④ 면역력

5 unstable: 불안정한
   그는 감정적으로 너무 불안정해서 그가 어떤 반응을 보일 지 알 수 없다.
   ① 완전한; 순수한　　② 적응성이 있는　　④ 행동의

6 negative: 부정적인; 음전기의
   • 불행하게도 우리의 요청에 대해 부정적인 답변을 받았다.
   • 우리 몸에 축적되는 전자들은 양전기인 데 반해 땅에 존재하는 것들은 음전기이다.
   ① 남자의　　② 해로운　　④ 박테리아의, 세균의

7 have an effect on ~에게 영향을 미치다 / build up 축적되다, 쌓아 올리다 / distinguish A from B A와 B를 구별하다
   • 새로운 정책은 농촌 지역에 긍정적인 영향을 줄 수 있다.
   • 이런 종류의 활동은 아이들이 자신감을 쌓을 수 있다.
   • 지금 우리는 먼저 옳고 그름을 구별해야 한다.

33 실험에 숨겨진 함정을 조심하라   pp. 92~93

문제 정답 | **1** ③   **2** ⑤   **3** (1) T (2) F (3) T   **4** (1) sponsor (2) evaluate

문제 해설

1 조사 연구의 후원사가 그 결과에 영향을 미칠 수 있다는 내용을 얘기하며, 그 예로 우유의 이점에 대한 조사를 우유 회사가 후원하는 것은 적절하지 않다는 내용의 흐름에서 '우유 회사는 우유가 어떻게 아이들을 더 똑똑하고 더 튼튼하게 하는 데 도움을 주는지 광고한다'는 내용은 문맥상 어색하다.

2 조사 연구를 근거로 하는 주장을 평가하는 데 있어 후원사(Who sponsored the research?)와 표본(Does the sample properly represent the target population?)의 중요성에 대해 예를 들어 설명하고 있는 글이므로, 필자의 요지로 ⑤가 가장 적절하다.

3 (1) 전체 표적집단을 대표하지 않는 표본을 근거로 할 경우 그 주장은 아무리 많은 사례를 연구했다 해도 틀릴 수 있다고 했다. (11~13행 참조)
　　표본은 전체 표적집단을 대표해야 한다.
(2) 표본의 선택 역시 후원사 못지 않게 중요하다고 했으므로 표본 선택이 누가 후원했는지 보다 중요하다고 하는 내용은 일치하지 않는다. (10~11행 참조)
　　조사 연구에서 표본의 선택은 누가 후원했는지 보다 중요하다.
(3) 후원사는 조사 결과를 왜곡시킬 수도 있고 최소한 영향을 미칠 수 있다고 했다. (5~6행 참조)
　　조사 결과는 후원사의 제품에 우호적일 수 있다.

4 (1) sponsor: 후원하다, 주최하다
　　돈을 줌으로써 사람, 기관 또는 활동을 지원하다
(2) evaluate: 평가하다
　　(사람이나 사물의) 가치나 상태를 주의 깊게 심사숙고하여 판단하다

본문 해석 매일 당신은 '연구'나 '조사'를 근거로 하는 주장에 노출되어 있다. 그러한 주장을 평가하는 데 있어 물어야 할 두 가지 중요한 질문이 있다. 바로 '누가 그 조사를 후원했는가? 그 표본은 표적집단을 적절하게 대표하고 있는가?'이다. 첫 번째 질문은 후원사가 흔히 결과를 왜곡하거나, 최소한 결과에 영향을 주게 되기 때문에 중요하다. 만일 우유 회사가 후원한 연구라면 우유를 마시는 것의 이점을 입증한다고 주장하는 연구는 어느 정도 의심을 가지고 봐야 한다. (우유 회사는 우유가 어떻게 아이들을 더 똑똑하고 더 튼튼하게 하는 데 도움을 주는지 광고한다.) 누가 후원을 했는지 못지 않게 중요한 것이 바로 조사에 사용된 표본의 선택이다. 만약 그 주장이 전체 표적집단을 대표하지 못하는 표본을 근거로 한다면, 아무리 많은 사례를 연구했다 하더라도 틀릴 가능성이 있다.

지문 풀이

Every day / you are exposed to claims / based on "studies" and "research." / ❶ **In evaluating** such claims, /
매일 / 당신은 주장에 노출되어 있다 / '연구'와 '조사'를 근거로 하는 / 그러한 주장을 평가하는 데 있어 /

there are two important questions to ask: / Who sponsored the research? / Does the sample properly represent
물어야 할 두 가지 중요한 질문이 있다. / 누가 그 연구를 후원했나? / 그 표본은 표적집단을 적절히 대표하고 있는가? /

the target population? / The first question is important / because sponsors have ways ❷ **of** / **distorting**, or at
첫번째 질문은 중요하다 / 왜냐하면 후원사들은 흔히 하게 된다 / 결과를 왜곡하거나 적어도

least **influencing**, results. / ❸ **A study that claims to prove** the benefits of milk-drinking / should be regarded
영향을 준다 / 우유를 마시는 것의 이점을 입증한다고 주장하는 연구는 / 어느 정도 의심을 가지고 보아져야

with some suspicion / if the research was sponsored by a milk company. / Milk companies advertise / how
한다 / 만일 그 조사가 우유 회사에 의해 후원을 받았다면 / 우유 회사들은 광고한다 / 그들의

their milk can help / kids become smarter and stronger. ❹ **No less important than who sponsored is the**
우유가 어떻게 도움을 주는지 / 아이들이 더 똑똑하고 더 튼튼하게 되는 것에 / 누가 후원을 했는지 못지않게 중요한 것이 표본의 선택이다 /

choice of samples / used in the research. / If the claim is based on samples / that cannot represent the whole
그 조사에 사용된 / 만약 그 주장이 표본을 근거로 한다면 / 전체 표적집단을 대표하지 못하는 /

target population, / it is likely to be faulty / ❺ **no matter how many cases** were studied. /
틀릴 가능성이 있다 / 아무리 많은 사례들이 연구되었다 하더라도 /

❶, ❷ 각각 전치사 In과 of의 목적어로 동명사구가 쓰였다.

❸ 주격 관계대명사 that이 이끄는 절이 주어 A study를 수식해 주고 있다.

A study that claims to prove ~

❹ no less ... than ~은 양자 긍정의 의미로 '~ 못지 않게 ...한'의 의미이다
ex. The daughters are **no less charming than** their parents 그 딸들은 그의 부모 못지않게 매력적이다.

❺ no matter how는 양보의 접속사로 '아무리 ~라도'의 의미이며 however로 바꿔 쓸 수 있다.
ex. **No matter how** busy you are, get enough sleep. 아무리 바빠도, 잠은 충분히 자라.
= **However** busy you are, get enough sleep.

---

34 완벽하면 실수도 매력!　　　　　　　　　　　　　　　pp. 94~95

문제 정답 | **1** ④　**2** ④　**3** ②　**4** (1) outstanding (2) blunder

---

문제 해설

1 ④ 과거 시제 수동태로 바로 앞의 mistakes가 아닌 관계대명사 who 앞의 the capable student가 주어이므로 단수 동사인 was가 쓰여야 한다.

① 「지각동사(listen to) + 목적어(a student) + 동사원형(answer)」구문으로 동사원형 answer가 쓰였다.

② questions와 posed 사이에 「주격 관계대명사 + be동사」인 which were가 생략되었다.

③ 두 명의 학생 중 한 명은 one으로, 나머지 다른 한 명은 the other로 쓴다.

⑤ 주어인 making minor blunders에 두 개의 동사 served와 made가 and로 연결되어 있다.

2 똑똑한 학생들 중에서 절대 실수를 하지 않는 학생보다 사소한 실수를 하는 학생이 '인간적으로' 보이기 때문에 그에게 더 호감을 느끼게 된다는 내용이 자연스럽다.

① 개선하다　② 경멸하다　③ 추천하다　⑤ 평가하다

3 피실험자들은 똑똑한 학생과 그렇지 않은 학생을 비교했을 때에는 똑똑한 학생에게 호감을 보였으며, 똑똑한 학생들끼리 비교했을 때는 실수를 전혀 하지 않는 학생보다는 사소한 실수를 하는 학생에게 더 호감을 보였다.

피실험자들은 <u>유능한</u> 대학생을 좋아했으나 그들이 <u>실수</u>를 했을 때 훨씬 더 좋아했다.

　　(A)　　(B)　　　　　　　(A)　　(B)
① 유능한 － 노력　　　② 유능한 － 실수
③ 유명한 － 변명　　　④ 평범한 － 진전
⑤ 평범한 － 실수

4 (1) outstanding: 뛰어난

보통인 것보다 훨씬 나은

(2) blunder: 실수하다

어리석거나 경솔한 실수를 하다

본문 해석　한 연구의 피실험자들은 텔레비전 쇼인 '대학 퀴즈 볼'에 참가한 대학생들의 테이프를 듣도록 요청 받았다. 그들은 매우 유능하게 묘사된 학생이 제시된 거의 모든 어려운 질문들에 답을 하는 것을 들었다. 피실험자들은 또한 평범하게 묘사된 학생에 대해서도 들었다. 그는 단지 30 퍼센트의 질문에만 성공적으로 답했다. 그 테이프를 들은 후, 두 학생은 호감도에 관한 평가를 받았다. 더 저조하게 수행한 학생보다 뛰어난 성과를 내고 거의 모든 문제에 맞게 답을 한 학생이 상당히 더 선호되었다. 또 다른 연구가 다시 진행되었는데, 이번에는 두 학생 모두 매우 유능했지만, 한 명은 실수를 한 반면 다른 학생은 하지 않았다. 전혀 실수를 하지 않은 유능한 학생보다 가끔 실수를 한 유능한 학생이 훨씬 더 호감을 받는 것으로 드러났다. 사소한 실수를 하는 것은 똑똑한 학생을 <u>인간적이 되게</u> 하는 데 기여했고 그래서 그를 더 호감이 가도록 만들었음에 분명하다.

지문 풀이

❶ **Subjects of a study were asked** / **to listen to** tapes of college students / who participated / in the television
한 연구의 피실험자들은 요청을 받았다 /　　　대학생들의 테이프들을 들을 것을 /　　　　참여한 /　　　텔레비전 쇼인 대학 퀴즈볼에 /

show, *College Quiz Bowl*. ❷ **They listened to a student**, / who was described as highly capable, / **answer**
그들은 한 학생을 들었다 /　　　　　　그는 매우 유능한 것으로 묘사되었다 /　　　　　제시된 거의

almost all the difficult questions posed. / The subjects also listened to / a student who was described as
모든 어려운 문제에 답했다 /　　　　　　피실험자들은 또한 들었다 /　　　　평범하게 묘사된 한 학생을 /

average. / He answered only 30 percent of the questions successfully. / After hearing the tapes, / the two students
그는 겨우 문제의 30퍼센트를 성공적으로 대답했다 /　　　　　그 테이프를 듣고 난 후 /　　　그 두 학생은 평가되어졌다 /

were rated / in terms of likability. / ❸ **The student** who gave an outstanding performance / and answered
호감도 면에서 /　　　　　　뛰어난 성과를 낸 학생 /　　　　　　그리고 거의 모든 문제에

nearly every question correctly / **was** liked / significantly more / than the student who performed more
맞게 대답한 /　　　　선호되었다 /　　상당히 더 /　　　더 저조하게 수행한 학생보다 /

poorly. / Another study was conducted again; / this time / both students were highly capable, / but one
다른 연구가 다시 행해졌다 /　　　　이번에는 /　두 학생들이 매우 유능했다 /　　　그러나 한

blundered while / the other didn't. / It was found that / the capable student / who occasionally made mistakes /
학생은 실수를 한 반면 /　다른 학생은 하지 않았다 /　발견되었다 /　한 유능한 학생이 /　　가끔 실수를 한 /

was considered / even more likable / than the capable student / who never blundered. / Apparently, / making
여겨진다 /　　훨씬 더 호감이 가는 것으로 /　유능한 학생보다 /　전혀 실수를 하지 않은 /　명백하게 /　사소한 실수를

minor blunders / served to humanize the brainy student and / so made him more likable. /
하는 것은 /　그 똑똑한 학생을 인간적이 되게 하도록 기여했다 /　그래서 그에게 더 호감을 느끼게 만들었다 /

❶ 5형식 문장인 「주어 + 동사 + 목적어 + 목적보어」의 수동태 문장으로, 문장의 목적어가 주어가 되고, 목적보어는 수동태를 나타내는 「be + p.p」 뒤에 그대로 쓰였다.

　ex. We elected her chairperson.

　　→ She was elected chairperson by us.

　　우리는 그녀를 의장으로 선출했다.

❷ 「지각동사(listen to) + 목적어(a student) + 동사원형(answer)」 구문이다.

❸ 주어는 The student이고, 동사는 was liked이다. 관계대명사 who는 형용사절에서 주어 역할을 하고 있으므로 주격 관계대명사이며 who 이하는 앞의 The student를 수식한다.

문제 정답 | **1** ⑤   **2** ⑤   **3** ②   **4** (1) witness (2) transparent

문제 해설

1 돈을 빌려주고 받는 거래에서 한 사람의 증인만으로는 불안할 수 있는 요인을 블록체인을 통해 해소할 수 있다는 흐름이므로 ⑤ '이런 거래 위험을 없애는'이 적절하다.

① 사업들을 촉진하는   ② 미래의 경향을 예상하는 데 도움을 주는
③ 상거래를 분석하는   ④ 증인들의 정직성을 시험하는

2 온라인 네트워크 상에 거래 정보가 공유됨으로써 거래의 안전성을 확보할 수 있는 블록체인에 관한 내용으로, ⑤ '블록체인: 당신의 거래에 대한 믿을 만한 증인들'이 제목으로 적절하다.

① 빌려준 돈을 되돌려 받는 방법   ② 블록체인: 미래의 돈
③ 블록체인의 장점과 단점   ④ 돈을 빌려주면 친구를 잃는다

3 4, 6~8행에서 친구가 정직하지 않을 경우 증인을 매수하여 거짓말을 할 수 있고 증인도 그에 동조할 수 있다는 내용이 나오므로 ②의 내용은 일치하지 않는다.

① 3행 참조   ③ 12~13행 참조   ④ 13~14행 참조   ⑤ 18~19행 참조

4 (1) witness: 증인
     (범죄와 같은) 어떤 것이 일어나는 것을 본 사람
(2) transparent: 솔직한
     개방적이고 정직한, 비밀이 없는

본문 해석

당신은 친구에게 돈을 빌려줄 때 그 돈을 반드시 돌려받기 위해서 어떻게 하는가? 아마 누군가에게 증인이 되어 달라고 부탁할 수 있다. 그러나 이것이 항상 돈을 돌려받는 것을 보장해 주지는 않는다. 만약 친구가 정직하지 않다면 그는 그 증인을 매수하여 거짓말을 하게할 수도 있다. 후에 당신이 돈을 갚으라고 하면 그는 마치 당신이 무슨 말을 하는지 모르는 것처럼 연기를 할 수도 있다. 그리고 당신이 증인을 부르면 그 역시 아마 부인할 것이다. 그는 그 거래에 대해 아무것도 모른다고 말할 수 있다.

그러나, 새로운 기술 덕분에 사람들은 더 이상 이것에 대해 걱정할 필요가 없다. 그 신기술은 블록체인으로, 그것은 이런 거래 위험들을 없앤다. 블록체인은 정확히 어떻게 작동할까? 당신이 블록체인으로 거래를 하면 이 정보는 전 세계 수백만 개의 온라인 네트워크 상에 공유가 된다. 이런 식으로 당신의 거래에 대해 곧 수백만 명의 증인을 만드는 것이다. 친구와의 거래에 단 한 명의 증인만 있다면 그는 쉽게 매수될 수 있다. 그러나 수백만 명의 증인이 있다면 그렇게 하는 것이 불가능하다. 당신의 친구는 한 두 명의 사람들을 거짓말하게 할 수 있지만 수백만 명 모두를 그렇게 할 수는 없다. 그러한 무위험 요소로 인해 블록체인은 우리 사회를 더 투명하고 믿을 만하게 만들 것이다.

지문 풀이

When you lend your friend money, / what do you do / to make sure you get it back? / Maybe you would ❶ ask
당신은 친구에게 돈을 빌려줄 때 /   어떻게 하는가 /   돈을 반드시 되돌려 받기 위해서 /   아마 당신은 누군가에게 부탁할 것이다 /

someone / **to be the witness.** / However, this does not always guarantee / you get your money back. / If your
증인이 되어 줄 것을 /   그러나 이것이 항상 보장하지는 않는다 /   당신이 당신의 돈을 돌려받는 것을 /   만약 당신의

friend is dishonest, / he may bribe the witness / to lie to you. / Later, / if you ask your friend to pay you
친구가 정직하지 않다면 /   그는 증인을 매수할 수도 있다 /   당신에게 거짓말을 하기 위해 / 나중에 /   만일 당신이 친구에게 돈을 갚으라고 요청하면 /

back, / he may act / ❷ **as if** he doesn't know / what you're talking about. / And if you call the witness, / he
그는 연기를 할지도 모른다 / 마치 모르는 것처럼 /   당신이 무슨 말을 하고 있는지 /   그리고 만일 당신이 증인을 부르면 /   그도

probably will deny it, too. / He may say that / he doesn't know anything / about the transaction.
역시 아마 부인할 것이다 / 그는 아마 말할지도 모른다 / 그는 아무것도 모른다 / 그 거래에 대해서 /

However, thanks to a new technology, / people don't have to worry about this / any more. / The new technology
그러나, 새로운 기술 덕분에 / 사람들은 이것에 관해 걱정할 필요가 없다 / 더 이상 / 그 새로운 기술은 블록체인이다 /

is ❸ **blockchain,** / **which** eliminates transaction risks like this. / How does blockchain work, exactly? / Once you
그것은 이것과 같은 거래 위험들을 없앤다 / 블록체인은 정확하게 어떻게 작동할까? / 당신이

make a deal over blockchain, / this data gets shared / to millions of online networks / all over the world. / Like
블록체인으로 거래를 하면 / 이 정보는 공유된다 / 수백만 개의 온라인 네트워크상에 / 전 세계에 / 이런

this, / you just create millions of witnesses / for your transaction. / If you only have one witness / while
식으로 / 당신은 곧 수백만 명의 증인들을 만든다 / 당신의 거래에 대해 / 만약 오직 한 명의 증인만 있다면 / 친구와 거

making a deal with your friend, / he can be bribed easily. / But it's impossible to do so / if you have millions
래를 하는 동안 / 그는 쉽게 매수될 수 있다 / 그러나 그렇게 하는 것은 불가능하다 / 만약 당신이 수백만 명의 증인이

of witnesses. / Your friend might be able to / get one or two people to lie, / but not all millions of
있다면 / 당신의 친구는 할 수 있을 것이다 / 한 두 명의 사람들을 거짓말하게 / 그러나 수백만 명 모두를 할 수는 없다 /

them. / With such a risk-free factor, / blockchain is expected / to make our society / more transparent and
이런 무위험 요소로 인해 / 블록체인은 기대된다 / 우리 사회를 만들도록 / 더 투명하고 신뢰할 수 있도록 /

trustworthy. /

❶ 「ask/tell/want + 목적어 + 목적보어」의 5형식 문장으로 ask, tell, want등의 동사는 5형식 문장에서 목적보어로 to부정사를 취하며 '…에게 ~할 것을 부탁하다/말하다/원하다'의 뜻으로 쓰인다.
ex. My mother always **tells me to clean** my room. 우리 엄마는 항상 나에게 내 방을 청소하라고 말한다

❷ as if는 현실 그대로 추측하는 직설법으로 '마치 ~인 것처럼'으로 해석한다.

❸ which는 관계대명사절 안에서 주어 역할을 하고 있는 주격 관계대명사로 콤마(,) 뒤에 써서 앞에 나오는 선행사 blockchain을 추가적으로 보충하여 설명하는 계속적 용법으로 사용되었다.

---

36 위대한 발명의 시작은 주위에서부터 pp. 98~99

문제 정답 | 1 ④ **2** ⑤ **3** 지구의 꼭대기와 밑바닥에 자극이 존재한다는 것 **4** inspiration

문제 해설 **1** Newton이나 Gilbert와 같은 과학자들에게 영감을 준 사람들은 선원, 장인, 군인 등의 평범한 사람으로 (C) Newton은 기계를 다루는 장인들을 통해 '운동의 제 2법칙'을 생각해 냈고, (A) 마찬가지로(similarly) Gilbert 역시 선원에게서 '자력' 연구의 토대를 마련하게 되었다고 했다. (B) 마지막으로 그들의 연구에 대해서는 잘 알지만 그 업적이 사실은 평범한 사람들의 도움으로 탄생했다는 것은 잘 모른다는 흐름이 되는 것이 자연스럽다.

2 Newton이나 Gilbert와 같은 과학자들이 장인이나 선원 등과 같이 평범한 사람들을 통해 과학적 영감을 받았다는 내용으로, ⑤가 글의 요지로 가장 적절하다.

3 한 선원이 Gilbert에게 말한 내용은 'the existence of magnetic poles at the top and bottom of the Earth'(지구의 꼭대기와 밑바닥에 자극이 존재한다는 것)이다.

4 inspiration: 영감
새롭고 창의적인 아이디어를 주는 어떤 사람이나 어떤 것

과학자들에게 위대한 과학적 발견에 대한 영감을 주는 사람은 누구인가? 대부분의 사람들은 선원, 장인 또는 군인들을 떠올리지 않는다. 그러나 근대 과학의 아버지라 할 수 있는 Newton(뉴턴), Gilbert(길버트), 기타 다른 많은 과학자들은 충분히 현명하게도 새로운 통찰력을 얻기 위해 이런 평범한 사람들에게 의지했다.

(C) Newton 시대에 장인들은 집을 짓기 위해 도르래와 기중기로 무거운 돌을 들어 올렸다. 일부 사람들은 Newton이 이러한 장비를 사용하는 노동자들을 관찰함으로써 운동의 제 2법칙을 생각해 냈다고 여긴다.

(A) Gilbert도 비슷하게 자신의 아이디어가 아니었던 것에 대해 공적을 인정받는다. 16세기 선원들은 나침반이 북쪽을 향하고 있는 것은 알았지만 그 이유는 아무도 몰랐다. 한 무명의 선원이 지구의 꼭대기와 밑바닥에 자극이 존재한다는 말을 꺼냈다. Gilbert는 이 의견을 듣고 그의 자성 연구의 논거로 삼았다. 나중에 그의 연구는 지구가 거대한 자성 물체라는 것을 입증했다.

(B) 오늘날 우리는 이 위대한 과학자들의 업적에 매우 익숙하다. 그러나 그들이 일반 노동자의 도움으로만 과학계에 혁신을 일으킬 수 있었다는 것을 우리 중 아는 사람들은 거의 없다.

지문 풀이

Who gives scientists the inspiration / for great scientific discoveries? Most people don't think of / sailors,
누가 과학자들에게 영감을 주는가? / 위대한 과학적 발견에 관한 / 대부분의 사람들은 생각하지 않는다 / 선원, 장인

craftsmen, or soldiers, / but the fathers of modern science / —Newton, Gilbert, and many other scientists— /
또는 군인들을 / 그러나 근대 과학의 아버지들은 / Newton, Gilbert, 그리고 많은 다른 과학자들과 같은 /

were wise enough / to turn to these common men / for new insights. /
충분히 현명했다 / 이러한 평범한 사람들에게 의지할 만큼 / 새로운 통찰력을 위해 /

(C) In Newton's era, / craftsmen lifted heavy stones / with pulleys and cranes / to build houses. / Some believe
Newton 시대에 / 장인들은 무거운 돌을 들어 올렸다 / 도르래와 기중기로 / 집을 짓기 위해 / 일부 사람들은 믿는다 /

that / Newton came up with / his Second Law of Motion / ❶ by observing workers / using these devices.
Newton이 생각해 냈다고 / 그의 운동의 제 2법칙을 / 노동자들을 관찰함으로써 / 이러한 장비를 사용하는 /

(A) Gilbert similarly receives credit / for an idea that wasn't his. / ❷ Sixteenth-century sailors knew / that
Gilbert도 비슷하게 공적을 인정받는다 / 자신의 것이 아니었던 아이디어에 대해 / 16세기 선원들은 알았다 / 나침반이

compasses point north, / but no one knew why. / An unknown sailor suggested / the existence of magnetic
북쪽을 향하고 있는 것을 / 그러나 그 이유는 아무도 몰랐다 / 한 무명의 선원이 제안했다 / 자극이 존재한다는 것을 /

poles / at the top and bottom of the Earth. / Gilbert heard this suggestion and / ❸ made it the basis / of
지구의 꼭대기와 밑바닥에 / Gilbert 이 제안을 들었고 / 그것을 논거로 만들었다 / 그의

his research on magnetism. / Later, / his work confirmed / that the Earth is a giant magnetic object.
자성에 대한 연구의 / 나중에 / 그의 연구는 입증했다 / 지구가 거대한 자성 물체라는 것을 /

(B) Today, / we are very familiar with the work / of these great scientists. / But few of us know that / ❹ only
오늘날 / 우리는 업적에 매우 익숙하다 / 이 위대한 과학자들의 / 그러나 우리 중 아는 사람들은 거의 없다 / 단지

with the help of common workers / were they able to revolutionize the scientific world.
일반 노동자의 도움으로만 / 그들이 과학계에 혁신을 일으킬 수 있었다는 /

---

❶ observing은 전치사 by 다음에 쓰이는 동명사이고, using은 worker를 꾸며주는 현재분사다.

❷ knew의 목적어로 명사절을 이끄는 접속사 that절이 왔다.
ex. All his friends believed **that** Sam was guilty. 그의 모든 친구들은 Sam이 유죄라고 생각했다.

❸ make, call, keep, find 등의 동사는 뒤에 목적어와 목적보어를 가지며 목적보어로는 명사, 형용사 등이 온다. 「make + 목적어 + 목적보어」는 '~을 …하게 만들다 / ~을 …으로 만들다'의 의미이다.

❹ only를 수반한 부사구를 강조하기 위해 문장 앞에 둘 때, 주어와 동사가 도치되어 「부사구 + 동사 + 주어」의 어순이 된다.

문제 정답 | **1** ① **2** ② **3** ④ **4** ③ **5** conduct **6** favor **7** credit **8** ③

문제 해설 **1** ②, ③, ④는 명사 – 형용사 관계인 반면, ①은 모양만 비슷하고 관계 없는 단어들이다.
① 경쟁하다 – 유능한, 뛰어난　② 뇌 – 아주 똑똑한, 영리한
③ 잘못 – 잘못된, 틀린　④ 호감이 감 – 호감이 가는

2 bribe: 뇌물을 주다, 매수하다
그들은 이민국 직원에게 뇌물을 주고 불법으로 입국하기로 결정했다.
① 확인해 주다　③ 광고하다　④ 보장하다

3 in terms of: ~의 면에서, ~에 관하여
우리는 성공의 수준을 돈의 측면에서 평가한다.
① 통찰력　② 후원자　③ 주장

4 distort: 왜곡하다
진술이나 사실 또는 아이디어를 변경해서 틀리거나 잘못되게 하다
① 실수하다　② 대표하다　④ 제거하다

5 conduct a study 연구하다
그들은 요즘 사람들이 의사소통 하는 방식에 대해 연구할 계획이다.

6 in favor of: ~에 우호적인
대부분이 그 법에 대해 우호적이었다.

7 receive credit 공적을 인정받다
내가 모든 일을 했지만 다른 누군가가 공적을 인정받았다.

8 subject 피실험자; 주어; 주제
• 우리는 실험을 위해서 남자 피실험자가 한 명 더 필요하다.
• 'Bob'은 'Bob은 공을 던졌다'라는 문장에서 주어이다.
• 오늘 회의의 주제는 멸종 위기에 처한 해양 동물이다.
① 관찰자　② 증인　④ 숙련공, 장인

| 37 | 실험실에서 만든 고기 | pp. 102~103 |

문제 정답 | **1** ② **2** ③ **3** (1) 동물을 죽이지 않아도 된다. (2) 환경 친화적이다. **4** volume

문제 해설 **1** 배양육의 이점과 앞으로 배양육의 수요가 증가할 것이라는 예측에 대한 글로, ② '배양육의 이점과 전망'이 글의 제목으로 적절하다.

① 배양육의 문화적 충격

③ 배양육은 진짜 고기를 대신할 수 없다

④ 배양육은 곧 실현 가능한가?

⑤ 동물 없이 고기를 키우는 것이 우리의 식단을 혁신시킨다

2 '~할 만큼 충분히 …한'의 의미는 「형용사 + enough + to부정사」로 쓰므로. ⓒ는 to eat가 되어 '먹을 만큼 충분히 큰' 의 의미가 되어야 한다.

3 9~10행의 It does not involve killing animals., ~ environmentally-friendly에서 동물을 도살하지 않아도 되고, 환경 친화적이라고 했다.

4 volume: (텔레비전·라디오 등의) 음량[볼륨]; 용량; ~의 양

• 나의 남편은 라디오의 <u>볼륨</u>을 높였다.

• 이 병들 중 어느 것이 <u>용량</u>이 더 크니?

• 그 운송 체계는 승객들의 <u>양</u>을 감당할 수 없다.

본문 해석 여러분은 동물로부터 오지 않은 고기를 먹는 것을 상상할 수 있는가? '배양육'이라고 일컫는 이런 종류의 고기는 실험실에서 키워진다. 어떻게 만드는가? 먼저, 동물에게서 작은 세포 조직을 베어낸다. 그런 다음 그 조직을 생물체의 내부를 모방한 배양기 안에 둔다. 세포들에 온기, 산소, 당분, 염분 그리고 단백질을 공급하면 배양육은 마침내 먹을 수 있을 만큼 자란다.

지지자들은 배양육의 이점에 대해 언급하고 싶어 한다. 그것은 동물을 도살하는 것을 포함하지 않는다. 배양육은 또한 환경 친화적이기도 하다. 과학자들에 따르면 배양육은 같은 양의 돼지고기와 소고기보다 생산하는 데 약 40%의 에너지가 적게 든다.

사람들의 식습관은 그렇게 빨리 변하지 않기 때문에 배양육이 일반 메뉴의 한 품목이 되기까지는 아마 시간이 걸릴 것이다. 그럼에도 불구하고 실제 육류의 공급이 곧 증가하는 육류 소비를 충족시킬 수 없을 것이기 때문에 배양육에 대한 수요는 점차 증가할 것으로 기대된다.

지문 풀이

Can you imagine / eating meat / that does not come from animals? / This type of meat, / ❶ **which** is referred
여러분은 상상할 수 있는가 / 고기를 먹는 것을 / 동물로부터 오지 않은? / 이런 종류의 고기는 /

to as "cultured" meat, / is grown in a lab. / How do you make it? / First, / you cut out / a small piece of
'배양된' 육류라고 하는데 / 실험실에서 키워진다 / 어떻게 만드는가? / 첫째 / 여러분은 잘라낸다 / 작은 세포 조직을 /

tissue / from an animal. / You then place the tissue / in a cultivator / that mimics the inside of a living
동물로부터 /　　　　　여러분은 그런 다음 그 조직을 둔다 /　　　　　배양기 안에 /　　　　　생물체의 내부를 모방한 /

organism. / ❷ You **provide** the cells / **with** warmth, oxygen, sugars, salts, and proteins, / and cultured meat
　　　　　당신은 세포에게 공급해 준다 /　　　　온기, 산소, 당분, 염분 그리고 단백질을 /　　　　　　그리고 배양육은 마침내 먹을 수

eventually grows big enough to eat. /
있을 만큼 자란다 /

Supporters ❸ **are willing to point out** / the benefits of cultured meat. / It does not involve / killing
지지자들은 언급하고 싶어한다 /　　　　　　　　배양육의 이점을 /　　　　　　　　그것은 포함하지 않는다 /　　　동물을

animals. / Cultured meat is also environmentally-friendly. / According to scientists, / cultured meat would
죽이는 것을 /　배양육은 또한 환경 친화적이다 /　　　　　　　　　　　　과학자들에 따르면 /　　　　배양육은 필요로 한다 /

require / about 40 % less energy / to produce / than the same volume of pork or beef. /
　　　약 40% 적은 에너지를 /　　　생산하는 데 /　　　　같은 양의 돼지고기나 소고기보다 /

Since people's eating habits don't change so quickly, / it will probably be a while / before cultured meat
사람들의 식습관은 그렇게 빨리 변하지 않기 때문에 /　　　　　　　　아마 시간이 걸릴 것이다 /　　　　　배양육이 일반 메뉴의 한 품목이 되기

becomes a common menu item. / Nevertheless, / the demand for cultured meat / is expected to increase
전까지 /　　　　　　　　　　그럼에도 불구하고 /　배양육에 대한 수요는 /　　　　　점점 증가할 것으로 기대된다 /

gradually / since the supply for real meat / will soon become unable to satisfy / the ❹ **growing** meat
　　　　실제 육류의 공급이 ~때문이다 /　　　　　　곧 충족시킬 수 없게 될 것이다 /　　　　증가하는 육류 소비를 /

consumption. /

❶ 주격 관계대명사의 계속적 용법으로 관계대명사 which가 이끄는 절이 선행사인 This type of meat에 관해 추가적인 정보를 제공해 주고 있다.

❷ 「provide A with B」는 'A에게 B를 제공하다'의 의미로, B에 해당하는 것들이 접속사 and에 의해 병렬로 연결되어 있다.
　 You provide the cells with warmth, oxygen, sugars, salts, and proteins, ~
　　　　　　　　　　　　　A　　　　B　　　　C　　　D　　　　　E

❸ be willing to는 '기꺼이 ~하다'의 의미로 willing은 to부정사를 취하는 형용사이다.

❹ '증가하는 육류 수요'라는 의미로 현재분사는 '능동, 진행'을 나타낸다.

---

38 알록달록한 음식들, 눈과 몸이 즐거워져요!　　　　　　　　pp. 104~105

문제 정답 | **1** ① **2** ② **3** 다양한 색깔의 과일과 채소를 즐겨 먹어라 **4** (1) quality (2) launch

문제 해설 **1** 다양한 색의 과일과 채소는 우리 몸을 더 건강하게 만든다는 내용으로, ① '다채로운 음식이 건강에 주는 이점'이 글의 주제로 적절하다.
　② 다채로운 음식의 영양가
　③ 입맛이 까다로운 사람들을 위한 다채로운 건강식품
　④ 음식의 채색이 식욕에 미치는 영향
　⑤ 암을 유발하는 활성 산소와 싸우는 방법

2 When you see a variety of colors on your plate, ~ .에서 접시 위에 놓인 다양한 색의 음식은 ② '예술가의 팔레트'를 연상시킨다. 알록달록한 음식으로 식사를 하면 건강에도 좋다는 내용을 비유적으로 쓴 표현이다.
　① 요리사의 요리법　　　　　　　　　　③ 의사의 처방전
　④ 음악가의 악기　　　　　　　　　　　⑤ 영화감독의 시나리오

3 Spectrum은 '프리즘을 통과한 후에 생겨난 7가지 무지개 색깔'을 의미하며 여기서는 '다양한 색의 과일과 채소'를 상징한다.

4 quality: 특징, 특성 / launch: (조직적인 일을) 시작하다, 착수하다

(1) 어떤 사람이나 사물의 특성이나 특징

(2) 공개수사나 새로운 프로젝트와 같은 규모가 크고 중요한 사건을 시작하다

국립 암 연구소는 '스펙트럼을 즐겨라'라고 불리는 캠페인을 시작했다. 그것의 목적은 사람들이 다양한 색의 여러 가지 과일과 채소를 먹도록 권장하는 것이다. 이유가 무엇일까? 다채로운 과일과 채소로 구성된 식단은 심장마비, 암, 뇌졸중 및 당뇨병을 예방하는 데 필요한 필수 영양소를 제공하기 때문이다.

색은 우리의 건강에 있어 어떤 역할을 할까? 우리의 몸이 음식을 소화시킬 때, 그것은 '활성 산소'라고 불리는 유해 노폐물을 만들어 낸다. 우리의 몸이 활성 산소를 효율적으로 제거할 수 없다면, 그것들은 세포를 손상시키고, 신체 기능에 영향을 줄 수 있으며, 심지어 암을 유발할 수도 있다. 그러나 여러분은 그것에 대해 너무 걱정할 필요는 없다. 다채로운 과일과 채소를 섭취하는 것으로 몸에 있는 이런 활성 산소를 쉽게 제거할 수 있다. 예를 들어, 붉은 과일과 채소는 암과 심장병의 위험을 줄이는 데 도움이 되는 강력한 물질을 포함하고 있다. 녹색이나 노란색 채소와 과일에는 유사한 질병 퇴치 특성을 지닌 물질이 포함되어 있다.

국립 암 연구소 캠페인의 책임자인 Lorelei DiSogra(로렐라이 디소그라) 씨는 다음과 같이 말한다. "당신의 접시에서 다양한 색의 음식을 본다면, 자신에게 잘 하고 있는 것입니다. 디너용 접시를 <u>예술가의 팔레트</u>라고 생각하세요." 다양한 색의 음식을 많이 볼수록 그 접시(의 음식)는 건강에 더 좋은 것이다.

The National Cancer Institute has launched a campaign / called "Enjoy the Spectrum." / Its purpose is ❶ to
국립 암 연구소는 캠페인을 시작했다 /   '스펙트럼을 즐겨라' 라고 불리는 /   그것의 목적은 사람들에게 권장하는

encourage people / to eat fruits and vegetables of many different colors. / Why? / A diet of colorful fruits and
것이다 /   다양한 색의 여러 가지 과일과 채소를 먹도록 /   왜 그런가? / 다채로운 과일과 채소로 구성된 식단은 /

vegetables / provides the necessary nutrients / ❷ that you need to prevent heart attack, cancer, stroke, and
                필수 영양소를 제공한다 /   여러분이 심장마비, 암, 뇌졸중 및 당뇨병을 예방하는 데 필요한 /

diabetes. /

What role do colors play / in our health? / When our body digests food, / it produces / a harmful waste
색은 어떤 역할을 할까 /   우리의 건강에? /   우리의 몸이 음식을 소화시킬 때 /   그것은 만든다 /   유해 노폐물을 /

substance / called "free radicals." / If our body cannot remove free radicals efficiently, / they can harm our
                '활성 산소'라고 불리는 /   우리의 몸이 활성 산소를 효과적으로 제거할 수 없다면 /   그것들은 우리의 세포를 손상시킬

cells / and affect our body functions; / they can even cause cancer. / But you don't have to worry / about it
수 있다 / 그리고 우리의 신체 기능에 영향을 줄 수 있다 /   심지어 그것은 암을 일으킬 수도 있다 /   그러나 걱정할 필요는 없다 /   그것에 대해

too much. / By eating colorful fruits and vegetables / you can easily remove / these free radicals / from your
너무 /   다채로운 과일과 채소를 섭취함으로써 /   여러분은 쉽게 제거할 수 있다 /   이 활성 산소를 /   당신의 몸으로부터 /

bodies. / For example, / red fruits and vegetables contain / a powerful substance / ❸ that helps reduce the risk
           예를 들어 /   붉은 과일과 채소는 포함한다 /   강력한 물질을 /   암과 심장병의 위험을 줄이는 데 도움이 되는 /

of cancer and heart disease. / Green or yellow vegetables and fruits contain / substances ❹ that have similar
                                          녹색이나 노란색 채소와 과일은 포함한다 /   유사한 질병 퇴치 특성을 가진 물질들을 /

disease-fighting qualities. /

Lorelei DiSogra, / Director of the National Cancer Institute campaign, / says, / "When you see a variety of
Lorelei DiSogra 씨는 /   국립 암 연구소 캠페인의 책임자인 /   말한다 /   여러분이 다양한 색을 본다면 /

colors / on your plate, / you know / you are doing good / for yourself. / Think of your dinner plate / as an
접시에서 /   여러분은 안다 /   잘하고 있다는 것을 /   여러분 자신을 위해 /   디너용 접시를 생각하라 /   예술가의

artist's palette." / ❺ The more colors you see, / the healthier the dish is. /
팔레트처럼 /   여러분이 더 다양한 색을 보면 볼수록 /   접시(의 음식)는 더 건강하다 /

❶ 명사적 용법의 to부정사로 문장에서 보어의 역할을 하고 있다. to부정사는 주어와 목적어로도 쓸 수 있다.
　ex. **To find** fault with others is easy. 〈주어〉 (다른 사람의 결점을 찾는 것은 쉽다.)
　　I hope **to see** you soon. 〈목적어〉 (나는 너를 곧 보게 되기를 바란다.)

❷ 목적격 관계대명사 that으로, 선행사인 the necessary nutrients는 관계대명사 절에서 need의 목적어로 쓰였다.

❸, ❹ 주격 관계대명사 that으로, 선행사인 a powerful substance와 substances는 각 문장의 형용사절에서 주어의 역할을 한다.

❺ '~하면 할수록 더 …하다'의 의미를 나타내는 「the 비교급 + 주어 + 동사, the 비교급 + 주어 + 동사」 구문이다. 주어와 동사가 명확하거나 내용상 굳이 쓸 필요가 없을 때는 생략할 수도 있다. 이는 또한 「As 주어 + 동사 + 비교급, 주어 + 동사 + 비교급」으로도 바꿔 쓸 수 있다.
　ex. **The more** we have, **the better** we will be. (많으면 많을수록 더 좋다.)
　　= **The more, the better.** 〈주어와 동사 생략〉
　　= **As** we have **more**, we will be **better.**

39　셰일 가스를 아시나요?

문제 정답 | **1** ③　**2** ③　**3** ③　**4** extract

문제 해설

1 주어진 문장은 모든 것에 문제가 있듯이, 셰일 가스도 문제가 있다는 내용으로 연결사 However가 문장의 앞부분에 있다. 그러므로, 셰일 가스의 발견으로 미국이 에너지 수입국에서 수출국이 되었다는 긍정적인 내용 다음에, 셰일 가스의 문제점들을 설명하는 내용 앞인 ©에 들어가는 것이 가장 적절하다.

2 9~11행에서 셰일 가스를 발견하여 미국은 에너지 수출국이 되었다고 했으므로, ③은 글의 내용과 일치하지 않는다.

3 (A) 동사의 주어가 복수 명사인 amounts이므로 were가 적절하다.
　(B) 선행사인 natural energy가 형용사절에서 행위의 주체가 되고 있으므로, 주격 관계대명사 that이 적절하다.
　(C) in order to 뒤의 동사원형 break와 함께 연결사 and로 연결되어 있으므로, 동사원형 release가 적절하다.

4 extract: 추출하다, 채굴하다; 발췌하다; 추출물; (예 등을 책에서) 발췌
　• 이 기계들은 과일에서 주스를 <u>추출한다</u>.
　• 다음 <u>발췌</u>는 그의 새로운 책에서 가져온 것이다.

본문 해석

1848년, 미국은 '골드 러시'를 경험했다. 수십 만명의 미국인들이 캘리포니아로 몰려갔는데 엄청난 양의 금이 그곳에서 발견되었기 때문이었다.

이제 미국은 '셰일 러시'를 경험하고 있다. 많은 기업들이 셰일 가스와 오일이 발견된 펜실베니아로 몰려 들고 있다. 셰일 가스와 오일은 '셰일'이라는 일종의 암석에 묻혀 있는 천연 에너지이다.

운 좋게도, 미국에 매장된 셰일 가스와 오일의 양은 100년 동안 지속될 만큼 많다. 지금까지 미국은 에너지 수요의 절반 정도를 수입해왔다. 셰일 에너지의 발견 덕분에 미국은 에너지 수출국이 될 것이다. <u>그러나 모든 것에는 장단점이 있듯이 셰일 가스 역시 마찬가지이다.</u> 문제는 셰일 가스의 추출 과정에 있다. 가스와 오일을 추출하기 위해서 사람들은 '프래킹'이라는 시추 방법을 사용한다. 이 프래킹 과정에서 그들은 땅에 깊이 갇혀있는 셰일에 닿을 때까지 구멍을 뚫는다. 그런 다음 많은 양의 물을 이용해서 암석에 압력을 가하여 그것을 부수고 가스와 오일을 방출한다. 이것은 물 부족을 야기하며, 셰일 에너지 광산 근처에 지진까지 일으킬 수 있다.

그럼에도 불구하고, 사람들은 셰일 에너지에 여전히 관심이 많다. 이것은 세계가 다른 에너지 자원을 다 써버리고 있기 때문이다.

정답과 해설 | **69**

In 1848, / the United States experienced / a "gold rush." / Hundreds of thousands of Americans / rushed to
1848년에 / 미국은 경험했다 / '골드 러시'를 / 수백 만명의 미국인들이 / 캘리포니아로

California / because ❶ **huge amounts of gold were** found there. /
몰려갔다 / 엄청난 양의 금이 그곳에서 발견되었기 때문에 /

Now the United States is experiencing a "shale rush." / A lot of companies are flocking / to Pennsylvania, /
이제 미국은 '셰일 러시'를 경험하고 있다 / 많은 기업들이 몰려 들고 있다 / 펜실베니아로

❷ **where** shale gas and oil haev been discovered. / Shale gas and oil are natural energy / that is buried / in a
셰일 가스와 오일이 발견된 / 셰일 가스와 오일은 천연 에너지이다 / 묻혀 있는 / '셰일'이

kind of rock called "shale." /
라는 일종의 암석에 /

Luckily, / ❸ **the amount of shale gas and oil** / **buried in the US** / **is** large enough / to last 100 years. / Up to
운 좋게도 / 셰일 가스와 오일의 양은 / 미국에 매장된 / 충분히 많다 / 100년 동안 지속될 만큼 / 지금까지

now, / the US ❹ **has been importing** / about half its energy demand. / Thanks to the discovery of shale
미국은 수입해왔다 / 에너지 수요의 절반 정도를 / 셰일 에너지의 발견 덕분에

energy, / the United States is going to become / an energy-exporting country. / However, / as everything has its
미국은 될 것이다 / 에너지 수출국이 / 그러나 / 모든 것에는 장단점이 있듯이

pros and cons, / ❺ **so does shale gas.** / The problem lies / in the extraction process of shale gas. / To extract
셰일 가스 역시 마찬가지이다 / 문제는 있다 / 셰일 가스의 추출 과정에 / 가스와 오일을

the gas and oil, / people use a drilling method / called "fracking." / In this process of fracking, / they drill /
추출하기 위해서 / 사람들은 시추 방법을 사용한다 / '프랙킹'이라는 / 이 프랙킹 과정에서 / 그들은 구멍을 뚫는다

until they reach ❻ **the shale** / **trapped deep in the earth.** / Then they put pressure / on the rock / using a large
그들이 셰일에 닿을 때까지 / 땅 속 깊이 갇혀 있는 / 그런 다음 압력을 가한다 / 암석에 / 많은 양의 물을

amount of water / in order to break it / and release the gas and oil. / This causes water shortage / and can
이용해서 / 그것을 부수기 위해 / 그리고 가스와 오일을 추출하기 위해 / 이것은 물 부족을 야기시킨다 / 그리고

even cause earthquakes / near the shale energy mines. /
지진까지도 일으킬 수 있다 / 셰일 에너지 광산 근처에 /

Nevertheless, / people remain very interested / in shale energy. / This is because the world is running out of
그럼에도 불구하고 / 사람들은 여전히 관심이 많다 / 셰일 에너지에 / 이것은 세계가 다른 에너지 자원을 다 써버리고 있기 때문이다

other energy sources. /
다른 에너지 자원을

❶, ❸ huge amounts가 주어이며, 전치사구의 수식을 받아 주어가 길어진 형태이므로, 복수 동사 were가 온다.
the amount가 주어이며 전치사구의 수식을 받아 주어가 길어진 형태이므로, 단수 동사 is가 온다.

❷ 장소를 나타내는 관계부사 where의 계속적 용법으로 선행사인 Pennsylvania에 대한 부가적인 정보를 제공한다. 계속적 용법의 관계부사는 생략하지 않는 것에 유의한다.
ex. We walked up to the top of the hill, **where** we got an amazing view.
(우리는 산 꼭대기까지 올라 갔는데, 그곳에서는 놀라운 전망이 있었다.)

❹ 「have/has been -ing」는 현재완료진행형으로 과거에 시작된 일이 지금까지 계속 진행 중일 때 사용한다. 현재완료는 이미 완료가 되었다는 것에 초점을 두는 반면, 현재완료진행은 어떤 행동이 계속 진행되어 왔다는 것에 초점을 두는 차이가 있다.
ex. I **have fixed** my car. (나는 차를 수리했다.)
I **have been fixing** my car. (나는 차를 수리해오고 있는 중이다.)

❺ So + 조동사 + 주어: 주어도 역시 ~하다
ex. He likes swimming. So **does she.** (= She likes swimming, too.) 그는 수영을 좋아한다. 그녀도 그렇다.
cf. Neither + 조동사 + 주어: 주어도 역시 ~하지 않다

❻ 과거분사구 trapped 이하가 앞에 나온 the shale을 수식하는 구조로, '~되어진, ~해진'의 '완료, 수동'의 의미를 나타낸다.

문제 정답 | **1** ② **2** ② **3** (1) F (2) T (3) T **4** donation

문제 해설

1 ② 관계대명사 what뒤에 불완전한 문장이 아닌 완전한 문장이 왔기 때문에 접속사인 if나 whether가 와야 한다. 그런데 들어가는 자리가 전치사 about의 목적어이므로 전치사의 목적어로 올 수 없는 if를 제외한 whether만 가능하다.

① 주어가 psychologists이므로 복수 동사인 have가 맞다.

③ 기부를 '하는' 행위를 나타내므로 능동태인 doing이 적절하다.

④ Knowing that they are giving이 주어이고, them은 기부를 하는 사람들을 가리킨다. 앞에 나온 동사 make의 목적이므로 them이 적절하다.

⑤ '생각하기 위해서 멈추다'의 의미가 되어야 하므로 stop to think는 맞는 표현이다. 'stop to think'는 관용적으로 '곰곰이 생각하다'의 의미로 쓰인다.

2 기부 행위에 대한 기부자들의 심리에 대한 글로, ② '기부자들의 행동과 가치관'이 글의 제목으로 적절하다.

① 사람들은 어떻게 기부를 결정하는가

③ 기부를 하는 행위는 사람들을 어떻게 행복하게 만드는가

④ 자선 단체가 사회에 미치는 긍정적 영향력

⑤ 기부된 돈은 실제로 가난한 사람들을 위해 사용되고 있는가?

3 (1) 한 두 개의 자선단체에 상당한 금액을 기부하는 사람들은 자선 단체가 하는 일과 실제로 긍정적인 영향력을 가지는지에 대해 알고 싶어한다고 했다. (3~5행 참조)

(2) 적은 액수를 여러 단체에 기부하는 온광 기부자들은 기부의 영향과 상관 없이 기부를 하는 것으로 기분이 좋아진다고 했다. (9~11행 참조)

(3) 소액 기부의 많은 경우에는 기부금이 너무 적어서 기부금을 처리하는데 드는 비용이 자선 단체에 가져다 주는 이익을 초과한다고 했다. (13~14행 참조)

4 donation: 기부

개인이나 단체를 돕기 위해서 주어지는 것 또는 그들에게 주는 행위

본문 해석 기부 행위를 연구하는 심리학자들은 어떤 사람들은 상당한 액수를 한 두 자선 단체에 기부하는 반면, 다른 사람들은 소액을 많은 자선 단체에 기부한다는 점에 주목해 왔다. 한 두 자선 단체에 기부하는 사람들은 그 자선 단체가 무슨 일을 하는지 그리고 실제로 긍정적인 영향을 끼치는지에 대한 증거를 찾는다. 자선 단체가 실제로 다른 사람들을 돕고 있다는 증거가 있다면, 그들은 상당한 액수의 기부를 한다. 많은 자선 단체에 소액을 기부하는 사람들은 그들이 하는 일이 다른 사람에게 도움이 되는지에 대해서는 그다지 관심이 없다. 심리학자들은 그들을 '따뜻한 빛을 주는 기부자들(온광 기부자들)'이라고 부른다. 그들의 기부의 영향과는 상관없이 그들은 기부를 하고 있다는 것을 아는 것으로 기분이 좋아진다. 많은 경우에 그 기부는 10달러 이하의 매우 적은 금액이어서 그들이 곰곰이 생각한다면 그 기부금을 처리하는 비용이 자선 단체에 가져다 주는 어떤 이익도 초과할 가능성이 있다는 것을 알게 될 것이다.

지문 풀이

❶ **Psychologists who study giving behavior** / **have noticed** / that some people give substantial amounts / to one
기부하는 행위를 연구하는 심리학자들은 / 주목해 왔다 / 어떤 사람들은 상당히 많은 액수를 기부한다 / 한 두 자선

or two charities, / while others give small amounts / to many charities / Those who donate to one or two
단체에 / 반면에 다른 사람들은 소액을 기부한다 / 많은 자선 단체에 / 한 두 자선 단체에 기부를 하는 사람들은 /

charities / seek evidence / about what the charity is doing / and ❷ **whether** it is really having a positive
증거를 찾는다 / 그 자선 단체가 무슨 일을 하는지에 대해서 / 그리고 그것이 실제로 긍정적인 영향을 끼치는지 아닌지 /

impact. / If the evidence indicates / that the charity is really helping others, / they make a substantial
만약 증거가 보여 준다면 /　　　　　　 그 자선 단체가 실제로 다른 사람들을 돕고 있다 /　　　　　　　 그들은 상당한 액수의 기부를 한다 /

donation. / Those who give small amounts / to many charities / are not so interested / ❸ in **whether** what they
소액을 기부하는 사람들은 /　　　　　 많은 자선 단체에 /　 그다지 관심이 없다 /　　　　　 그들이 하는 일이 다른 사람들을

are doing helps others / — psychologists call them / warm glow givers. / Knowing that they are giving / makes
돕는지에 /　　　　　 심리학자들은 그들을 부른다 /　 '따뜻한 빛을 주는 기부자들(온광 기부자)'이라고 /　 기부를 하고 있다는 것을 아는 것은 / 그들을 기분

them feel good, / regardless of the impact of their donation. / In many cases / the donation is so small / — $10
좋게 만든다 /　　　 그들의 기부의 영향과는 상관없이 /　　　　　　　 많은 경우에 /　　 그 기부는 매우 적어서 /　　　 10달러

or less — / that if they stopped to think, / they would realize / that the cost of processing the donation / is
이하의 /　　 만약 그들이 곰곰이 생각을 한다면 /　 그들은 알게 될 것이다 /　　 기부금을 처리하는 비용이 /

likely to exceed / any benefit it brings to the charity. /
초과할 가능성이 있다 /　　 그것이 자선 단체에 가져다 주는 어떤 이익도 /

❶ Psychologists who study giving behavior have noticed
　　　　주어 ⬆_____⬜　　　 주격 관계대명사　　　　　 동사

❷. ❸ 명사절 접속사 whether과 if는 '~인지 아닌지'의 의미로 쓰이지만 if는 전치사 뒤에 전치사의 목적어로는 쓸 수 없다. 따라서 전치사
about과 in의 목적어로 쓰인 명사절에서는 whether만 가능하다.

REVIEW TEST

p. 110

문제 정답 | **1** ②　**2** ③　**3** ④　**4** ④　**5** ①　**6** ②　**7** ④

문제 해설　**1** 나머지가 모두 '동사 – 명사'의 관계를 나타내는 반면에, ② '물질 – 상당한'은 연관이 없는 단어이다.
　　　　① 기증하다 – 기부, 기증　　③ 추출하다 – 추출　　④ 소비하다 – 소비

　　2 picky: 까다로운
　　　Ian은 입맛이 까다로운 사람이라서 땅콩 버터 샌드위치를 제외하고는 아무 것도 안 먹는다.
　　　　① 긍정적인　　② 무익한　　④ 필수적인, 필요한

　　3 prescription: 처방(전)
　　　Grape 박사는 나에게 수면제에 대한 처방전을 주었다.
　　　　① (강력한) 영향, 충격　　② 압력　　③ 병, 질병

　　4 appetite: 식욕
　　　먹기를 원하는 자연스러운 느낌
　　　　① 증거　　② 영양소, 영양분　　③ 기능

　　5 mimic: ~을 모방하다, 흉내 내다
　　　누군가의 목소리, 행동, 또는 외모를 복제하다
　　　　② (조직적인 일을) 시작하다, 착수하다　　③ 소화시키다　　④ 처리하다

　　6 tissue: (세포들의) 조직; 화장지
　　　• 그것의 몸은 특별한 (세포) 조직으로 만들어져 있다.
　　　• 그 붕대는 너무 얇아서 화장지 종이처럼 보인다.
　　　　① 수요　　③ 액수; 양　　④ 광산; 채굴하다

　　7 it will be a while before: ~할 때까지 시간이 걸릴 것이다

WORKBOOK

UNIT 01

Word Practice
p.02

A | 01 혜택, 이득　　02 특징, 특성
03 심각한, 극심한　　04 낙관적인
05 측면, 양상　　06 다름 아닌 바로 ~인
07 독성의, 유독한　　08 영향력 있는
09 물질　　10 치명적인
11 봉건 시대의　　12 통치하다, 다스리다
13 산소　　14 박해하다, 못살게 굴다
15 철학자　　16 가능성, 잠재력
17 인정하다, 진가를 알아보다　　18 다급한 경우에는
19 처형하다　　20 ~을 나타내다

B | 01 moral　　02 in return
03 prompt　　04 divorce
05 excessive　　06 supply
07 the nobility　　08 adapt to
09 addiction　　10 bother
11 hand A over to B　　12 obstacle
13 tyrant　　14 acidic
15 outright　　16 occasional
17 victim　　18 be faced with
19 sacrificial　　20 develop

01 app에 의존하는 세대
p.03

01 요즘 젊은 사람들은 거의 모든 것을 앱에 의존하는 이른바 '앱 세대'에 속한다.
02 그러나 젊은 사람들의 앱에 대한 의존도가 높아짐에 따라 많은 문제가 발생하고 있다.
03 먼저, 과도한 앱 사용으로 그들은 점점 더 참을성을 잃어가고 있다.
04 그들에게 즉각적인 결과를 제공해 주는 앱을 사용하는 데 익숙해서서 그들은 삶의 모든 면을 빠르고 손쉽게 이용할 수 있을 거라고 기대한다.
05 그들은 문제에 직면했을 때 새로운 아이디어를 생각해 내려고도 하지 않는다.
06 그들에게는 단지 구글을 사용하여 아이디어를 찾는 것이 더 쉽기 때문이다.
07 교육자들은 젊은 사람들의 앱 기술에 대한 중독이 그들의 잠재력을 제한하여 스스로 생각할 수 없는 좀비와 같은 사람으로 바꿀 수 있음을 우려한다.

02 암세포가 응급처치 요원이라고?
p.04

01 암은 산성 식품이나 정크 푸드를 너무 많이 먹거나 규칙적으로 운동을 하지 않는 등 건강에 해로운 생활 방식으로 인해 발생한다.

02 이런 생활 방식을 계속 유지한다면 독성 물질이 신체 조직에 축적되어 결국 신체의 혈류를 차단하게 될 것이다.
03 정상 세포는 산소 없이는 생존할 수 없기 때문에 환부는 부패하기 시작할 것이다.
04 이것이 암이 우리를 구하러 오는 경우이다.
05 방어기제로서 정상적인 신체 세포는 산소가 없이 사는 것에 적응하기 위해 스스로를 변형시킬 것이다.
06 이 새로운 세포가 다름 아닌 바로 암세포이다.
07 그것들은 독성 물질을 사용하여 신체 조직이 부패하는 것을 막기 위해 필요한 에너지를 생성한다.
08 따라서 우리의 일반적인 믿음과는 달리 암은 응급 상황에서 우리를 구조하러 오는 응급처치 요원과 같다.

03 제자에게 박해받은 철학자들
p.05

01 세계 역사를 통틀어 통치자들은 그들에게 조언을 해 줄 수 있는 훌륭한 철학자들을 늘 곁에 두었다.
02 네로는 잔인한 폭군이었고 세네카의 가르침이 그의 통치에 장애가 되자 그로 하여금 자살하도록 했다.
03 영국의 헨리 8세 왕은 종종 철학자인 토마스 모어 경의 조언을 받았다.
04 중국에는 공자라고 이름 지어진 위대한 철학자가 있었다.
05 그는 국가를 통치하기 위한 적절한 방법을 개발하고 가르치는 데 일생을 보냈다.
06 그러나 공자는 그를 조언자로 받아들여 그의 가르침을 실천하고자 했던 통치자를 찾지 못했다.
07 그러나 유럽의 철학자들에게 일어났던 일을 고려했을 때 공자가 어떤 통치자들에게도 박해를 받지 않은 것은 운이 좋았다.

04 많이 가진 자는 많이 베풀어야
p.06

01 당신은 제2차 세계 대전 당시 영국의 명문 학교인 이튼 칼리지의 약 2,000명의 졸업생이 조국을 위해서 희생되었다는 것을 알았는가?
02 노블레스 오블리주는 봉건 유럽에 그 뿌리를 두고 있으며, 거기에서 그것은 귀족이 노동자에게 갖는 의무감을 의미했다.
03 노동자들은 대부분의 농작물을 귀족들에게 양도해야 했다.
04 귀족들은 그 대가로 그들에게 경작할 땅을 제공하는 것이 당연하게 여겨졌다.
05 이러한 기대는 암묵적인 것이지 문서에 명시된 것이 아니었다.
06 가난한 사람들에 대한 부자들의 이러한 도덕적 의무는 '노블레스 오블리주'로 알려지게 되었다.
07 오늘날 우리는 '많이 주어진 사람에게 많은 것을 기대한다'고 말하는 것으로 이 생각을 표현한다.

UNIT 02

Word Practice

p.07

A
01 적대감, 적개심	02 요지, 핵심
03 직업	04 높이다, 향상시키다
05 ~하는 한	06 그 자체로는, 본질적으로
07 일 중독자, 일벌레	08 주장하다
09 유전적으로	10 전통의
11 ~을 전문으로 하다	12 처방하다
13 내과 의사	14 경쟁이 치열한
15 적당한, 적정한	16 자살하다
17 정반대의	18 특허권 사용료; 왕족
19 독감	20 (나중을 위해) A를 따로 떼어 두다

B
01 chronic	02 distinguish
03 halt	04 patent
05 be at risk	06 sprout
07 practice	08 global
09 automatically	10 hit the jackpot
11 passion	12 suffer
13 therapy	14 irritate
15 marketplace	16 seed
17 stimulate	18 be grounded in
19 core	20 defense mechanism

05 아스피린의 불편한 진실
p.08

01 많은 의사들이 감기나 독감으로 고통을 겪는 환자들에게 아스피린이나 비슷한 진통제를 무의식적으로 처방한다.

02 진화 의학에 따르면, 그러한 치료법은 의도된 효과와 상반되는 효과를 낼 수도 있다.

03 아스피린은 환자의 불편함을 완화시키는 것 외에도 열을 낮추기도 한다.

04 그러나 과학자들은 적당한 열이 신체의 가장 인상적인 방어기제 중 하나임을 발견했다.

05 연구 결과에 따르면 더 높은 온도는 백혈구로 하여금 염증 부위로 더 빠르게 돌진해서 바이러스를 죽이도록 자극한다.

06 열은 또한 해로운 박테리아의 성장을 막는데, 이 박테리아는 백혈구와 달리 열에 노출되면 비활성화된다.

07 요점은 열을 내리기 위해 약을 복용하는 대신에 몸의 방어기제가 그것의 임무를 수행하게 하는 것이다.

06 오래 살려면 분노는 금물!
p.09

01 스트레스는 오랫동안 살인자로 지목되었지만, 사실 노심초사를 포함한 대부분의 스트레스는 그것 자체로 치명적이지는 않다.

02 자신을 짜증나게 하고 성가시게 구는 사람들에게 끊임없이 고함을 지르는 사람은 심장에 문제가 있을 위험에 처해 있다.

03 분주하게 뛰어다니는 일 중독자는 스트레스가 분노의 자극제가 되지 않는 한 위험에 처하지 않는다.

04 그는 적개심 검사에서 높은 점수를 받은 25세의 의사와 변호사 중 15% 이상이 50세쯤에 사망했다고 지적했다.

05 화를 잘 내는 모든 사람들에게 전하는 메시지는 간단히 말해 다음과 같다. 장수하고 싶다면 화를 식혀라.

07 유전자 변형 씨앗의 배신
p.10

01 역사를 통틀어 농부들은 항상 다음 해에 약간의 씨앗을 심을 수 있도록 그들의 농작물에서 그것들을 따로 비축해두었다.

02 이제 Monsanto, DuPont, 그리고 Syngenta와 같은 거대한 종자 회사들은 이러한 관행들을 중단시켰다.

03 그들은 종자들을 유전적으로 변형시킴으로써 GM 종자를 개발했다.

04 이런 GM 종자는 매우 빠르게 자라고 해충에 저항력이 있어서, 농부들은 해충에 쉽게 피해를 받는 재래 씨앗보다 그것들을 더 선호한다.

05 그러나 문제는 종자 회사들이 특허권을 소유하고 있기 때문에 농민들은 매년 이 종자들을 사용하기 위해 특허권 사용료를 지불해야 한다는 것이다.

06 또 다른 문제는 GM 농작물은 죽은 씨앗을 만들어 내서, 당신이 그 씨앗을 심는다고 하더라도 그것들이 싹을 내지 않는다는 것이다.

07 인도에서 가난한 목화 재배 농민들은 거대한 종자 회사에 빚을 졌다.

08 그들은 자신들의 빚을 갚을 수 없어, 무수한 농민들이 자살했다.

09 인도 농민들의 비극은 세상이 GM 농작물에 대해 재고해보게 했다.

08 자신의 강점을 따르면 진로가 보인다
p.11

01 틀림없이 우리 모두는 '당신의 열정을 따르라.'라는 조언을 들어왔다.

02 여러분이 대박을 터뜨리고 여러분의 강점과 열정을 섞어 주는 직업을 발견할 때, 그리고 오늘날의 아주 경쟁적인 국제 시장에서 수요가 있는 경우에 그것은 훌륭하다.

03 그러나 여러분의 목표가 무지개의 끝에 있는 일자리를 얻는 것이라면, 여러분은 자신의 전공, 열정, 강점을 진로와 구분해야만 한다.

04 연구는 가장 좋은 직업 선택은 여러분의 흥미와 열정보다 여러분이 잘하는 것에 더 기반을 두는 경향이 있음을 보여 준다.

05 이상적으로 말하면, 여러분은 수요가 있는 진로에서 여러분의 강점과 가치관의 합류점을 발견해야 한다.

06 여러분의 강점은 여러분의 핵심이고, 여러분의 하드웨어에 내재된 자산이다.

UNIT 03

Word Practice

p.12

A |
01 십 년
02 한쪽으로 치우친, 편파적인
03 결정하다
04 풍부함, 충분함
05 결국 ~하게 되다
06 동기, 이유
07 값비싼, 고급의
08 화나게 하다, (신경을) 건드리다
09 재구성하다
10 아무런 도움이 안 되다
11 영향력 있는
12 민간인
13 반드시 ~하다
14 설득시키다
15 절약하는
16 왜곡; 뒤틀림
17 ~에 반해서
18 세대
19 A를 B라고 여기다(간주하다)
20 즉각적인

B |
01 alter
02 miss out on
03 modern
04 face
05 era
06 priority
07 adopt
08 traitor
09 simply not
10 obesity
11 be short for
12 blame
13 disappear
14 evolution
15 criminal
16 cherish
17 reinterpret
18 function
19 gene
20 argument

09 원시인의 비만 유전자

p.13

01 1962년 세계적으로 유명한 생물학자인 James Neel은 현대의 비만이 진화와 어떤 관련이 있는지 설명했다.
02 그에 의하면 비만은 식량을 항상 구할 수 없었던 원시 시대에 인간의 생존에 필수적이었다.
03 그 결과, 그들은 '지방 저장 유전자'가 발전하도록 진화했고, 그것은 식량이 부족한 시기를 대비해 몸에 지방을 저장했다.
04 그러나 21세기에는 이제 식량이 풍족해서 지방 저장 유전자가 더 이상 필요하지 않다.
05 그럼에도 흔히 절약 유전자라고 알려진 이 지방 저장 유전자는 여전히 현대인의 인체 내에 계속 존재하면서 작용하고 있다.
06 굶주리고 식량이 부족했던 2백만 년의 인류 역사에 비해 식량이 풍족한 지난 100년은 너무 짧다.
07 그러므로 그 유전자는 이러한 갑작스러운 변화에 적응할 시간이 충분하지 않았다.

10 You Only Live Once!

p.14

01 YOLO는 'You Only Live Once'의 줄임말이다.
02 그들은 스포츠, 여행, 멋진 저녁 식사나 세련된 옷과 같이 즉각적인 즐거움을 가져다 줄 수 있는 것들에 돈을 소비한다.
03 많은 젊은이들이 고학력임에도 불구하고 일자리를 찾는 데 어려움을 겪고 있다.
04 게다가 지난 10년 동안 주택 가격이 급격히 상승하여 젊은이들이 집을 구매하는 것이 결코 가능하지 않다고 느낀다.
05 따라서 그들은 아주 작은 생활 공간을 확보할 돈을 모으기 위해 그들의 인생에서 가장 좋은 나날들을 낭비하는 대신에 그들에게 즉각적인 행복을 주는 특별한 경험에 돈을 소비하는 것을 선호한다.
06 그러나 YOLO의 생활 방식은 어른 세대들에게 비판을 받는데, 그들은 재정적 자유와 미래의 안정성에 더 초점을 맞췄었다.
07 그들은 결국 인생에서 많은 멋진 경험을 놓칠 정도로 돈을 저축하려고 열심히 노력했다.
08 사람들은 그들이 믿기에 그들에게 가장 중요한 것을 선택하면 된다.

11 역사의 한 페이지는 승자에게로부터!

p.15

01 전쟁에서 이기는 자는 누구든 역사를 쓰게 된다.
02 승자는 무엇이 선인지 또는 악인지 결정한다.
03 이런 이유로, 역사는 종종 왜곡과 편향된 시각으로 가득하다.
04 소위 역사적 사실이라는 것들은 승자에 의해 결정되므로, 승자가 바뀌면 그 (역사적) 사실은 완전히 달라질 수 있다.
05 예를 들어, 링컨이 남북 전쟁에서 패했었다면, 그는 국가 반역자로 여겨졌을 것이다.
06 일본이 2차 세계 대전에서 승리를 했었다면, 많은 미국 장교들이 원자 폭탄으로 수십만 명의 일본의 민간인들을 살해한 전쟁범들로 간주되었을 것이다.
07 간혹 한 시대에 승리하는 사람들은 다른 시대에 패하기도 하고 그 반대이기도 하다.
08 그러므로 역사는 반드시 다른 동기를 가진 가지각색의 사람들에 의해 지속적으로 재구성되고 재해석된다.

12 설득이 필요하니? 감정 뇌에게 말해 봐!

p.16

01 변연계라고 불리는 정서 뇌는 분노, 두려움 또는 사랑과 같은 감정을 담당한다.
02 신피질이라고 불리는 사고 뇌는 논리, 이성, 상상력 및 언어를 담당한다.
03 정서 뇌가 사고 뇌보다 훨씬 강력하고 영향력이 있다. 즉, 정서 뇌는 통치자와 같고 사고 뇌는 신하와 같다.
04 당신이 그저 그들의 사고 뇌에 호소한다면, 당신은 아무런 도움이 되지 않을 것이다.
05 논리만을 사용하는 것은 논쟁에서 이기는 데는 도움이 될 수는 있지만 그들의 자존심을 상하게 하고 정서 뇌를 자극할 수 있다.
06 정서 뇌가 (뇌를) 장악하면, 그것은 논리적 사고를 담당하는 영역인 사고 뇌를 마비시킨다.
07 그러므로 누군가를 설득하고 싶을 때는 그저 논리적 추론에만 의존하는 대신에 자신의 생각과 감정을 침착하게 표현해 보라.
08 만약 당신이 그들을 비판하거나 정서 뇌를 자극하지 않으면, 당신은 그들의 마음을 바꿀 수 있는 가능성이 더 높아진다.

UNIT 04

Word Practice

p.17

A | **01** 동기부여의   **02** 성취
03 결국에는   **04** 한정된, 제한된
05 주장하다   **06** 거주하는; 주민
07 속이 빈   **08** 키우다, 양육하다
09 ~에 대한 답례로   **10** 접대하다; 주최하다
11 포위하다, 둘러싸다   **12** 저항하다
13 기아, 굶주림   **14** ~의 목숨을 살려주다
15 동상, 조각상   **16** 기억해 내다, 상기하다
17 단언하다   **18** 범주, 항목
19 사례, 예시   **20** 충분한

B | **01** attitude   **02** area
03 confidence   **04** ultimately
05 path   **06** thorn
07 compared with   **08** conclude
09 enemy   **10** fiercely
11 surrender   **12** proposal
13 noble   **14** execute
15 honor   **16** file away
17 necessarily   **18** rival
19 hook   **20** storage

13 나의 능력은 어디까지일까?

p.18

01 어느 동기부여 도서든 펼치기만 하면, 당신이 가지고 있는 놀라운 능력과 당신이 이룰 수 있는 대단한 업적에 대한 모든 것을 들려줄 것이다.
02 자기 자신에 대해 믿음을 가져야 함은 사실이다.
03 그러나 당신에 대한 과장된 느낌(과신)은 결국 (마치) 그것에 대한 제한된 느낌(열등감)이 가치가 없듯 가치가 없다.
04 당신은 스스로를 초인적이라고 확신하려 해서는 안 된다.
05 너무 많은 강점이 있다고 주장함으로써 스스로를 실패로 몰아갈 수 있다.
06 그러한 태도는 결국 당신이 정말로 뛰어난 분야에서조차 자신감을 약하게 할 수 있다.
07 최고의 자신감은 당신의 능력에 대한 실제적인 평가를 토대로 해야 하며, 그것이 당신의 모든 꿈으로 가는 길을 밝혀 줄 거라는 것을 기억해라.

14 아카시아와 개미의 공생

p.19

01 자연에서는 식물과 동물이 살아남기 위해 그들이 필요로 하는 것을 얻고자 서로 의지한다.
02 한 가지 좋은 예가 아카시아 나무와 그곳에 거주하는 개미 사이의 관계에서 발견될 수 있다.
03 개미들은 나무 줄기와 잎에서 만들어지는 꿀을 먹는다.
04 그렇다면 나무는 이 특별한 선물에 대한 대가로 개미에게 무엇을 기대하는 걸까?
05 개미는 그 크기와 상관없이 다른 모든 곤충들에게 매우 공격적이다.
06 그래서 '적' 곤충이 나무를 공격하거나 침범하면 개미는 나무 줄기를 내려와 그것들을 맹렬히 물어 버린다.
07 연구에 따르면 개미가 서식하지 않는 아카시아 나무는 개미가 서식하는 나무와 비교해서 해충의 공격으로부터 더 많이 고통 받는다.
08 연구원들은 개미들이 집 주인에 의해 고용된 충성스러운 전사와 같다고 결론을 내렸다.

15 칼레의 용감한 시민들

p.20

01 1346년, 영국의 왕인 에드워드 3세는 그의 군대로 프랑스 도시인 칼레를 포위했다.
02 그러나 그들은 영국군을 이겨낼 수 없었고, 굶주림으로 인해 결국 굴복하게 되었다.
03 왕은 만약 6명의 지도자가 스스로 항복하여 사형에 처해지면 그 시민들을 살려주겠다고 제안했다.
04 왕은 그들이 밧줄을 목에 매고 그 도시와 성의 열쇠를 지닌 채 걸어 나올 것을 요구했다.
05 그 귀족들은 처형될 것이라 예상했지만, 영국 여왕인 필리파의 개입으로 목숨을 건질 수 있었다.
06 그녀는 그들의 죽음이 태아에게 불운을 가져다 줄 수 있다며 남편을 설득하여 자비를 베풀도록 하였다.
07 500년이 지난 후에 칼레의 시민들은 그 귀족들을 기리기 위해 조각상을 세우기로 결정했다.

16 기억을 꺼내는 실마리

p.21

01 지난 주에 먹은 점심을 얼마나 많이 기억하십니까?
02 오늘 먹은 것은 기억하십니까?
03 (기억하는 데) 아마 시간이 좀 걸렸을 것입니다.
04 당신이 그것을 어디서 먹었는지 또는 그것을 누구와 먹었는지와 같이 틀림없는 단서가 주어진다면, 당신은 접시에 무엇이 있었는지 기억할 가능성이 높습니다.
05 지난 주에 먹은 점심을 기억하기가 어려운데, 당신의 뇌가 그저 또 다른 점심으로서 당신이 지금까지 먹었던 다른 점심들과 함께 따로 저장했기 때문입니다.
06 우리가 '점심'이나 '와인'과 같이 사례가 빈번한 카테고리에서 무언가를 떠올리려 할 때, 많은 기억들이 우리의 주목을 받으려고 경쟁을 합니다.
07 지난 수요일 점심의 기억이 사라진 것은 아닙니다. 점심시간에 대한 기억의 바다로부터 그 기억을 끌어내는 적절한 단서가 부족하기 때문입니다.

UNIT 05

Word Practice

p.22

A | 01 범람하다
02 촉발시키다, 방아쇠
03 단순한, 아주 사소한
04 (기억을) 되살리다
05 ~인 반면
06 기다, 기어가다
07 애쓰며 ~로 돌아가다
08 아마도, 어쩌면
09 행운; 재산
10 수동적인, 소극적인
11 경고하다
12 양도하다; 항복하다
13 방출하다
14 신비로운
15 ~에 의지하다
16 제거하다
17 주의, 조심, 경고
18 보행자의
19 ~으로 밝혀지다
20 합리적인, 타당한

B | 01 material
02 carry out
03 retrieval
04 along with
05 sight
06 entire
07 make up one's mind
08 stuck
09 indecision
10 pessimistic
11 occupy
12 root
13 stem
14 method
15 signal
16 alert
17 significantly
18 risky
19 ironically
20 lack

17 배경도 함께 기억하는 우리의 두뇌
p.23

01 당신이 젊은 시절의 일부를 보냈던 곳을 다시 찾아갈 때, 수 년 동안 보지 못했던 거리나 건물을 보는 것으로 촉발되는 오래된 기억들이 물밀듯이 되살아나기 쉽다.

02 심지어 냄새나 맛도 과거로부터의 기억들을 되살아나게 하는 것을 도울 수 있다.

03 한 실험에서 미국 심리학자들이 한 방에서 동일한 시험 자료로 공부했던 두 그룹의 아이들의 기억력을 시험했다.

04 그러나 한 그룹은 공부를 했던 그 방으로 돌아가서 (기억) 회상 테스트를 받은 반면, 다른 그룹은 다른 방에서 테스트를 했다.

05 같은 방에서 공부와 회상 테스트를 받은 그룹이 다른 방에서 테스트를 받은 그룹보다 더 잘 (기억을) 회상하는 것으로 드러났다

06 그것은 우리의 뇌가 주위 환경과 함께 정보를 저장하기 때문이다.

18 요행만 바라는 바닷가재
p.24

01 바닷가재가 높고 물기가 없는 바위 틈에 내버려지면, 바다로 돌아가지 않고 바다가 오기를 기다린다.

02 간혹 물을 향해 몇 인치 움직이기도 하지만 다시 뒤로 기어간다. 보기에는 물에 들어갈 것인지 아니면 계속 기다릴 것인지 주저하는 것 같다.

03 바닷가재는 어떻게 할지 결코 결정하지 못하는 듯 기다리면서 마음을 정하는 데 일생을 보낸다.

04 파도가 오지 않으면 바닷가재는 그곳에 그대로 있다가 죽게 된다.

05 약간의 노력으로 파도에 닿을 수도 있는데, 그 파도는 아마도 약 1야드 이내에 있음에도 불구하고 바닷가재는 전혀 움직이지 않는다.

06 불행히도 이 세계는 바닷가재 인간으로 가득하다. 우유부단함과 미루기라는 바위 위에 끼어 꼼짝 않고 있는 사람들 말이다.

07 그들은 위험을 감수하는 대신 그들을 뜨게 해 줄 행운을 기다리고 있다.

19 식물, 곤충의 전화기가 되다
p.25

01 벌들은 다른 벌들에게 꽃이 있는 곳을 알려주기 위해 특별한 춤을 춘다. 반딧불이는 짝을 유혹하기 위해서 번쩍이는 불빛을 이용한다.

02 현재 과학자들은 곤충들이 의사소통을 하는 다른 방법을 발견했다. 즉 '식물 전화기'라는 것으로 식물을 먹는 곤충들만이 사용하는 것이다.

03 그 개미는 애벌레에게 경고를 할 필요가 있다. "이 식물은 점유되어 있어. 멀리 떨어져. 그리고 가서 너만의 식물을 찾아."라고 말이다.

04 그들은 서로 볼 수 없기 때문에 춤을 추거나 빛을 비추는 것으로는 의사소통을 할 수가 없다.

05 개미가 경고 신호를 발산하면, 그 신호는 뿌리, 줄기, 가지를 따라 잎으로 전해지게 된다. 마치 전화 메시지처럼 말이다

06 애벌레가 이 메시지를 받으면 애벌레는 같은 식물을 공유하고 싶어하지 않기 때문에 바로 그 식물을 떠난다.

07 곤충들이 식물을 전화기처럼 사용해 서로에게 메시지를 보내는 것은 얼마나 놀라운 일인가!

20 위험의 역설
p.26

01 어느 공항이 사고가 더 적은가? 평평하고, 가시성이 좋고, 날씨가 좋은 "쉬운" 공항인가? 아니면 언덕이 있고, 바람이 강하며, 진입 지점이 어려운 "위험한" 공항인가?

02 조종사는 맑게 개이고 평탄한 조건일 때는 특별히 주의를 기울이지 않아도 된다고 느낀다고 한다.

03 안전에 대한 같은 원리가 거리의 교통에도 적용된다.

04 네덜란드 정부는 거리를 더 위험하게 만들었다.

05 그들은 모든 교통 안전 기능을 없앴다. 더 이상 신호등, 정지 신호, 횡단 보도 또는 특별 자전거 도로가 없는 것이다.

06 운전자들은 교통 안전 조치가 없기 때문에 더욱 주의를 기울였다.

07 이것 덕분에 사고 횟수는 전에 비해 현저하게 감소했다.

08 그 실험이 대성공을 거두었기 때문에 런던과 베를린 같은 도시들도 같은 방법을 거리에 적용하기 시작했다.

UNIT 06

Word Practice
p.27

A | 01 막다, 봉쇄하다   02 경로(수단); 채널
03 상식, 판단력   04 성취하다, 이루다
05 검토하다, 살피다   06 ~을 뱉어버리다
07 쌓아 올리다   08 방어하다, 보호하다
09 흉내내다   10 끔찍한, 지독한
11 부유한, 번영한   12 허물다
13 건설하다, 구성하다   14 ~동안 줄곧, 내내
15 허락, 허가   16 나타나다
17 풍경, 경치   18 도전, 난제; 도전하다
19 ~에 고유한   20 ~을 대신하여

B | 01 wisdom   02 encounter
03 relaxed   04 let go of
05 stress-free   06 predator
07 evolve   08 master
09 feature   10 poisonous
11 fire   12 prospect
13 carve   14 extrovert
15 earnestly   16 photography
17 by and large   18 imitate
19 representation   20 authority

21 두뇌를 쉬게 하라
p.28

01 우리가 어떤 문제를 지속적으로 고심한다면, 우리는 지혜와 상식의 통로를 차단해 버린다.
02 대부분의 사람들은 문제에 오랫동안 세심하게 집중하는 것이 문제를 해결하는 최고의 방법이라고 생각하는 듯하다.
03 실제로, 이렇게 해서 보통 얻게 되는 전부는 많은 스트레스의 생산뿐이다.
04 우리의 마음은 편안하고 스트레스가 없을 때 문제를 해결할 수 있는 능력이 훨씬 더 많아진다.
05 현재의 문제를 효과적으로 해결하려면, 문제와 거리를 두어야 한다.
06 무엇이든 너무 가까울 때마다 맑은 눈으로 보기가 어렵다.
07 우리가 문제를 내려 놓을 때 이전에는 볼 수 없었던 해답이 저절로 나타날 것이다.

22 나비들의 생존 방법
p.29

01 제왕 나비는 포식자로부터 자신을 보호하기 위해 몸 안에 독성 물질을 축적하는 것으로 알려져 있다.
02 이전에 제왕 나비를 먹으려고 시도했던 적이 있는 새는 다시는 같은 종을 공격하지 않는데, 그 끔찍한 독 맛을 기억하기 때문이다.
03 흥미롭게도, 포식자를 피하기 위해 제왕 나비를 흉내내는 나비들이 있다.
04 총독 나비는 제왕 나비의 밝은 주황색과 검정색을 모방한다.
05 한때 총독 나비는 제왕 나비의 색만을 모방하도록 진화했다고 생각되었다.
06 그러나 보다 최근의 연구는 총독 나비 역시 포식자에게는 끔찍한 맛이라는 것을 보여 주었다.
07 이러한 특징들 덕분에 총독 나비는 독성의 제왕 나비를 경험했던 포식자에게 잡아 먹힐 가능성이 줄어든다.

23 나무에 새겨진 이름, Jim
p.30

01 1847년 어느 봄, Worthy Taylor라는 남자의 부유한 농장에 한 소년이 나타났다.
02 Taylor는 그 소년에 대해 아는 것이 없었으나 최근 일꾼 한 명을 해고했었고 대신할 사람이 필요했기 때문에 그 소년을 채용했다.
03 그는 다른 사람과 어울리지 않았다.
04 마침내 Jim은 용기를 내어 Taylor에게 그의 딸과 결혼을 허락해 달라고 간절히 요청했다.
05 그는 장래 전망이 없는 Jim과 같은 소년은 그의 사위가 될 자격이 없다고 생각했다.
06 약 30년 후 Taylor는 새로운 헛간을 짓기 위해 오래된 것을 허물고 있었다.
07 Taylor는 Jim이 잠을 자곤 했던 곳 위의 오래된 나무 들보 중 하나에서 칼로 나무에 제임스 A. 가필드라고 새겨진 그의 이름을 보았다.

24 카메라의 '인상적인' 등장
p.31

01 19세기에 사진술이 등장했을 때 그림은 위기에 처했다.
02 사진은 여태까지 화가가 할 수 있었던 것보다 자연을 모방하는 일을 더 잘 하는 것처럼 보였다.
03 몇몇 화가들은 이 발명품을 실용적으로 이용했다.
04 자신들이 그리고 있는 모델이나 풍경을 대신해서 사진을 사용하는 인상파 화가들이 있었다.
05 사진은 그림에 대한 도전이었고, 그림이 직접적인 표현과 복제에서 멀어져 20세기의 추상화로 이동하게 된 하나의 원인이기도 했다.
06 화가들은 자유로이 내면을 바라보며 상상 속에서 존재하는 대로 사물을 재현할 수 있게 됐고, 화가의 그림 고유의 색, 양감, 선 그리고 공간적 배치로 감정을 표현하였다.

UNIT 07

Word Practice
p.32

A | 01 어려움을 겪다, 고군분투하다 　02 전략
03 감각의 　　　　　　　　　　04 내성적인 사람
05 채택하다 　　　　　　　　　06 명상
07 짝; 배우자, 반려자 　　　　08 종
09 유사성, 유사점 　　　　　　10 외향적인 사람
11 반복 　　　　　　　　　　　12 독점적으로
13 동화시키다 　　　　　　　　14 직원, 고용인
15 양부모 　　　　　　　　　　16 ~이 없는
17 제거하다 　　　　　　　　　18 내놓다, 찾아내다
19 ~을 잘라내다 　　　　　　　20 심호흡

B | 01 reverse 　　　　　　　　02 combine
03 potential 　　　　　　　　04 minimize
05 productivity 　　　　　　　06 occupy
07 deposit 　　　　　　　　　08 inspiration
09 complement 　　　　　　　10 resemble
11 personality 　　　　　　　12 boost
13 competition 　　　　　　　14 involuntary
15 visualization 　　　　　　　16 witness
17 all of a sudden(suddenly)
18 play a role
19 be notorious for 　　　　　20 run out of

25 뇌를 편안하게 만드는 법
p.33

01 우리의 뇌 세포는 전파로 서로 소통한다.
02 뇌파들 중에서 사람들의 특별한 주목을 받고 있는 하나는 알파파이다.
03 당신의 뇌가 알파파 상태인 경우, 외부로부터의 감각 입력이 최소화되고, 뇌에 원치 않는 생각과 불안이 없어져서 차분하고 편안해진다.
04 이러한 정신 상태에서 당신의 뇌에 저장된 정보들은 활발하게 결합되고 동화되기 때문에, 당신은 창의적인 생각이나 영감을 떠올릴 수 있다.
05 어떤 사람들은 명상이나 요가를 통해서 그것을 한다. 또 다른 사람들은 이완 운동, 특히 스트레칭이나 심호흡을 통해 그것을 얻는다.
06 다음에 창의적인 아이디어가 떠오르지 않으면 간단한 운동을 하고 위안을 주는 음악을 들어 보아라.
07 아마 알파 뇌파가 작동하며 좋은 대답을 떠오르게 할지도 모른다.

26 사랑에 빠지게 하는 세 가지 요소
p.34

01 누군가를 보고 갑자기 전기가 몸의 모든 부분으로 흐르는 것처럼 느낀 순간이 있었는가?
02 화학 반응은 사랑에 있어 중요한 역할을 하지만, 화학 반응 하나만으로는 오래 지속되는 사랑을 이루는 데 충분하지 않다.

03 첫 번째는 얼마나 자주 그 사람을 보는가이다.
04 우리는 누군가를 자주 보면 볼수록 그 사람에게 더 끌리게 된다.
05 두 번째는 얼마나 많은 관심사를 공유하는가이다.
06 그 누군가가 우리와 같은 취미를 가지고 있다면 우리는 그 사람과 사랑에 빠지기가 더 쉽다.
07 세 번째 요인은 한 사람의 성격이 우리 자신의 성격을 얼마나 잘 보완하는가이다.
08 Hobart 박사는 잠재적인 짝이 이 세 가지 범주에서 높은 점수를 받는다면 사랑에 빠질 가능성이 높다고 말한다.

27 남의 둥지에 알을 낳는 새
p.35

01 유럽 뻐꾸기들은 다른 새의 둥지에 알을 낳고 비자발적인 숙주에게 육아를 맡기는 습성으로 악명 높다.
02 뻐꾸기는 주인이 막 알을 낳기 시작한 둥지를 골라, 그 알 중 하나를 제거한 후 자신의 알을 대신 낳는다.
03 그것은 심지어 자신의 알이 양부모의 알과 동일하게 대해지는 것을 확실하게 하기 위해서 숙주의 알과 비슷하게 생긴 알을 낳는다.
04 이 알은 둥지 주인의 다른 알보다 약간 더 일찍 부화해서 주인의 나머지 알들을 둥지 밖으로 밀어내 경쟁자를 제거함으로써 그 기생 동물이 전체 둥지를 완전히 차지할 수 있도록 한다.
05 탁란이라고 알려진 이 전략은 특정 뻐꾸기에게만 한정되는 것은 아니다.
06 몇몇 오리, 찌르레기 그리고 꿀잡이새를 포함해 거의 80종의 새들이 다른 종의 둥지에 알을 낳는다.

28 도축장과 자동차 공장의 공통점
p.36

01 그러나 1913년에 그것은 낮은 생산성으로 어려움을 겪고 있었다.
02 한 명의 근로자가 모든 자동차 부품을 조립해야 했기 때문에 자동차를 생산하기 위해 오랜 시간이 걸렸다.
03 컨베이어 벨트를 따라 도축업자가 기다리고 있고, 그들 각자는 몸 특정 부위를 자르는 책임이 있었다.
04 그래서 컨베이어 벨트가 계속 움직이면서 도축업자는 아무것도 남지 않을 때까지 동물의 몸 부위를 하나하나씩 잘랐다.
05 그 Ford 직원이 이 긴 공정을 지켜보는 동안, 갑자기 좋은 아이디어를 생각해냈다.
06 그는 이 아이디어를 Ford 관리자에게 가져갔고, 그들은 이를 채택하기로 결정했다.
07 Ford의 조립 라인은 유사성 찾기에 의한, 즉 두 개의 다른 것들 사이에 유사점을 발견하여 발명을 한 아주 좋은 예이다.
08 토마스 에디슨이 언젠가 말했듯이, 발명가의 가장 중요한 자질 중 하나는 유사성 찾기를 할 수 있는 논리적 사고이다.

UNIT 08

Word Practice

A | 01 이동하다 02 ~에 가까워지다
03 능력 04 중화시키다
05 완전히, 전적으로 06 거의 ~하지 않는
07 적응성이 있는 08 음전자의; 부정적인
09 생물학적인 10 면역력
11 전자 12 높이다, 향상시키다
13 자궁 14 결국, 마침내
15 비만인, 살찐 16 공동체, 군집
17 다양한 18 성공률
19 정기적으로 20 A라기 보다는 B이다

B | 01 maintain 02 behavior
03 harmful 04 composition
05 herd 06 viewpoint
07 indoors 08 male
09 improve 10 positive
11 defect 12 unstable
13 talent 14 maximize
15 generate 16 clear A of B
17 build up 18 distinguish A from B
19 transfer A from B 20 have an effect on

29 흙을 밟으며 살아야 하는 이유
p.38

01 그들은 흙이나 식물을 거의 만지지 않는다.
02 이런 생활 습관은 우리에게 해로운 영향을 끼친다.
03 우리의 몸은 신진대사 과정에서 많은 유해한 전자를 생성한다.
04 그러나 해로운 전자가 몸에 쌓이는 것을 막는 좋은 방법이 있다.
05 '접지', 즉 흙을 만지는 것으로 우리의 몸 안에 있는 해로운 전자를 흙으로 보낼 수 있다.
06 만일 그것들이 흙 속에 있는 음전자를 만나면 서로 중화가 된다.
07 맨발로 밖에서 걸어 보거나, 흙에 앉아 얼마간 시간을 보내 보아라.
08 규칙적으로 이것을 하면, 당신의 몸에 있는 해로운 전자를 없애고 더 건강해질 수 있다.

30 동물들의 짝짓기 여행
p.39

01 코끼리와 사자의 경우, 수컷은 번식 적령기가 다가오면 무리를 떠난다.
02 그들은 새로운 생활 공동체를 찾기 위해 가족의 무리를 떠난다.

03 생물학적 견해에서 그것은 근친교배를 최소화하려는 적응행동 양식인데, 그것은 같은 가족 내에서 짝짓기를 하는 것을 말한다.
04 생물학자들은 근친교배가 신체적 결함이 있는 자손을 낳기가 쉽다고 한다.
05 반면에 공동체 밖에서 짝짓기를 하면 더 건강하고 강한 자손을 낳을 가능성이 높아질 것이다.
06 비록 수컷은 번식기에 무리를 떠나지만 완전히 가족 생활을 떠나는 것은 아니다.
07 대신 그들 중 일부는 떠나서 다른 가족과 합치거나 가족에서 가족으로 이동할 수도 있다.

31 우리 몸에 공생하는 박테리아
p.40

01 생물학자들에 따르면, 당신의 소화관 안에는 수십억 개의 박테리아가 있다.
02 그들은 신체 기능과 건강을 유지하는 데 중요한 역할을 한다.
03 다른 균종마다 기호가 다르다. 어떤 것은 설탕과 고기를 선호하고, 또 다른 것들은 과일과 채소를 좋아한다.
04 장내 박테리아는 당신이 어머니의 자궁에 있는 동안 형성되었다.
05 그러나 그것들은 당신의 생활 습관에 따라 변할 수 있다.
06 따라서 비만인 사람의 장내 박테리아 구성 요소와 날씬한 사람의 것은 다르다.
07 처음에는 박테리아가 당신의 식습관을 통제하지만 나중에는 당신의 식습관이 장내 박테리아를 통제한다.

32 생산성은 숫자 게임
p.41

01 창의력에 대한 무언의 진실 하나는, 그것이 특이한 재능에 관한 것이라기보다 생산성에 관한 것이라는 점이다.
02 효과가 있는 몇몇 아이디어를 찾기 위해 효과가 없는 많은 아이디어들을 시도해 볼 필요가 있다.
03 천재들이 반드시 다른 창작자들보다 성공률이 높은 것은 아니다. 그들은 단지 더 많이 시도한다. 그리고 그들은 일련의 여러가지 일들을 한다.
04 그것은 팀과 회사에서도 또한 적용된다.
05 좋지 않은 아이디어를 많이 만들어내지 않고 좋은 아이디어를 많이 만들어내는 것은 불가능하다.
06 창의력에 관한 한 처음에는 어떤 아이디어가 성공할지 어떤 것이 실패할지 알 수 없다.
07 따라서 당신이 할 수 있는 유일한 것은 다음 아이디어로 넘어갈 수 있도록 더 빨리 실패하려고 노력하는 것이다.

UNIT 09

Word Practice
p.42

A | 01 확증하다, 확인하다　02 유능한
03 실적, 성과　04 의심, 의혹
05 보장하다　06 저조하게, 형편없이
07 이익, 이로움　08 확실히, 분명히
09 잘못된, 틀린　10 신뢰할 수 있는
11 존재　12 주장
13 거래　14 혁신을 일으키다
15 기구, 장치　16 ~에 노출되다
17 B를 A에 의존하다, 의지하다　18 연구하다
19 공적을 인정받다　20 ~에 못지 않게 …한

B | 01 witness　02 blunder(mistake)
03 sponsor　04 transparent
05 evaluate(rate)　06 bribe
07 represent　08 pose
09 distort　10 serve
11 advertise　12 merit
13 subject　14 outstanding
15 insight　16 in terms of
17 make a deal　18 no matter how
19 make sure　20 come up with

33　실험에 숨겨진 함정을 조심하라
p.43

01 매일 당신은 '연구'나 '조사'를 근거로 하는 주장에 노출되어 있다.
02 그러한 주장을 평가하는 데 있어 물어야 할 두 가지 중요한 질문이 있다. 바로 '누가 그 조사를 후원했는가? 그 표본은 표적집단을 적절하게 대표하고 있는가?'이다.
03 첫 번째 질문은 후원사가 흔히 결과를 왜곡하거나, 최소한 결과에 영향을 주기 때문에 중요한 질문이다.
04 만일 우유 회사가 후원하는 연구라면 우유를 마시는 것의 이점을 입증한다고 주장하는 연구는 어느 정도 의심을 가지고 봐야 한다.
05 누가 후원을 했는지 못지 않게 중요한 것이 바로 조사에 사용된 표본의 선택이다.
06 만약 그 주장이 전체 표적집단을 대표하지 못하는 표본을 근거로 한다면, 아무리 많은 사례를 연구했다 하더라도 틀릴 가능성이 있다.

34　완벽하면 실수도 매력!
p.44

01 한 연구의 피실험자들은 텔레비전 쇼인 '대학 퀴즈 볼'에 참가한 대학생들의 테이프를 듣도록 요청 받았다.
02 그들은 매우 유능하게 묘사된 학생이 제시된 거의 모든 어려운 질문들에 답을 하는 것을 들었다.

03 그 테이프를 들은 후, 두 학생은 호감도에 관한 평가를 받았다.
04 더 저조하게 수행한 학생보다 뛰어난 성과를 내고 거의 모든 문제에 맞게 답을 한 학생이 상당히 더 선호되었다.
05 또 다른 연구가 다시 진행되었는데, 이번에는 두 학생 모두 매우 유능했지만, 한 명은 실수를 한 반면 다른 학생은 하지 않았다.
06 전혀 실수를 하지 않은 유능한 학생보다 가끔 실수를 한 유능한 학생이 훨씬 더 호감을 받는 것으로 드러났다.
07 사소한 실수를 하는 것은 똑똑한 학생을 인간적이 되게 하는 데 기여했고 그래서 그를 더 호감이 가도록 만들었음에 분명하다.

35　블록체인: 거래를 지켜보는 수많은 눈
p.45

01 당신은 친구에게 돈을 빌려줄 때 그 돈을 반드시 돌려받기 위해서 어떻게 하는가?.
02 아마 누군가에게 증인이 되어 달라고 부탁할 수 있다.
03 후에 당신이 돈을 갚으라고 하면 그는 마치 당신이 무슨 말을 하는지 모르는 것처럼 연기를 할 수도 있다.
04 그는 그 거래에 대해 아무것도 모른다고 말할 수 있다.
05 그 신기술은 블록체인으로, 그것은 이런 거래 위험들을 없앤다.
06 당신이 블록체인으로 거래를 하면 이 정보는 전 세계 수백만 개의 온라인 네트워크 상에 공유가 된다.
07 친구와의 거래에 단 한 명의 증인만 있다면 그는 쉽게 매수될 수 있다.
08 그러한 무위험 요소로 인해 블록체인은 우리 사회를 더 투명하고 믿을 만하게 만들 것이다.

36　위대한 발명의 시작은 주위에서부터
p.46

01 과학자들에게 위대한 과학적 발견에 대한 영감을 주는 사람은 누구인가?
02 그러나 근대 과학의 아버지라 할 수 있는 Newton, Gilbert, 기타 다른 많은 과학자들은 충분히 현명하게도 새로운 통찰력을 얻기 위해 이런 평범한 사람들에게 의지했다.
03 일부 사람들은 Newton이 이러한 장비를 사용하는 노동자들을 관찰함으로써 운동의 제 2법칙을 생각해 냈다고 여긴다.
04 Gilbert도 비슷하게 자신의 아이디어가 아니었던 것에 대해 공적을 인정받는다.
05 한 무명의 선원이 지구의 꼭대기와 밑바닥에 자극이 존재한다는 말을 꺼냈다.
06 Gilbert는 이 의견을 듣고 그의 자성 연구의 논거로 삼았다.
07 그러나 그들이 일반 노동자의 도움으로만 과학계에 혁신을 일으킬 수 있었다는 것을 우리 중 아는 사람들은 거의 없다.

UNIT 10

Word Practice
p.47

A | 01 유기체　　　　　　02 소비
03 전망　　　　　　　04 (세포·미생물이) 배양된
05 목적　　　　　　　06 영양소
07 (조직적인 일을) 시작하다, 착수하다
08 특징, 특성　　　　09 B에서 A를 제거하다
10 식욕　　　　　　　11 돌진하다, 서두르다
12 떼지어 가다, 모이다　13 ~에 놓여 있다
14 부족, 결핍　　　　15 추출하다; 채굴하다; 발췌하다
16 상당한　　　　　　17 증거
18 처리하다　　　　　19 넘다, 초과하다
20 가난한, 궁핍한

B | 01 volume　　　　　02 involve
03 replace　　　　　04 require
05 mimic　　　　　　06 environmentally-friendly
07 digest　　　　　08 disease
09 necessary　　　　10 contain
11 huge　　　　　　12 demand
13 trap　　　　　　14 run out of
15 last　　　　　　16 amount
17 charity　　　　　18 positive
19 donation　　　　20 stop to think

37　실험실에서 탄생한 고기
p.48

01 '배양된' 육류라고 일컫는 이런 종류의 고기는 실험실에서 키워진다.
02 먼저, 당신은 동물에게서 작은 세포 조직을 베어낸다.
03 당신은 그런 다음 그 조직을 생물체의 내부를 모방한 배양기 안에 둔다.
04 당신이 세포에 적당한 온기, 산소, 당분, 염분 그리고 단백질을 공급하면 배양육은 마침내 먹을 수 있을 만큼 자란다.
05 과학자들에 따르면 배양육은 같은 양의 돼지고기와 소고기보다 생산하는 데 약 40%의 에너지가 적게 든다.
06 사람들의 식습관은 그렇게 빨리 변하지 않기 때문에 배양육이 일반 메뉴의 한 품목이 되기까지는 아마 시간이 꽤 걸릴 것이다.
07 그럼에도 불구하고 실제 육류의 공급이 곧 증가하는 육류 소비를 충족시킬 수 없을 것이기 때문에 배양육에 대한 수요는 점차 증가할 것으로 예상된다.

38　알록달록한 음식들, 눈과 마음이 즐거워져요!
p.49

01 국립 암 연구소는 '스펙트럼을 즐겨라'라고 불리는 캠페인을 시작했다.
02 그것의 목적은 사람들이 다양한 색의 과일과 채소를 먹도록 권도록 권장하는 것이다.

03 우리의 몸이 음식을 소화시킬 때, 그것은 '활성 산소'라고 불리는 유해 노폐물을 만들어 낸다.
04 우리의 몸이 활성 산소를 효율적으로 제거할 수 없다면, 그것들은 세포를 손상시키고, 신체 기능에 영향을 줄 수 있으며, 심지어 암을 일으킬 수도 있다.
05 다채로운 과일과 채소를 섭취하는 것으로 당신은 몸에 있는 활성 산소를 쉽게 제거할 수 있다.
06 예를 들어, 붉은 과일과 채소는 암과 심장병의 위험을 줄이는 데 도움이 되는 강력한 물질이 포함되어 있다.
07 디너용 접시를 예술가의 팔레트라고 생각하라.
08 당신이 다양한 색의 음식을 많이 볼수록 그 접시(의 음식)는 건강에 더 좋은 것이다.

39　셰일 가스를 아시나요?
p.50

01 많은 기업들이 셰일 가스와 오일이 발견된 펜실베니아로 몰려 들고 있다.
02 셰일 가스와 오일은 '셰일'이라고 불리는 암석의 일종에 묻혀 있는 천연 에너지이다.
03 운 좋게도, 미국에 매장된 셰일 가스와 오일의 양은 100년 동안 지속될 만큼 많다.
04 문제는 셰일 가스의 추출 과정에 있다.
05 가스와 오일을 추출하기 위해, 사람들은 '프랙킹'이라고 불리는 시추 방법을 사용한다.
06 이 프랙킹 과정에서 그들은 땅에 깊이 갇혀 있는 셰일에 닿을 때까지 구멍을 뚫는다
07 그런 다음 그들은 암석을 부수고 가스와 오일을 방출하기 위해 많은 양의 물을 이용해서 암석에 압력을 가한다.
08 이것은 물 부족을 야기하며 셰일 에너지 광산 근처에 지진을 일으킬 수도 있다.

40　기부와 선행의 새로운 패러다임
p.51

01 기부 행위를 연구하는 심리학자들은 어떤 사람들은 상당한 액수를 한 두 자선 단체에 기부하는 반면, 다른 사람들은 소액을 많은 자선 단체에 기부한다는 점에 주목해 왔다.
02 한 두 자선 단체에 기부하는 사람들은 그 자선 단체가 무슨 일을 하는지 그리고 실제로 긍정적인 영향을 끼치는지에 대한 증거를 찾는다.
03 자선 단체가 실제로 다른 사람들을 돕고 있다는 것을 그 증거가 보여 준다면 그들은 상당한 액수의 기부를 한다.
04 많은 자선 단체에 소액을 기부하는 사람들은 그들이 하는 일이 다른 사람에게 도움이 되는지에 대해서는 그다지 관심이 없다.
05 그들의 기부의 영향과는 상관없이 그들이 기부를 하고 있다는 것을 아는 것으로 기분이 좋아진다.
06 많은 경우에 그 기부는 매우 적은 금액이어서 그들이 곰곰이 생각한다면 그 기부금을 처리하는 비용이 자선 단체에 가져다 주는 어떤 이익도 초과할 가능성이 있다는 것을 알게 될 것이다.

Level 9

READER'S
BANK

단어장

visang

영어 발음기호 일러두기

영어 발음을 한글로도 표기하였다. 영한사전의 발음기호는 우리나라 학생들이 잘 모를 뿐만 아니라 원어민의 실제 발음과도 많이 다르기 때문이다.

예) **film** [film]**피**읕 ('필름'이 아님)

발음 표기 원칙

❶ 강세 있는 철자는 굵게, 제 1강세 위에는 점 표기

❷ 발음이 약한 철자는 작은 글씨로 표기

❸ 단어 끝에서 발음이 거의 나지 않는 무성음은 초성만 표기

Unit 01

01   app에 의존하는 세대

☐ **app generation** — 앱 세대

   app [æp] 앱 — 몡 앱, 응용 프로그램 (= application)

   generation [ʤènəréiʃən] 제너레이션 — 몡 세대

☐ **excessive** [iksésiv] 익쎄시브 — 혱 과도한 图 exceed 초과하다

☐ **be accustomed to** — ~에 익숙하다

   accustom [əkʌ́stəm] 어커스텀 — 图 익히다, 익숙하게 하다

☐ **prompt** [prɑmpt] 프람트 — 혱 즉각적인, 신속한

☐ **aspect** [ǽspekt] 애스펙트 — 몡 측면, 양상

☐ **readily** [rédəli] 뤠들리 — 見 손쉽게, 순조롭게

☐ **available** [əvéiləbl] 어베일러블 — 혱 이용할 수 있는

☐ **be faced with** — ~에 직면하다

☐ **bother** [báðər] 바더r — 图 신경 쓰다, 애를 쓰다; 괴롭히다
   ▶ don't bother to 애써 ~하지는 않는다

☐ **look up** — (컴퓨터 등에서) 정보를 찾아보다

☐ **addiction** [ədíkʃən] 어딕션 — 몡 중독 图 addict 중독시키다

☐ **potential** [pəténʃəl] 퍼텐셜 — 몡 가능성, 잠재력

☐ **benefit** [bénəfit] 베너피트 — 몡 혜택, 이득

☐ **impact of A on B** — B에 끼치는 A의 영향력

   impact [ímpækt] 임팩트 — 몡 영향

☐ **characteristic** [kæ̀riktərístik] 캐릭터뤼스틱 — 몡 특징, 특성

   impatient [impéiʃənt] 임페이션트 — 혱 성급한, 참을성 없는
   (↔ patient 인내심 있는)

☐ **severe** [sivíər] 씨비어r — 혱 심각한, 극심한

☐ **optimistic** [ὰptəmístik] 압터미스틱 — 혱 낙관적인 (= positive)

02 암세포가 응급처치 요원이라고? pp. 14~15

- [ ] **develop** [divéləp] 디**벨**렆 · 동 (질병을) 발생시키다, 키우다
- [ ] **acidic** [əsídik] 어**씨**딕 · 형 산성의 명 acid 산
- [ ] **junk food** · 정크 푸드 (칼로리는 높으나 영양가가 낮은 인스턴트식품)
- [ ] **regularly** [régjələrli] 레**귤**러r뤼 · 부 정기적으로, 규칙적으로
- [ ] **toxic** [táksik] **탁**씩 · 형 독성의, 유독한
- [ ] **material** [mətíəriəl] 머**티**어뤼얼 · 명 물질 (= substance)
- [ ] **tissue** [tíʃu:] **티**쓔우 · 명 (세포들로 이뤄진) 조직; 화장지
- [ ] **block** [blɑk] 블**락** · 동 (지나가지 못하게) 차단하다
- [ ] **oxygen** [άksidʒən] **악**씨전 · 명 산소
- [ ] **nutrient** [njú:triənt] **뉴**ː트리언트 · 명 영양소, 영양분
- [ ] **supply** [səplái] 써플**라**이 · 동 공급하다 명 공급
- [ ] **rot** [rɑt] **랏** · 동 썩다, 부패하다
- [ ] **rescue** [réskju:] 레스**큐**우 · 명 구조 (작업) 동 구조하다
- [ ] **defense mechanism** · 방어기제
    - **defense** [diféns] 디**펜**쓰 · 명 방어 동 defend 방어하다
    - **mechanism** [mékənìzəm] **메**커니즘 · 명 (생물체 내에서 특정한 기능을 하는) 구조[기제]
- [ ] **transform** [trænsfɔ́:rm] 츄랜스**포**r엄 · 동 변형시키다
- [ ] **adapt (to)** [ədǽpt] 어**댑**트 · 동 (~에) 적응하다
- [ ] **none other than** · 다름 아닌 바로 ~인
- [ ] **contrary to** · ~에 반해서
- [ ] **first-aider** [fɔ́:rstéidər] **퍼**ː r스트**에**이더r · 명 응급처치 요원
- [ ] **in an emergency** · 다급한 경우에는
    - **emergency** [imə́:rdʒənsi] 이**머**ː r전씨 · 명 비상 (사태)
- [ ] **proper** [prάpər] 프**라**퍼r · 형 적절한, 제대로 된
- [ ] **treat** [tri:t] 츄**리**ː 트 · 동 치료하다

☐ **philosopher**[filásəfər] 필라써퍼*r*   몡 철학자 *cf.* philosophy 철학

☐ **persecute**[pə́:rsikjùːt] 퍼:*r*씨큐:ㅌ   통 박해하다, 못살게 굴다

☐ **execute**[éksikjùːt] 엑씨큐:ㅌ   통 처형하다

☐ **ruling policy**   통치 정책

   ruling[rúːliŋ] 루울링   혱 통치하는, 지배하는
       통 rule 통치하다, 지배하다

   policy[páləsi] 팔러씨   몡 정책

☐ **cruel**[krúːəl] 크루:얼   혱 잔혹한, 잔인한

☐ **tyrant**[táiərənt] 타이어런ㅌ   몡 폭군, 독재자

☐ **commit suicide**   자살하다

   commit[kəmít] 커밑   통 (그릇된 일을) 저지르다

   suicide[súːəsàid] 쑤:어싸이드   몡 자살, 자살 행위

☐ **obstacle**[ábstəkl] 압쓰터클   몡 장애(물)

☐ **approve**[əprúːv] 어프루:ㅂ   통 찬성하다, 승인하다   몡 approval 승인, 인정

☐ **divorce**[divɔ́ːrs] 디버:*r*쓰   몡 이혼   통 이혼하다

☐ **order**[ɔ́ːrdər] 오:*r*더*r*   몡 명령; 순서   통 명령하다; 주문하다

☐ **proper**[prápər] 프라퍼*r*   혱 적절한

☐ **govern**[gʌ́vərn] 거버*r*은   통 통치하다, 다스리다   *cf.* government 정부

☐ **state**[steit] 스떼이ㅌ   몡 국가, 나라   통 진술하다

☐ **put A into practice**   A를 실행에 옮기다

☐ **frustrate**[frʌ́streit] 프뤄스츄뤠이ㅌ   통 좌절감을 주다

☐ **consider**[kənsídər] 컨씨더*r*   통 ~을 고려하다
       ▶considering ~을 고려하면

☐ **loyal**[lɔ́iəl] 러이얼   혱 충실한, 충성스러운

☐ **influential**[ìnfluénʃəl] 인플루엔셜   혱 영향력 있는
       cf. influence 몡 영향   통 영향을 미치다

☐ **appreciate**[əpríːʃièit] 어프뤼:쉬에이ㅌ   통 인정하다, 진가를 알아보다

□ **graduate** [grǽdʒuit] 그**뢔**쥬이트   몡 (대학) 졸업생
          [grǽdʒuèit] 그**뢔**쥬에이트   통 졸업하다

□ **elite** [ilíːt] 일**리**ː트   혱 엘리트의, 정예의

□ **service** [sə́ːrvis] **써**ː*r*비ㅆ   몡 군복무

□ **sacrificial** [sæ̀krəfíʃəl] **쌔**크러**피**셜   혱 희생적인, 헌신적인   몡 sacrifice 희생

□ **noblesse oblige** 노우블**레**ㅆ 오우블**리**ː쥐   노블레스 오블리주
          [noublés oublíːdʒ]   ('귀족의 의무'를 뜻하는 프랑스어)

□ **feudal** [fjúːdəl] **퓨**ː덜   혱 봉건 시대의, 중세의

□ **refer to**   ~을 나타내다, 가리키다

□ **sense of obligation**   의무감
      obligation [àbləɡéiʃən] **아**블러**게**이션   몡 의무 (= duty)
                       cf. oblige 의무적으로 ~하게 하다

□ **the nobility**   (집합적으로) 귀족

□ **working class**   노동자 계급[계층]

□ **hand A over to B**   A를 B에게 넘기다

□ **in return**   답례로, 보답으로

□ **provide A with B**   A에게 B를 제공하다

□ **invader** [invéidər] 인**베**이더*r*   몡 침입자, 침략자   통 invade 침입하다

□ **occasional** [əkéiʒənəl] 어**케**이저널   혱 이따금의, 때때로의

□ **celebration** [sèləbréiʃən] **쎌**러브**뤠**이션   몡 기념[축하] 행사; 기념[축하]
                       통 celebrate 기념하다

□ **harvest festival**   추수 감사제

□ **state** [steit] 스**떼**이트   통 진술하다, 서술하다   몡 국가

□ **outright** [áutráit] **아**웉**롸**이트   붠 명백히, 드러내놓고

□ **moral** [mɔ́ːrəl] **모**ː뤌   혱 도덕과 관련된, 도덕상의

□ **volunteer** [vàləntíər] 발런**티**어*r*   통 자원하다, 자진하다

□ **victim** [víktim] **빅**틈   몡 희생자

□ **fatal** [féitəl] **페**이틀   혱 치명적인

05 아스피린의 불편한 진실

pp. 22~23

- ☐ **physician** [fizíʃən] 피지션 — 圀 내과 의사 cf. surgeon 외과 의사
- ☐ **automatically** [ɔ̀:təmǽtikəli] 어:러매리컬리 — 튀 자동적으로, 무의식적으로
- ☐ **prescribe** [priskráib] 프리스크롸입 — 동 처방하다 圀 prescription 처방전
- ☐ **painkiller** [péinkìlər] 페인킬러r — 圀 진통제
- ☐ **suffer** [sʌ́fər] 써퍼r — 동 (고통을) 겪다, 당하다
- ☐ **flu** [flu:] 플루우 — 圀 독감 (=influenza)
- ☐ **therapy** [θérəpi] 쎄러피 — 圀 치료, 요법
- ☐ **opposite** [ápəzit] 아퍼지트 — 혱 정반대의
- ☐ **intended** [inténdid] 인텐디드 — 혱 의도된, 계획된
- ☐ **ease** [i:z] 이:즈 — 동 (고통을) 덜어주다 圀 쉬움; 편안함
- ☐ **discomfort** [diskʌ́mfərt] 디쓰컴퍼r트 — 圀 불편, 불쾌
- ☐ **moderate** [mádərət] 마더럿 — 혱 적당한, 적정한
- ☐ **defense mechanism** — 방어기제
- ☐ **finding** [fáindiŋ] 파인딩 — 圀 (연구의) 결과
- ☐ **stimulate** [stímjəlèit] 스띠뮬레이트 — 동 자극하다, 활발하게 하다
- ☐ **race** [reis] 뤠이쓰 — 동 급히 가다, 질주하다
- ☐ **infection** [infékʃən] 인펙션 — 圀 감염, 염증 동 infect 감염시키다
- ☐ **expose** [ikspóuz] 익쓰포우즈 — 동 노출시키다
- ☐ **mission** [míʃən] 미션 — 圀 임무
- ☐ **bottom line** — 요지, 핵심 (글이 끝나는 부분에 대개 요지가 있어 생겨난 말)
- ☐ **treatment** [trí:tmənt] 츄리:트먼트 — 圀 치료, 처치 동 treat 치료하다

06 오래 살려면 분노는 금물! pp. 24~25

- ☐ **finger**[fíŋgər] 핑거r — 동 (~라고) 지적하다 명 손가락
- ☐ **constant**[kánstənt] 칸스턴트 — 형 끊임없는 부 constantly 끊임없이
- ☐ **fatal**[féitəl] 페이틀 — 형 치명적인
- ☐ **in itself** — 그 자체로는, 본질적으로
- ☐ **villain**[vílən] 빌런 — 명 악당, 악인
- ☐ **chronic**[kránik] 크롸닉 — 형 만성적인 (↔ acute 급성의)
- ☐ **scream**[skri:m] 스크림: — 동 소리치다, 악을 쓰다
- ☐ **irritate**[írətèit] 이러테이트 — 동 짜증나게 하다
- ☐ **be at risk** — 위험에 처하다
-   **risk**[risk] 뤼스ㅋ — 명 위험 형 risky 위험한
- ☐ **specialize in** — ~을 전문으로 하다
- ☐ **rushing-around**[rʌ́ʃiŋəràund] 뤄싱어롸운드 — 형 분주하게 돌아다니는
- ☐ **workaholic**[wə̀:rkəhɔ́:lik] 워:r커홀:릭 — 명 일 중독자, 일벌레
- ☐ **as long as** — ~하는 한
- ☐ **stimulus**[stímjələs] 스띠멀러ㅆ — 명 자극(제) 동 stimulate 자극하다
- ☐ **note**[nout] 노우트 — 동 (중요한 것을) 언급하다; ~에 주목하다 명 메모
- ☐ **hostility**[hɑstíləti] 하스틸러티 — 명 적대감, 적개심 형 hostile
- ☐ **hot-tempered**[hʌ́ttémpərd] 핱템퍼r드 — 형 화를 잘 내는, 욱하는 성미가 있는
- ☐ **ripe**[raip] 롸잎 — 형 원숙한; 익은; 숙성한 (= mature)

□ **set A aside** — (나중을 위해) A를 따로 떼어 두다, 비축해두다
(= reserve)

□ **seed**[siːd] 씨ːㄷ — 몡 씨앗

□ **halt**[hɔːlt] 헐ːㅌ — 통 중단시키다

□ **enhance**[inhǽns] 인핸ㅆ — 통 높이다, 향상시키다

□ **practice**[prǽktis] 프랙티ㅆ — 몡 관행, 관례 통 연습하다

□ **modify**[mádəfài] 마더파이 — 통 수정하다, 변경하다

□ **genetically**[dʒənétikəli] 줘네티컬리 — 뵘 유전적으로 *cf.* gene 유전자

□ **sensitive**[sénsətiv] 쎈써티ㅂ — 혱 민감한 몡 sense
cf. sensible 분별 있는

□ **resistant**[rizístənt] 뤼지스턴ㅌ — 혱 저항력 있는, ~에 잘 견디는
통 resist 저항하다

□ **pest**[pest] 페스ㅌ — 몡 해충, 유해 동물

□ **traditional**[trədíʃənəl] 츄뤄디셔늘 — 혱 전통의 몡 tradition

□ **royalty**[rɔ́iəlti] 뤄열티 — 몡 특허권 사용료; 왕족

□ **loyalty**[lɔ́iəlti] 뤄이얼티 — 몡 충성 (심)

□ **patent**[pǽtənt] 팰은ㅌ — 몡 특허 (권)

□ **lifeless**[láiflis] 롸잎리ㅆ — 혱 생명이 없는, 죽은

□ **sprout**[spraut] 스프롸우ㅌ — 통 싹이 나다, 발아하다

□ **blow**[blou] 블로우 — 몡 (커다란) 충격, 타격; 세게 때림
통 (입으로) 불다

□ **be in debt to** — ~에 빚을 지다

debt[det] 뎉 — 몡 빚

□ **commit suicide** — 자살하다

□ **claim**[kleim] 클뤠임 — 통 주장하다

□ **loss**[lɔːs] 러ːㅆ — 몡 손실, 손해 (↔ gain 이익)

□ **trust**[trʌst] 츄뤄스ㅌ — 통 신뢰하다

□ **strategy**[strǽtidʒi] 스뜨뢔티쥐 — 몡 전략

□ **lifeline**[láiflàin] 라잎라인 — 몡 생명줄, 젖줄

- **passion** [pǽʃən] 패션 — 몡 열정
- **hit the jackpot** — 대박을 터뜨리다
  - **jackpot** [dʒǽkpàt] 잭팟 — 몡 (도박 등에서) 거액의 상금, 대박
- **career** [kəríər] 커뤼어r — 몡 직업 cf. career path 진로
- **meld** [meld] 멜ㄷ — 통 섞다
- **strength** [streŋkθ] 스뜨뤵ㅆ — 몡 강점; 힘 (↔ weakness 약점)
- **demand** [dimǽnd] 디맨ㄷ — 몡 수요
  - ▶ in demand 수요가 많은
- **highly** [háili] 하일리 — 분 대단히, 매우
- **competitive** [kəmpétətiv] 컴페터티ㅂ — 휑 경쟁이 치열한 통 compete 경쟁하다
- **global** [glóubəl] 글로우벌 — 휑 세계적인
- **marketplace** [má:rkitplèis] 마:r킽플레이ㅆ — 몡 시장
- **at the end of the rainbow** — 이루기 어려운, 이룰 수 없는
- **distinguish** [distíŋgwiʃ] 디쓰팅귀쉬 — 통 구별하다
- **be grounded in** — ~에 기초[근거]를 두다
- **convergence** [kənvə́:rdʒəns] 컨버:r전ㅆ — 몡 합류점 통 converge 한 점[선]에서 모이다
- **values** [vǽlju:z] 밸류ㅈ — 몡 가치관
- **core** [kɔ:r] 코어:r — 몡 핵심
- **hard-wired** [ha:rdwáiərd] 하:r드와이어r드 — 휑 하드웨어에 내장된 (본래 갖추고 있는, 고유의)
  - **wire** [waiər] 와이어r — 통 (철사로 감아) 내부에 설치하다, 내장시키다
- **asset** [ǽset] 애셑 — 몡 자산

03

09 원시인의 비만 유전자 pp. 32~33

☐ **biologist** [baiάlədʒist] 바이**알**러쥐스ㅌ	몡 생물학자 *cf.* microbiologist 미생물학자
☐ **modern** [mάdərn] **마**뤈	혱 현대의
☐ **obesity** [oubíːsəti] 오우**비**ː써티	몡 비만 혱 obese 비만의
☐ **evolution** [èvəlúːʃən] 에벌**루**ː션	몡 진화 동 evolve 진화하다
☐ **essential** [isénʃəl] 이**쎈**셜	혱 필수적인, 극히 중요한
☐ **survival** [sərváivəl] 써*r***봐**이벌	몡 생존 동 survive 살아남다, 생존하다
☐ **primitive** [prímətiv] 프**뤼**머티ㅂ	혱 원시의, 초기의
☐ **face** [feis] **페**이ㅆ	동 (상황에) 직면하다
☐ **gene** [dʒiːn] **쥐**인	몡 유전자
☐ **store** [stɔːr] 스**떠**ː*r*	동 저장하다, 보관하다
☐ **shortage** [ʃɔ́ːrtidʒ] **쇼**ː*r*티쥐	몡 부족
☐ **thrifty** [θrífti] 쓰**뤼**프티	혱 절약하는
☐ **disappear** [dìsəpíər] 디쓰어**피**어*r*	동 사라지다 몡 disappearance 사라짐
☐ **abundance** [əbʌ́ndəns] 어**번**던ㅆ	몡 풍부함, 충분함
☐ **adapt** [ədǽpt] 어**댑**ㅌ	동 (상황에) 적응하다 몡 adaptation 적응
☐ **population** [pὰpjəléiʃən] 파쁄레이션	몡 인구
☐ **overweight** [òuvərwéit] 오우버*r***웨**이트	혱 과체중의, 비만의
☐ **paradox** [pǽrədὰks] **패**러닥ㅆ	몡 역설(적인 것)
☐ **blame** [bleim] 블**레**임	동 ~을 탓하다, ~의 책임으로 보다

03

10　You Only Live Once!

pp. 34~35

- [ ] **be short for** ~의 줄임말이다
- [ ] **seek (to)**[siːk] 씩 ⑧ (~하려고) 시도하다
- [ ] **present**[prézənt] 프뤠즌트 ⑲ 현재, 지금; 선물 ⑲ 참석한
  [prizént] 프리젠트 ⑧ 주다, 수여하다
- [ ] **immediate**[imíːdiət] 이미:디엇트 ⑲ 즉각적인
- [ ] **pleasure**[pléʒər] 플레저r ⑲ 기쁨, 즐거움
- [ ] **fancy**[fǽnsi] 팬씨 ⑲ 값비싼, 고급의
- [ ] **generation**[dʒènəréiʃən] 줴너뤠이션 ⑲ 세대
- [ ] **adopt**[ədápt] 어답트 ⑧ 취하다, 선택하다
- [ ] **decade**[dékeid] 데케이드 ⑲ 십 년
- [ ] **simply not** 결코, 도저히 ~아닌(= not at all)
- [ ] **secure**[sikjúər] 씨큐어r ⑧ (힘들게) 얻어내다, 확보하다
- [ ] **criticize**[krítisàiz] 크뤼티싸이즈 ⑧ 비판하다, 비난하다
- [ ] **focus on** ~에 초점을 맞추다
- [ ] **financial**[finǽnʃəl] 피낸셜 ⑲ 재정(상)의 ⑲ finance 재정, 자금
- [ ] **stability**[stəbíləti] 스터빌러뤼 ⑲ 안정(성) (↔ instability 불안정(성))
- [ ] **end up -ing** 결국 ~하게 되다
- [ ] **miss out on** (소중한 것을) 놓치다, 잃다 (= lose)
- [ ] **priority**[praióːrəti] 프롸이어:러티 ⑲ 우선순위, 가장 중요한 일
- [ ] **identity**[aidéntəti] 아이덴터티 ⑲ 정체성, 주체성
- [ ] **individual**[ìndəvídʒuəl] 인더비주얼 ⑲ 개인의, 개개의
- [ ] **economic**[èkənámik] 에커나믹 ⑲ 경제의
- [ ] **uncertainty**[ʌnsə́ːrtənti] 언써:r튼티 ⑲ 불확실성 (↔ certainty 확실성)
- [ ] **pursue**[pərsúː] 퍼r쑤: ⑧ 추구하다
- [ ] **guarantee**[gæ̀rəntíː] 개런티: ⑧ 보장하다, 확실하게 하다
- [ ] **cherish**[tʃériʃ] 췌뤼쉬 ⑧ 소중히 여기다, 아끼다
- [ ] **set A aside** (나중을 위해) A를 따로 떼어 두다
- [ ] **retire**[ritáiər] 뤼타이어r ⑧ 은퇴하다

10 | Unit 03

☐ **distortion** [distɔ́ːrʃən] 디쓰**토**:r션	몡 왜곡; 뒤틀림　동 distort 왜곡하다
☐ **one-sided** [wʌ́nsáidid] 원**싸**이디ㄷ	혱 한쪽으로 치우친, 편파적인 (= biased)
☐ **so-called** [sóuːkɔ́ːld] 쏘우**컬**:드	뷔 소위, 이른바
☐ **determine** [ditə́ːrmin] 디**터**:r민	동 결정하다
☐ **alter** [ɔ́ːltər] 얼:**터**:r	동 변경하다, 달라지다
☐ **view A as B**	A를 B라고 여기다[간주하다]
view [vjuː] 뷰:	동 ~라고 여기다; 보다
	몡 (개인적인) 견해; 시야; 경관
☐ **national** [nǽʃənəl] 내셔늘	혱 국가의　몡 nation 국가
☐ **traitor** [tréitər] 트레이터r	몡 반역자, 배반자
☐ **criminal** [krímənəl] 크**뤼**머늘	몡 범죄자
☐ **hundreds of thousands of**	수십만의
☐ **civilian** [sivíljən] 씨**빌**련	몡 민간인
☐ **atomic bomb**	원자 폭탄
atomic [ətámik] 어**타**밐	혱 원자의　몡 atom 원자
bomb [bɑm] 밤	몡 폭탄
☐ **constantly** [kánstəntli] **칸**스턴틀리	뷔 끊임없이
☐ **era** [íərə] **이**어러	몡 시대, 시기
☐ **vice versa**	그 반대도 마찬가지이다
☐ **be bound to**	반드시 ~하다
☐ **continuously** [kəntínjuəsli] 컨**티**뉴어슬리	뷔 연달아, 연속적으로
☐ **reconstruct** [rìːkənstrʌ́kt] 뤼:컨스트**럭**ㅌ	동 재구성하다
☐ **reinterpret** [rìːintə́ːrprit] 뤼:인**터**:r프리ㅌ	동 재해석하다
☐ **all sorts of**	모든 종류의
☐ **motive** [móutiv] **모**우티ㅂ	몡 동기, 이유

☐ **emotional**[imóuʃənəl] 이모우셔널 — 형 감정의, 정서의

☐ **persuade**[pərswéid] 퍼r쓰웨이드 — 동 설득시키다

☐ **rely (on)**[rilái] 륄라이 — 동 (~에) 의존하다

☐ **logical**[ládʒikəl] 라쥐컬 — 형 논리적인 명 logic 논리

☐ **reasoning**[rí:zəniŋ] 뤼:즈닝 — 명 추리, 추론

☐ **criticize**[krítisàiz] 크뤼티싸이ㅈ — 동 비판하다, 비난하다

☐ **provoke**[prəvóuk] 프러보우ㅋ — 형 화나게 하다, (신경을) 건드리다

☐ **contrary to** — ~에 반해서

☐ **influential**[ìnfluénʃəl] 인플루엔셜 — 형 영향력 있는

☐ **appeal (to)**[əpí:l] 어피을 — 동 (~에) 호소하다

☐ **get nowhere** — 아무런 도움이 안 되다

☐ **argument**[á:rgjumənt] 아:r규먼ㅌ — 명 논쟁, 언쟁 동 argue (with) (~와) 논쟁하다

☐ **take over** — 동 장악하다

☐ **paralyze**[pǽrəlàiz] 패럴라이ㅈ — 동 마비시키다; 무력하게 만들다

☐ **function**[fʌ́ŋkʃən] 펑션 — 명 기능

☐ **ruler**[rú:lər] 룰:러r — 명 통치자

☐ **subject**[sʌ́bdʒikt] 써브쥑ㅌ — 명 신하

☐ **consultant**[kənsʌ́ltənt] 컨썰턴ㅌ — 명 상담자, 고문

☐ **client**[kláiənt] 클롸이언ㅌ — 명 의뢰인, 고객

☐ **judge**[dʒʌdʒ] 줘쥐 — 명 판사

☐ **lawyer**[lɔ́:jər] 러:여r — 명 변호사

☐ **negative**[négətiv] 네거티ㅂ — 형 부정적인 (↔ positive 긍정적인)

☐ **operate**[ápərèit] 아퍼뤠이ㅌ — 동 작동하다

Unit 04

13 나의 능력은 어디까지일까?

pp. 42~43

- ☐ **motivational** [mòutəvéiʃənl] 모우러베이셔널 — 혱 동기 부여의 *cf.* motivate 동기부여하다
- ☐ **possess** [pəzés] 퍼제ㅆ — 동 가지다, 보유하다
- ☐ **achievement** [ətʃíːvmənt] 어취ː브먼트 — 몡 성취 *cf.* achieve 성취하다
- ☐ **be capable of** — ~을 할 수 있다 *cf.* capability 능력
- ☐ **exaggerate** [igzǽdʒərèit] 이그재줘뤠이트 — 동 과장하다
- ☐ **in the long run** — 결국에는, 결국
- ☐ **convince** [kənvíns] 컨빈ㅆ — 동 확신시키다
- ☐ **super-human** [sùːpərhjúːmən] 슈ː퍼r휴ː먼 — 혱 초인적인
- ☐ **failure** [féiljər] 페일리어r — 몡 실패
- ☐ **claim** [kleim] 클레임 — 동 주장하다; 요구하다 몡 요구, 청구
- ☐ **strength** [streŋkθ] ㅅ뜨뤵ㅆ — 몡 강점, 힘
- ☐ **ultimately** [ʌ́ltimitli] 얼터머틀리 — 뷔 결국, 마침내
- ☐ **weaken** [wíːkən] 위ː큰 — 동 약하게 하다
- ☐ **confidence** [kɑ́nfidəns] 칸피던ㅅ — 몡 자신감, 확신
- ☐ **area** [ɛ́əriə] 에어뤼어 — 몡 분야, 영역; 지역
- ☐ **excel in** — ~에서 뛰어나다
- ☐ **highlight** [háilàit] 하이라이트 — 동 ~을 강조하다, ~을 눈에 띄게 하다
- ☐ **path** [pæθ] 패ㅆ — 몡 경로, 길
- ☐ **evaluation** [ivæ̀ljuéiʃən] 이뱰류에이션 — 몡 평가; 분석

14 아카시아와 개미의 공생

☐ **stay alive**	살다, 목숨을 유지하다
☐ **resident**[rézidənt] 뤠지던트	형 거주하는 명 주민
☐ **hollow**[hálou] 할로우	형 속이 빈
☐ **thorn**[θɔːrn] 쏘ːr온	명 가시
☐ **trunk**[trʌŋk] 츄렁ㅋ	명 줄기, 몸통
☐ **rich in**	~이 풍부한
☐ **protein**[próutiːn] 프로우티인	명 단백질
☐ **nurture**[nə́ːrtʃər] 너ːr춰r	동 키우다, 양육하다
☐ **in return for**	~에 대한 답례로, 보답으로
☐ **aggressive**[əgrésiv] 어그뤠씨ㅂ	형 공격적인
☐ **regardless of**	~와 상관없이, ~에 관계없이
☐ **invade**[invéid] 인베이드	동 침입하다 *cf.* invader 침입자
☐ **fiercely**[fíərsli] 피어r쓸리	부 공격적으로, 사납게
☐ **suffer from**	~으로 고통받다, 시달리다
☐ **compared with**	~와 비교하여
☐ **host**[houst] 호우스트	동 주인으로서 ~을 접대하다, 주최하다
☐ **conclude**[kənklúːd] 컨클루ː드	동 결론짓다 *cf.* conclusion 결론
☐ **loyal**[lɔ́iəl] 로이열	형 충성스러운, 충실한
☐ **hire**[haiər] 하이어r	동 고용하다
☐ **cooperation**[kouàpəréiʃən] 코우아퍼뤠이션	명 협력, 협동 *cf.* cooperate 협동하다
☐ **pest**[pest] 페스트	명 해충, 유해 동물
☐ **eager to**	간절히 ~하고 싶어지는
☐ **volunteer for**	~에 자원해서 나서다
☐ **prisoner**[prízənər] 프뤼즈너r	명 죄수
☐ **battlefield**[bǽtlfiːld] 배를피일드	명 전쟁터

☐ **surround**[səráund] 써**롸**운드	동 포위하다; 둘러싸다
☐ **hold out**	저항하다
☐ **at all costs**	무슨 수를 써서라도
☐ **get through**	~을 벗어나다, 극복하다
☐ **starvation**[stɑːrvéiʃən] 스**따**ːr베이션	명 기아, 굶주림 cf. starve 굶주리다
☐ **eventually**[ivéntʃuəli] 이**벤**츄얼리	부 결국, 마침내
☐ **force A to B**	A에게 B할 것을 강요하다
☐ **surrender**[səréndər] 써**뤤**더r	동 항복하다
☐ **proposal**[prəpóuzəl] 프뤄**포**우절	명 제안
☐ **offer**[ɔ́ːfər] **어**ː퍼r	동 제안하다 명 제안
☐ **spare**[spɛər] 스**뻬**어r	동 ~의 목숨을 살려주다; 나누어주다; 절약하다
☐ **presumably**[prizjúːməbli] 프뤼**주**ː머블리	부 아마, 추정하건대
☐ **execute**[éksəkjùːt] **엑**시큐ː트	동 처형하다
☐ **demand**[diménd] 디**맨**드	동 요구하다 명 요구
☐ **rope**[roup] 로**우**ㅍ	명 줄 동 묶다
☐ **noble**[nóubl] 노**우**블	명 귀족 형 귀족의
☐ **intervention**[ìntərvénʃən] 인터r**벤**션	명 개입, 간섭
☐ **persuade**[pərswéid] 퍼r스**웨**이드	동 설득하다
☐ **show mercy**	자비를 베풀다
mercy[mə́ːrsi] **머**ːr씨	명 자비
☐ **unborn child**	태아
☐ **erect**[irékt] 이**뤡**트	동 세우다, 건립하다
☐ **statue**[stétʃuː] 스**때**추ː	명 동상, 조각상
☐ **honor**[ánər] **아**너r	동 ~에게 경의를 표하다 명 명예, 존경
☐ **in vain**	헛되이, 보람 없이

☐ **recall** [rikɔ́ːl] 뤼코:올 | ⑧ 상기하다, 기억하다

☐ **bet** [bet] 벹 | ⑧ 단언하다, 확신하다; 내기를 하다

☐ **disappear** [dìsəpíər] 디써피어r | ⑧ 사라지다

☐ **provide** [prəváid] 프뤄바이드 | ⑧ 제공하다

☐ **cue** [kjuː] 큐: | ⑲ 단서, 신호

☐ **plate** [pleit] 플레이트 | ⑲ 접시, 판

☐ **file away** | 정리해 두다

☐ **category** [kǽtəgɔ̀ːri] 캐러고:뤼 | ⑲ 항목, 범주

☐ **instance** [ínstəns] 인스턴쓰 | ⑲ 예시, 사례

☐ **attention** [əténʃən] 어텐션 | ⑲ 관심, 주목

☐ **necessarily** [nèsəsérəli] 네써쎄럴리 | ⑨ 반드시, 꼭

☐ **lack** [læk] 랙 | ⑧ ~이 없다, ~이 모자라다 ⑲ 부족, 결핍

☐ **rival** [ráivəl] 롸이벌 | ⑲ 라이벌, 경쟁자

☐ **channel** [tʃǽnəl] 채널 | ⑲ 경로, 수로

☐ **hook** [huk] 훅 | ⑲ (기억을 꺼내는) 단서; 갈고리, 후크

☐ **glue** [gluː] 글루: | ⑲ 접착제, 풀

☐ **attach** [ətǽtʃ] 어태취 | ⑧ 붙이다 (↔ detach 떼다, 분리하다)

☐ **sufficient** [səfíʃənt] 써퓌션트 | ⑲ 충분한 (↔ insufficient 불충분한)

17 배경도 함께 기억하는 우리의 두뇌

pp. 52~53

☐ **tend to** ~하는 경향이 있다

☐ **flood**[flʌd] 플러ㄷ 图 범람하다; 밀려오다

☐ **trigger**[trígər] 츄뤼거r 图 일으키다, 유발하다, (총을) 쏘다

☐ **mere**[miər] 미어r 톙 단순한, 아주 사소한 cf. merely 단지

☐ **sight**[sait] 싸이트 몡 보기, 목격, 일견

☐ **particular**[pərtíkjələr] 퍼r티큘러r 톙 특정한, 특별한

☐ **piece**[pi:s] 피:쓰 몡 (음악) 악곡, (문학) 작품; 구획, 파편

☐ **bring back** ~을 가지고 돌아오다

☐ **revive**[riváiv] 뤼봐이브 图 (기억을) 되살리다

☐ **recall**[rikɔ́:l] 뤼코:올 몡 회상, 기억 능력; 소환 图 ~을 상기하다

☐ **material**[mətíəriəl] 머티어뤼얼 몡 자료; 소재

☐ **retrieval**[ritríːvəl] 뤼트뤼:벌 몡 (기억의) 인출, 검색; 복구

☐ **carry out** 수행하다, 실시하다

☐ **whereas**[wɛəréz] 웨어r뤠즈 ~인 반면

☐ **take place** 일어나다, 발생하다

☐ **along with** ~와 함께, 더불어

☐ **surrounding**[səráundiŋ] 써롸운딩 톙 둘러싸는, 주변의

☐ **gun**[gʌn] 건 몡 총

☐ **fire**[fáiər] 퐈이어r 图 발사하다 몡 화재

18 요행만 바라는 바닷가재　　　　　pp. 54~55

☐ **work one's way back to**	애쓰며 ~로 돌아가다
☐ **crawl** [krɔːl] 크로:올	통 기다, 기어가다
☐ **seemingly** [síːmiŋli] 씨:밍리	부 겉보기에, 외관상으로
☐ **in doubt**	의심하여, 주저하며
☐ **entire** [intáiər] 인타이어r	형 전체의
☐ **make up one' mind**	결심하다, 결단을 내리다
☐ **light** [lait] 라이트	형 약간의, 조금
☐ **effort** [éfərt] 에퍼r트	명 노력, 활동
☐ **reach** [riːtʃ] 뤼:취	통 도달하다, 이르다
☐ **yard** [jɑːrd] 야:r드	명 야드 (길이의 단위, 3피트 또는 0.9144미터)
☐ **be filled with**	~으로 가득 채워지다
☐ **stuck** [stʌk] 스턱	형 갇힌, 끼인, 움직일 수 없는
☐ **indecision** [ìndisíʤən] 인디씨전	명 우유부단, 망설임, 주저함
☐ **procrastination** [proukræstənéiʃən] 프뤄크뤠스터네이션	명 지연, 미루기
☐ **fortune** [fɔ́ːrtʃən] 포:r천	명 행운, 재산
☐ **set ~ afloat**	~을 뜨게 하다, 일으키다
☐ **take a risk**	위험을 무릅쓰다, 감수하다
☐ **patient** [péiʃənt] 페이션트	형 참을성 있는
☐ **passive** [pǽsiv] 패씨브	형 수동적인, 소극적인
☐ **optimistic** [àptəmístik] 앞터미스틱	형 낙관적인, 긍정적인
☐ **pessimistic** [pèsəmístik] 페써미스틱	형 비관적인, 회의적인

☐ **perform** [pərfɔ́:rm] 퍼r포:r엄	동 (연주, 연기 등을) 해 보이다, 공연하다
☐ **flash** [flæʃ] 플래쉬	명 번쩍임, 섬광
☐ **attract** [ətrǽkt] 어츄뤡트	동 끌어들이다, 끌어모으다
☐ **mate** [meit] 메이트	명 동료, 친구, 배우자
☐ **suppose** [səpóuz] 써포우즈	동 ~라고 가정하다, 추정하다
☐ **root** [ru:t] 루트	명 (식물의) 뿌리; 근본; 원인
☐ **warn** [wɔ:rn] 워:r언	동 경고하다, 주의시키다
☐ **occupy** [ɑ́kjəpài] 아큐파이	동 차지하다, 점유하다
☐ **surrender** [səréndər] 써뤤더r	동 (물건을) 양도하다, 인도하다; 항복하다
☐ **stay away from**	~에서 멀리 떨어지다
☐ **turn to**	~에 의지하다
☐ **emit** [imít] 이미트	동 방출하다
☐ **signal** [sígnəl] 씨그널	명 신호, 통신
☐ **travel** [trǽvəl] 츄뢔블	동 (빛, 소리, 신호 등이) 전해지다, 이동하다
☐ **stem** [stem] 스뗌	명 줄기
☐ **branch** [bræntʃ] 브뢘취	명 가지; 지점, 출장소
☐ **raise** [reiz] 뤠이즈	동 키우다, 기르다
☐ **marvelous** [mɑ́:rvələs] 마:r블러쓰	형 신비로운, 놀라운
☐ **method** [méθəd] 메써드	명 방법

□ **flat**[flæt] 플랱 · 혱 평평한

□ **visibility**[vìzəbíləti] 뷔저빌러티 · 몡 시야, 가시성

□ **entry point** · 진입점; 관문

　entry[éntri] 엔트뤼 · 몡 입구; 입장; 참가

□ **principle**[prínsəpl] 프륀써플 · 몡 원리, 원칙

□ **apply A to B** · A를 B에 적용하다

□ **street traffic** · 도로 교통

□ **get rid of** · ~을 제거하다

□ **safety feature** · 안전 장치

　feature[fíːtʃər] 피ː춰r · 몡 특성, 중요 부분

□ **pedestrian crossing** · 횡단보도

　pedestrian[pədéstriən] 퍼데스트뤼언 · 혱 보행자의

　crossing[krɔ́ːsiŋ] 크로ː씽 · 몡 횡단, 교차; 교차점

□ **alert**[ələ́ːrt] 얼러ːr트 · 혱 경계하는, 민첩한

□ **caution**[kɔ́ːʃən] 코ː션 · 몡 조심, 경고

□ **roundabout**[ráundəbàut] 롸운더바웃 · 몡 원형 교차로, 로터리

□ **narrow**[nǽrou] 내로우 · 혱 좁은 (↔ wide 넓은)

□ **reasonable**[ríːzənəbl] 리ː저너블 · 혱 사리에 맞은, 합리적인, 타당한

□ **turn out** · ~으로 드러나다, 밝혀지다

□ **due to** · ~ 때문에

□ **lack**[læk] 랙 · 몡 부족, 결핍 동 ~이 없다

□ **measure**[méʒər] 메줘r · 몡 조치, 정책

□ **decrease**[dikríːs] 디크뤼ː스 · 동 줄다, 감소하다

□ **significantly**[signífikəntli] 씨그니피컨틀리 · 뷰 상당히, 의미심장하게

□ **compared to** · ~와 비교하여

□ **crisis**[kráisis] 크롸이씨ㅅ · 몡 위기

□ **risky**[ríski] 뤼스키 · 혱 무모한, 위험한 cf. risk 위험

21 두뇌를 쉬게 하라

pp. 62~63

☐ **continually**[kəntínjuəli] 컨티뉴얼리	분 계속해서, 끊임없이
☐ **struggle with**	~으로 고심하다, 분투하다
☐ **block**[blɑk] 블락	동 막다, 봉쇄하다
☐ **channel**[tʃǽnəl] 채널	명 경로 (수단); 채널
☐ **common sense**	판단력, 상식, 분별
☐ **accomplish**[əkámpliʃ] 어캄플리쉬	동 성취하다, 이루다
☐ **creation**[kriéiʃən] 크뤼에이션	명 발생, 조성 (야기); 창조, 창작
☐ **stress-free**[strésfríː] 스트뤠스 프뤼:	형 스트레스 없는
☐ **current**[kə́ːrənt] 커:뤈트	형 현재의, 지금의
☐ **distance oneself from**	~에서 거리를 두다, ~에 가까이 가지 않다
☐ **examine**[igzǽmin] 이그재민	동 검토하다, 살펴보다
☐ **encounter**[inkáuntər] 인카운터r	동 직면하다, 맞서다
☐ **let go of**	~을 놓아주다
☐ **present itself**	(저절로) 떠오르다, 생기다
☐ **run out of**	~을 다 써버리다
☐ **expert**[ékspəːrt] 엑스퍼:r트	명 전문가
☐ **intensively**[inténsivli] 인텐씨블리	분 집중적으로
☐ **release**[rilíːs] 뤼리:쓰	동 감정을 표출(발산)하다; 해방하다; 공개하다

22 나비들의 생존 방법

pp. 64~65

☐ **spit out**	~을 뱉어버리다
☐ **let ~ go**	~을 놓아주다
☐ **guy** [gai] 가이	몡 녀석; 남자, 사내
☐ **be known to**	~라고 알려지다
☐ **build up**	쌓아올리다
☐ **toxic** [táksik] 탁씩	톙 유독한, 중독의
☐ **substance** [sʌ́bstəns] 서브스턴씨	몡 물질; 본질
☐ **defend** [difénd] 디펜드	동 방어하다, 보호하다
☐ **predator** [prédətər] 프뤠더터r	몡 포식자
☐ **attack** [ətǽk] 어택	동 공격하다
☐ **species** [spíːʃiːz] 스삐ː쉬ː즈	몡 종, 종류
☐ **mimic** [mímik] 미믹	동 흉내내다 (= copy)
☐ **evolve** [ivάlv] 이봘브	동 진화하다, 발전하다
☐ **horrible** [hɔ́ːrəbl] 호ː뤄블	톙 지독한, 몹시 불쾌한; 무서운
☐ **feature** [fíːtʃər] 피ː춰r	몡 특징; 기능
☐ **protective** [prətéktiv] 프뤄텍티브	톙 보호하는
☐ **master** [mǽstər] 매스터r	몡 대가, 장인

☐ **prosperous** [práspərəs] 프롸스퍼뤄ㅆ	형 부유한, 번영한
☐ **fire** [fáiər] 파이어r	동 해고하다 명 불, 화재
☐ **replacement** [ripléismənt] 뤼플레이스먼트	명 대신할 사람, 후임자; 교체, 대체
☐ **short for**	형 ~을 줄인 형태의, 축약형의; 짧은
☐ **turn down**	거절하다
☐ **proposal** [prəpóuzəl] 프뤄포우절	명 제안
☐ **prospect** [práspèkt] 프롸스펙트	명 성공할 가망, 장래성; 전망
☐ **deserve** [dizə́:rv] 디절:rㅂ	동 ~이 될 만하다, ~을 받을 자격이 있다
☐ **son-in-law** [sʌ́ninlɔ̀:] 썬인러	명 사위 cf. daughter-in-law 며느리
☐ **pack** [pæk] 팩	동 (짐을) 싸다
☐ **belonging** [bilɔ́:ŋiŋ] 빌로:옹잉	명 소지품, 소유물
☐ **tear down**	~을 허물다
☐ **construct** [kənstrʌ́kt] 컨스트뤅트	동 건설하다; 구성하다
☐ **wooden** [wúdn] 우든	형 나무의; 목제의; 나무로 만든
☐ **beam** [bi:m] 비:임	명 대들보, 들보; 광선
☐ **notice** [nóutis] 노우티스	동 알아차리다
☐ **carve** [kɑ:rv] 카:rㅂ	동 조각하다
☐ **currently** [kə́:rəntli] 커:뤈틀리	부 현재, 지금
☐ **all through**	~동안 줄곧, 내내
☐ **extrovert** [ékstrəvə̀:rt] 엑스트뤄버:rㅌ	명 외향적인 사람 (↔ introvert 내향적인 사람)
☐ **keep to oneself**	남과 어울리지 않다
☐ **earnestly** [ə́:rnistli] 어:r니스틀리	부 진지하게, 진심으로
☐ **permission** [pərmíʃən] 퍼r미션	명 허락, 허가 cf. permit 허락하다
☐ **regret** [rigrét] 뤼그레트	동 후회하다
☐ **have a low opinion of**	~을 얕보다
☐ **judgment** [dʒʌ́dʒmənt] 쩌쥐먼트	명 판단, 가늠
☐ **prediction** [pridíkʃən] 프리딕션	명 예측, 예상

☐ **come along**	나타나다
☐ **in crisis**	위기에 처한
crisis [kráisis] 크롸이씨ㅅ	명 위기
☐ **imitate** [ímitèit] 이미테이트	동 모방하다
☐ **practical** [prǽktikəl] 프뢕티클	형 현실적인; 유용한
☐ **in place of**	~을 대신하여
☐ **landscape** [lǽndskèip] 랜ㄷ스께잎	명 풍경, 경치
☐ **by and large**	대체로
☐ **challenge** [tʃǽlindʒ] 췔린쥐	명 도전, 난제 동 ~에 도전하다, ~에 이의를 신청하다
☐ **direct** [dirékt] 디뢬ㅌ	형 직접적인; 정확한
☐ **representation** [rèprizentéiʃən] 뤠프뤼젠테이션	명 묘사, 표현
☐ **reproduction** [rìprədʌ́kʃən] 뤼프뤄덕션	명 복제, 복사; 번식
☐ **abstract** [æbstrǽkt] 앱스트뢕트 [ǽbstrækt] 앱스트뢕트	형 추상적인; 난해한 명 발췌, 요약
☐ **put focus on**	~에 초점을 두다
☐ **exist** [igzíst] 이그쥐스ㅌ	동 존재하다
☐ **inward** [ínwərd] 인월ㄷ	부 마음속으로, 내부로
☐ **represent** [rèprizént] 뤠프뤼젠ㅌ	동 (그림으로) 보여주다, 제시하다; 대표하다
☐ **native** [néitiv] 네이티ㅂ	형 고유한; 토착의; 태생의
☐ **render** [réndər] 뤤더r	동 표현하다, 나타내다
☐ **configuration** [kənfìgjəréiʃən] 컨퓌겨뤠이션	명 배치, 배열
☐ **authority** [əθɔ́:rəti] 어쏘:뤄티	명 권위, 권한; 권력

25 뇌를 편안하게 만드는 법

pp. 72~73

☐ **electric wave**	전파, 전자파
electric [iléktrik] 일렉트릭	휑 전자의, 전기의
☐ **brain wave**	뇌파
☐ **sensory** [sénsəri] 쎈써뤼	휑 감각의
☐ **input** [ínpùt] 인풋	몡 입력; 자극(물)
☐ **minimize** [mínəmàiz] 미너마이ㅈ	동 최소화하다
☐ **clear of**	~이 없는
☐ **anxiety** [æŋzáiəti] 앵자이어티	몡 불안, 염려
☐ **calm** [kɑːm] 카암	휑 차분한, 침착한
☐ **relaxed** [rilǽkst] 륄랙스트	휑 편안한; 느긋한, 여유 있는
☐ **daydream** [déidrìːm] 데이드륌	동 백일몽을 꾸다 몡 백일몽
☐ **combine** [kəmbáin] 컴바인	동 결합하다, 결합되다
☐ **assimilate** [əsíməlèit] 어씨멀레이트	동 동화시키다
☐ **come up with**	내놓다, 찾아내다
☐ **inspiration** [ìnspəréiʃən] 인스퍼뤠이션	몡 영감
☐ **meditation** [mèditéiʃən] 메더테이션	몡 명상
☐ **achieve** [ətʃíːv] 어취:브	동 이루다, 달성하다
☐ **relaxation exercise**	이완 운동
relaxation [rìːlækséiʃən] 뤼일랙세이션	몡 완화; 휴식
☐ **stretching** [strétʃiŋ] 스트뤠칭	몡 스트레칭 체조
☐ **deep breathing**	심호흡
☐ **visualization** [vìʒuəlaizéiʃən] 비쥬얼라이제이션	몡 시각화
☐ **soothing** [súːðiŋ] 수:딩	휑 위안을 주는; 진정시키는
☐ **run out of**	~이 떨어지다, ~이 없어지다
☐ **pop up**	갑자기 떠올리다
☐ **boost** [buːst] 부:스트	동 높이다, 북돋우다

26 사랑에 빠지게 하는 세 가지 요소

pp. 74~75

☐ **all of a sudden**	갑자기 (= suddenly)
☐ **electricity** [ilektrísəti] 일렉트**뤼**써티	명 전기
☐ **run through**	~속으로 빠르게 퍼지다
☐ **attraction** [ətrǽkʃən] 어츄**뤡**션	명 끌림; 매력
☐ **chemistry** [kémǝstri] 케머스트리	명 (사람 사이의) 화학 반응, 공감(대)
☐ **play a role**	역할을 하다
☐ **long-lasting**	형 오래 가는, 오래 지속되는
☐ **factor** [fǽktər] **팩**터r	명 요인, 요소
☐ **psychologist** [saikálədʒist] 싸이**칼**러쥐스트	명 심리학자
☐ **be likely to**	~하기 쉽다
☐ **personality** [pə̀rsənǽləti] 펄써**낼**러티	명 성격
☐ **introvert** [íntrəvə̀ːrt] 인트러**버**ːrt	명 내성[내향]적인 사람
☐ **extrovert** [ékstrəvə̀ːrt] 엑스트러**버**ːrt	명 외향적인 사람
☐ **potential** [pəténʃəl] 퍼**텐**셜	형 잠재적인, 가능성이 있는
☐ **mate** [meit] 메이트	명 짝; 배우자, 반려자
☐ **characteristic** [kæ̀riktərístik] 캐뤽터**뤼**스틱	명 특징, 특질
☐ **complement** [kámpləmənt] **캄**플러먼트	동 보완하다

☐ **be notorious for**	~로 악명 높은
notorious[noutɔ́:riəs] 노우**토**:리어ㅆ	ⓗ 악명 높은
☐ **deposit**[dipázit] 디**파**짓	ⓢ 알을 낳다; 두다, 놓다; 예금하다; 퇴적시키다
☐ **childcare**[tʃáildkɛ̀ər] **촤**일드케어r	ⓜ 육아, 보육
☐ **involuntary**[inváləntèri] 인**발**런테뤼	ⓗ 본의 아닌 *cf.* voluntary 자발적인
☐ **host**[houst] **호**우ㅅㅌ	ⓜ 숙주
☐ **lay eggs**	알을 낳다
☐ **take away**	제거하다
☐ **in place of**	~ 대신에
☐ **assemble**[əsémbl] 어**쎔**블	ⓢ 모으다, 모이다
☐ **resemble**[rizémbl] 뤼**젬**블	ⓢ 닮다, 비슷하다
☐ **make sure**	확실하게 하다
☐ **treat**[tri:t] 츄**뤼**:트	ⓢ 다루다, 대하다
☐ **foster parent**	양부모
foster[fɔ́:stər] **퍼**:스터r	ⓢ (수양 자식을) 양육하다
☐ **hatch**[hætʃ] **해**취	ⓢ 부화하다
☐ **eliminate**[ilímənèit] 일**리**머네이ㅌ	ⓢ 없애다, 제거하다
☐ **competition**[kàmpitíʃən] 캄퍼**티**션	ⓜ 경쟁자; 경쟁
☐ **repetition**[rèpətíʃən] 뤠퍼**티**션	ⓜ 반복
☐ **parasite**[pǽrəsàit] **페**뤄싸이ㅌ	ⓜ 기생 동물 *cf.* parasitic 기생하는
☐ **exclusively**[iksklú:sivli] 익스클**루**:씨블리	ⓟ 독점적으로
☐ **occupy**[ákjupài] **아**큐파이	ⓢ 차지하다, 점유하다
☐ **strategy**[strǽtədʒi] 스뜨**뤠**터쥐	ⓜ 전략
☐ **admit**[ədmít] 어드**미**ㅌ	ⓢ 인정하다
☐ **limited to**	~으로 한정된
☐ **nearly**[níərli] **니**어r리	ⓟ 거의
☐ **species**[spíːʃiːz] 스**삐**:쉬:ㅈ	ⓜ 종, 종류

☐ **struggle** [strʌ́ɡl] 스트뤄글	동 어려움을 겪다, 고군분투하다
☐ **productivity** [pròudəktívəti] 프로우덕티비티	명 생산성
☐ **put ~ together**	(부품을) 조립하다, 만들다
☐ **employee** [implɔ́ii:] 임플로이	명 직원, 고용인
☐ **reverse** [rivə́:rs] 뤼버:r쓰	형 반대의, 역으로 된
☐ **adopt** [ədápt] 어답트	동 채택하다
☐ **assembly line**	조립 라인
assembly [əsémbli] 어쎔블리	명 조립
☐ **witness** [wítnis] 윝니쓰	동 목격하다 명 증인
☐ **industrial** [indʌ́striəl] 인더트리얼	형 산업화한, 산업의
☐ **butchering** [bútʃəriŋ] 부쳐링	명 도살 cf. butcher 도살업자
☐ **process** [práses] 프롸쎄쓰	명 공정, 과정
☐ **conveyor belt**	컨베이어 벨트
☐ **chop off**	~을 잘라내다 (= cut off)
☐ **one by one**	하나하나씩, 차례차례
☐ **invention** [invénʃən] 인벤션	명 발명품, 발명
☐ **analogy** [ənǽlədʒi] 어낼러쥐	명 유사성 찾기, 모방하기
☐ **similarity** [sìməlǽrəti] 씨멀래러티	명 유사성, 유사점
☐ **logical** [ládʒikəl] 라쥐클	형 논리적인
☐ **innovation** [ìnəvéiʃən] 이너베이션	명 혁신, 쇄신

08

29 흙을 밟으며 살아야 하는 이유

☐ **separated** [sépərèitid] 쎄퍼r뤠이티드 — 혱 분리된, 떨어진

☐ **rarely** [réərli] 뤠어r리 — 튀 거의 ~하지 않는

☐ **indoors** [ìndɔ́:rz] 인도:rz — 튀 실내에서

☐ **have an effect on** — ~에게 영향을 미치다

☐ **harmful** [há:rmfəl] 하:r암펄 — 혱 해로운, 유해한

☐ **electron** [iléktrɑn] 일렉트런 — 몡 전자

☐ **build up** — 축적되다, 쌓아 올리다

☐ **eventually** [ivéntʃuəli] 이벤츨리 — 튀 결국, 마침내(는)

☐ **earthing** [ə́:rθiŋ] 어:r씽 — 몡 접지

☐ **transfer A to B** — A를 B로 옮기다[이동시키다]

☐ **positive** [pázətiv] 파저티브 — 혱 양전자의; 긍정적인

☐ **negative** [négətiv] 네거티브 — 혱 음전자의; 부정적인

☐ **neutralize** [njú:trəlàiz] 뉴:트럴라이즈 — 통 중화시키다

☐ **barefoot** [béərfùt] 베어r풋 — 튀 맨발로

☐ **on a regular basis** — 정기적으로

  regular [régjulər] 뤠귤러r — 혱 정기적인, 규칙적인

☐ **clear A of B** — A에서 B를 제거하다, 치우다

30 동물들의 짝짓기 여행

pp. 84~85

□ **male**[meil] 메이을 — 명 수컷, 남성 형 수컷의, 남성의

□ **approach**[əpróutʃ] 어프로우취 — 동 ~에 가까워지다, 다가가다

□ **breeding age** — 번식 적령기

breed[bri:d] 브뤼:드 — 동 짝짓기하다; 새끼를 낳다

□ **herd**[hə:rd] 허:rd — 명 무리, 떼

□ **community**[kəmjú:nəti] 커뮤너티 — 명 공동체; 군집

□ **migrate**[máigreit] 마이그뤠이트 — 동 이동하다

□ **form**[fɔ:rm] 포:r엄 — 동 형성하다, 구성하다

□ **unstable**[ənstéibəl] 언스테이블 — 형 안정되지 않은; 변하기 쉬운

□ **bachelor**[bǽtʃələr] 배췰러r — 명 독신남, 미혼남

□ **behavior**[bihéivjər] 비헤이비어r — 명 행동

behavioral[bihéivjərəl] 비헤이비어럴 — 형 행동의, 행동에 관한

□ **biological**[bàiəládʒikəl] 바이어라지컬 — 형 생물학적인 *cf.* biologist 생물학자

□ **viewpoint**[vjú:pɔint] 뷰포인트 — 명 관점, 시작

□ **adaptive**[ədǽptiv] 어댑티브 — 형 적응성이 있는; 환경 순응을 돕는

□ **minimize**[mínəmàiz] 미너마이즈 — 동 최소화하다

□ **maximize**[mǽksəmàiz] 맥써마이즈 — 동 극대화하다

□ **mating**[méitiŋ] 메이팅 — 명 짝짓기 *cf.* mate 짝짓기를 하다

□ **offspring**[ɔ́fspriŋ] 오프스프링 — 명 (동식물의) 새끼(= young); 자식

□ **merit**[mérit] 메뤼트 — 명 장점

□ **defect**[dí:fekt] 디펙트 — 명 결함, 단점

□ **altogether**[ɔ̀:ltəgéðər] 얼터게더r — 부 완전히, 전적으로

□ **partially**[pá:rʃəli] 파:r셜리 — 부 부분적으로, 불완전하게

□ **move off** — 떠나다

□ **gender role** — 성 역할

gender[dʒéndər] 젠더r — 명 성, 성별

□ **adaptation**[æ̀dəptéiʃən] 애덥테이션 — 명 적응

☐ **billions of**   수십억의

☐ **bacteria**[bæktíəriə] 백티리어   몡 박테리아, 세균 (*sing.* bacterium)
cf. bacterial 박테리아의, 세균의

☐ **gut**[gʌt] 거트   몡 소화기관; 내장, 창자

☐ **play a role**   역할을 하다

☐ **maintain**[meintéin] 메인테인   통 유지하다

☐ **bodily function**   생체 기능

     function[fʌ́ŋkʃən] 펑션   몡 기능

☐ **microbe**[máikroub] 마이크로우ㅂ   몡 미생물

☐ **improve**[imprúːv] 임프루:ㅂ   통 개선하다, 향상시키다

☐ **immunity**[imjúːnəti] 이뮤:너티   몡 면역력

☐ **diet**[dáiət] 다이어ㅌ   몡 식습관

☐ **bacterial species**   균종

     species[spíːʃiːz] 스삐:쉬:즈   몡 종 (種: 생물 분류 기초 단위)

☐ **womb**[wuːm] 우:움   몡 자궁

☐ **vegetarian**[vèdʒətɛ́ːəriən] 베저테어뤼언   몡 혱 채식주의자(의)

☐ **composition**[kàmpəzíʃən] 캄퍼지션   몡 구성 요소; 구성, 성분

☐ **obese**[oubíːs] 오우비:ㅅ   혱 비만인, 살찐

☐ **slender**[sléndər] 슬렌더*r*   혱 날씬한

☐ **factor**[fǽktər] 팩터*r*   몡 요인, 인자

☐ **enhance**[inhǽns] 인핸ㅅ   통 향상시키다, 높이다

☐ **capacity**[kəpǽsəti] 커패써티   몡 능력

☐ **keep ~ from ...**   ~가 …하지 못하게 하다

☐ **unspoken** [ənspóukən] 언스**뽀**우큰 — 혱 무언의, 말로 하지 않은

☐ **wild** [waild] **와**이얼드 — 혱 특이한; 야생의

☐ **talent** [tǽlənt] **탤**런트 — 명 재능, 재주

☐ **not A so much as B** — A라기 보다는 B이다
(= not so much A as B, B rather than A)

☐ **pure** [pjuər] **퓨**어r — 혱 완전한; 순수한

☐ **numbers game** — 숫자놀음

☐ **necessarily** [nèsəsérəli] 네써**쎄**뤌리 — 뷔 필연적으로, 어쩔 수 없이

☐ **success rate** — 성공률

☐ **a range of** — 다양한

☐ **go for** — ~에 적용되다

☐ **generate** [dʒénərèit] **줴**너뤠이트 — 동 만들어 내다; 일으키다

☐ **sensitivity** [sènsətívəti] 쎈써**티**버티 — 명 감수성; 민감성

☐ **superiority** [səpìəriɔ́ːrəti] 쑤피어리**어**ː러티 — 명 우월성

☐ **productivity** [pròudʌktívəti] 프로우덕**티**버티 — 명 생산성

☐ **achievement** [ətʃíːvmənt] 어**취**ː브먼트 — 명 성취, 달성; 업적

☐ **team spirit** — 공동체 정신, 단체 정신

☐ **distinguish A from B** — A와 B를 구별하다

33 실험에 숨겨진 함정을 조심하라

pp. 92~93

- ☐ **be exposed to** ~에 노출되다
  expose[ikspóuz] 익스**포**우ㅈ 동 노출시키다; 드러내다
- ☐ **claim**[kleim] 클레임 명 주장 동 주장하다
- ☐ **evaluate**[ivæljuèit] 이**벨**류에이ㅌ 동 평가하다
- ☐ **sponsor**[spánsər] 스**판**써r 동 후원하다, 주최하다 명 후원사, 후원자
- ☐ **properly**[prápərli] 프**롸**퍼r리 부 적절하게, 제대로
- ☐ **represent**[rèprizént] 뤠프뤼**젠**ㅌ 동 대표하다
- ☐ **target population** 표적집단
- ☐ **have a way of -ing** 흔히 ~하다
- ☐ **distort**[distɔ́:rt] 디쓰**토**:r트 동 왜곡하다
- ☐ **influence**[ínfluəns] **인**플루언ㅆ 동 영향을 주다
- ☐ **benefit**[bénəfit] **베**너피ㅌ 명 이익, 이로움
- ☐ **regard**[rigá:rd] 뤼**가**:r드 동 보다, 간주하다, 대하다
- ☐ **suspicion**[səspíʃən] 써쓰**피**션 명 의심, 의혹,
- ☐ **advertise**[ǽdvərtàiz] **애**드버r**타**이ㅈ 동 광고하다, 선전하다
- ☐ **no less ... than ~** ~에 못지 않게 …한, ~만큼이나 …한
- ☐ **choice**[tʃɔis] **쵸**이ㅆ 명 선택된 사람[것]
- ☐ **faulty**[fɔ́:lti] **퍼**얼티 형 잘못된, 틀린
- ☐ **no matter how** ~ 아무리 ~해도 (= however)
- ☐ **in favor of** ~에 우호적인, ~에 유리한

34 완벽하면 실수도 매력! pp. 94~95

- [ ] **subject** [sʌ́bdʒikt] 써브쥑ㅌ — 명 실험 대상, 피실험자; 주제, 과목
- [ ] **capable** [kéipəbl] 케이퍼블 — 형 유능한
- [ ] **pose** [pouz] 포우ㅈ — 동 질문을 제기하다; 포즈를 취하다
- [ ] **average** [ǽvəridʒ] 애버리쥐 — 형 평범한, 보통의; 평균의
- [ ] **rate** [reit] 뤠이ㅌ — 동 평가하다
- [ ] **in terms of** — ~의 면에서, ~에 관하여
- [ ] **likability** [làikəbíləti] 라이커빌러티 — 명 호감도, 호감이 감 *cf.* likable 호감이 가는, 마음에 드는
- [ ] **outstanding** [àutstǽndiŋ] 아웉스탠딩 — 형 뛰어난, 우수한
- [ ] **performance** [pərfɔ́:rməns] 퍼r포:r먼ㅅ — 명 실적, 성과 *cf.* perform 행하다, 수행하다
- [ ] **significantly** [signífikəntli] 씨그니피컨틀리 — 부 크게, 상당히
- [ ] **poorly** [púərli] 푸어r리 — 부 저조하게, 형편없이
- [ ] **conduct a study** — 연구하다
- [ ] **blunder** [blʌ́ndər] 블런더r — 동 실수하다 명 실수
- [ ] **occasionally** [əkéiʒənəli] 어케이줘널리 — 부 가끔
- [ ] **apparently** [əpǽrəntli] 어패런틀리 — 부 확실히, 분명히
- [ ] **minor** [máinər] 마이너r — 형 사소한, 작은
- [ ] **serve** [sə:rv] 써:r브 — 동 도움이 되다, 기여하다
- [ ] **brainy** [bréini] 브뤠이니 — 형 아주 똑똑한, 영리한
- [ ] **despise** [dispáiz] 디스파이ㅈ — 동 경멸하다
- [ ] **humanize** [hjú:mənàiz] 휴:머나이ㅈ — 동 인간답게 하다
- [ ] **evaluate** [ivǽljuèit] 이뺄류에이ㅌ — 동 평가하다
- [ ] **competent** [kámpətənt] 캄퍼턴ㅌ — 형 유능한, 뛰어난

☐	**make sure**	확실하게 하다
☐	**get ~ back**	~을 되찾다
☐	**witness** [wítnis] 윗니쓰	몡 증인 동 목격하다
☐	**guarantee** [gæ̀rəntíː] 개런티:	동 보장하다
☐	**bribe** [braib] 브롸이브	동 매수하다, 뇌물을 주다
☐	**deny** [dinái] 디나이	동 사실이 아니라고 말하다, 부인하다
☐	**transaction** [trænzǽkʃən] 트랜잭션	몡 거래 *cf.* business transaction 상거래
☐	**thanks to**	~ 덕분에
☐	**make a deal**	거래를 하다
	deal [diːl] 디:얼	몡 거래
☐	**millions of**	수백만의
☐	**risk-free**	혱 위험이 없는, 무위험의
☐	**factor** [fǽktər] 팩터*r*	몡 요인, 요소
☐	**be expected to**	기대되다
☐	**transparent** [trænspéərənt] 트랜스패어런트	혱 투명한
☐	**trustworthy** [trʌ́stwə̀ːrði] 트뤼스트월디	혱 신뢰할 수 있는
☐	**promote** [prəmóut] 프뤄모우트	동 촉진하다, 증진하다
☐	**trend** [trend] 트뤤드	몡 경향
☐	**honesty** [ánisti] 아니스티	몡 정직성
☐	**eliminate** [ilímənèit] 일리머네이트	동 없애다, 제거하다
☐	**risk** [risk] 뤼스크	몡 위험 요소, 위험
☐	**reliable** [riláiəbl] 뤼라이어블	혱 믿을 수 있는, 신뢰할 수 있는
☐	**merit** [mérit] 메뤼트	몡 장점, 좋은 점 (↔ demerit 단점, 약점)

☐ **inspiration** [ìnspəréiʃən] 인스뻐뤠이션   명 영감

☐ **craftsman** [krǽftsmən] 크래프쓰먼   명 장인, 숙련공

☐ **turn to A for B**   B를 A에 의존하다, 의지하다

☐ **insight** [ínsàit] 인싸이트   명 통찰력

☐ **receive credit**   공적을 인정받다

☐ **existence** [igzístəns] 이그지쓰턴쓰   명 존재

☐ **magnetic pole**   자극

    magnetic [mægnétik] 매그네틱   형 자석의, 자기의

    pole [poul] 포울   명 극

☐ **basis** [béisis] 베이씨쓰   명 논거; 기초, 기본

☐ **confirm** [kənfɔ́:rm] 컨퍼:r엄   동 확증하다, 확인하다

☐ **revolutionize** [rèvəlú:ʃənaiz] 뤠벌루:셔나이즈   동 혁신[대변혁]을 일으키다

☐ **era** [íərə] 이어뤄   명 시대

☐ **crane** [krein] 크뤠인   명 기중기

☐ **come up with**   ~을 생각해 내다

☐ **observe** [əbzɔ́:rv] 어브저:r브   동 보다, 관찰하다

☐ **device** [diváis] 디바이쓰   명 기구, 장치

10

37 실험실에서 만든 고기   pp. 102~103

☐ **cultured** [kʌ́ltʃərd] 컬춰rㄷ	혱 (세포·미생물이) 배양된
☐ **lab** [læb] 랩	몡 실험실 (= laboratory)
☐ **tissue** [tíʃuː] 티쓔우	몡 (세포들의) 조직; 화장지
☐ **place** [pleis] 플레이쓰	동 (~에) 두다
☐ **cultivator** [kʌ́ltəvèitər] 컬터베이뤄r	몡 배양[경작] 기구
☐ **mimic** [mímik] 미믹	동 ~을 모방하다, 흉내내다 (= imitate)
☐ **organism** [ɔ́ːrgənìzəm] 오:r거니즘	몡 유기체
☐ **protein** [próutiːn] 프로우티인	몡 단백질
☐ **eventually** [ivéntʃuəli] 이벤츄얼리	붐 결국
☐ **benefit** [bénəfit] 베너피ㅌ	몡 혜택, 이득
☐ **involve** [inválv] 인봘ㅂ	동 포함하다
☐ **environmentally-friendly** [invàiərəmentlifréndli] 인바이어뤈먼틀뤼프뤤들리	혱 환경 친화적인 (= eco-friendly)
☐ **require** [rikwáiər] 리콰이어r	동 필요로 하다, 요구하다
☐ **volume** [váljuːm] 봘륨:	몡 (~의) 양; 용량; 음량
☐ **it will be a while before**	~할 때까지 시간이 꽤 걸릴 것이다
☐ **demand** [dimǽnd] 디맨ㄷ	몡 수요 (↔ supply 공급)
☐ **consumption** [kənsʌ́mpʃən] 컨썸ㅍ션	몡 소비 v. consume 소비하다
☐ **impact** [ímpækt] 임팩ㅌ	몡 (강력한) 영향, 충격
☐ **prospect** [práspekt] 프롸스펙ㅌ	몡 전망
☐ **replace** [ripléis] 뤼플레이ㅅ	동 대체하다, 대신하다
☐ **revolutionize** [rèvəlúːʃənàiz] 뤠벌루:셔나이ㅈ	동 대변혁을 일으키다

38 알록달록한 음식들, 눈과 몸이 즐거워져요 pp. 104~105

☐ **launch**[lɔːntʃ] 런:취	동 (조직적인 일을) 시작하다, 착수하다
☐ **campaign**[kæmpéin] 캠페인	명 (특정 목적을 위한) 활동[운동]
☐ **purpose**[pə́ːrpəs] 퍼:r퍼ㅆ	명 목적
☐ **encourage**[inkə́ːridʒ] 인커:뤼쥐	동 장려하다, 권장하다
☐ **diet**[dáiət] 다이어ㅌ	명 식단
☐ **necessary**[nèsəséri] 네써쎄뤼	형 필수적인, 필요한
☐ **nutrient**[njúːtriənt] 뉴:트리언ㅌ	명 영양소, 영양분
☐ **stroke**[strouk] 스뜨로우ㅋ	명 뇌졸중
☐ **diabetes**[dàiəbíːtiːs] 다이어비:티ㅅ	명 당뇨병
☐ **digest**[daidʒést] 다이줴스ㅌ	동 소화시키다
☐ **waste**[weist] 웨이스ㅌ	형 쓸 데 없는, 노폐한
☐ **substance**[sʌ́bstəns] 썹스턴ㅆ	명 물질
☐ **remove A from B**	B에서 A를 제거하다
☐ **efficiently**[ifíʃəntli] 이피션틀뤼	부 효율적으로
☐ **function**[fʌ́ŋkʃən] 펑션	명 기능
☐ **contain**[kəntéin] 컨테인	동 포함하다, ~이 들어 있다
☐ **risk**[risk] 뤼스ㅋ	명 위험
☐ **disease**[dizíːz] 디지:ㅈ	명 병, 질병
☐ **quality**[kwáləti] 콸러티	명 특징, 특성
☐ **a variety of**	여러 가지의, 다양한
☐ **plate**[pleit] 플레이ㅌ	명 접시, 그릇
☐ **nutritional value**	영양가
nutritional[njuːtríʃənl] 뉴:트뤼셔늘	형 영양상의
☐ **picky**[píki] 피키	형 까다로운
☐ **appetite**[ǽpətàit] 애퍼타이ㅌ	명 식욕
☐ **instrument**[ínstrəmənt] 인스트뤄먼ㅌ	명 악기
☐ **prescription**[priskrípʃən] 프뤼스크륍션	명 처방전

☐ **rush**[rʌʃ] 뤄쉬 — 동 돌진하다, 서두르다

☐ **hundreds of thousands of** — 수십만의

☐ **huge**[hju:dʒ] 휴:쥐 — 형 큰, 거대한

☐ **amount**[əmáunt] 어마운트 — 명 양; 액수

☐ **flock**[flɑk] 플락 — 동 떼지어 가다

☐ **natural energy** — 천연 에너지

☐ **bury**[béri] 베뤼 — 동 매장하다; 묻다

☐ **import**[impɔ́:rt] 임포:r트 — 동 수입하다 (↔ export 수출하다)

☐ **lie in** — ~에 놓여있다

☐ **extraction**[ikstrǽkʃən] 익스트뢕션 — 명 추출; 발췌 cf. extract 추출하다, 발췌하다

☐ **drilling**[dríliŋ] 드륄링 — 명 시추; 드릴로 구멍을 뚫기

☐ **drill**[dril] 드륄 — 명 드릴, 착암기

☐ **trap**[træp] 트뢥 — 동 가두다, 덫으로 잡다

☐ **pressure**[préʃər] 프뤠셔r — 명 압력

☐ **release**[rilí:s] 륄리:쓰 — 동 방출하다; 발표하다; 개봉하다

☐ **shortage**[ʃɔ́:rtidʒ] 쇼:r티쥐 — 명 부족, 결핍

☐ **earthquake**[ɔ́:rθkwèik] 어:r쓰퀘이크 — 명 지진; (정치적, 사회적) 대변동

☐ **mine**[main] 마인 — 명 광산 동 채굴하다

☐ **remain**[riméin] 뤼메인 — 동 여전히 ~의 상태이다

☐ **run out of** — ~을 다 써버리다, 동나다

☐ **psychologist**[saikálədʒist] 싸이칼러쥐스ㅌ	뗑	심리학자
☐ **substantial**[səbstǽnʃəl] 썹ㅆ탠셜	휑	상당한
☐ **amount**[əmáunt] 어마운ㅌ	뗑	액수; 양
☐ **charity**[tʃǽrəti] 췌러티	뗑	자선 단체, 구호 단체
☐ **evidence**[évidəns] 에버던ㅆ	뗑	증거
☐ **positive**[pázətiv] 파저티브	휑	긍정적인 cf. negative 부정적인
☐ **impact**[ímpækt] 임팩ㅌ	뗑	(강력한) 영향, 충격
☐ **indicate**[índikèit] 인디케이ㅌ	똥	보여주다, 나타내다
☐ **donation**[dounéiʃən] 도우네이션	뗑	기부, 기증 cf. donate 기증하다
☐ **glow**[glou] 글로우	뗑	(은은한) 불빛
☐ **regardless of**		~에 상관없이
☐ **stop to think**		곰곰이 생각하다
☐ **process**[práses] 프롸쎄ㅆ	똥	처리하다
☐ **exceed**[iksíːd] 익씨:드	똥	넘다, 초과하다
☐ **benefit**[bénəfit] 베너피ㅌ	뗑	이익, 혜택
☐ **donor**[dóunər] 도우너r	뗑	기부자, 기증자
☐ **values**[vǽljuːz] 밸류ㅈ	뗑	가치관
☐ **in need**		가난한, 궁핍한

리·더·스·뱅·크

점선을 따라 자르세요.